Ciceros Staatsphilosophie

Klassiker Auslegen

Herausgegeben von
Otfried Höffe

Band 64

Ciceros Staatsphilosophie

Ein kooperativer Kommentar zu
De re publica und *De legibus*

Herausgegeben von
Otfried Höffe

ISBN 978-3-11-053477-1
e-ISBN (PDF) 978-3-11-053622-5
e-ISBN (EPUB) 978-3-11-053629-4
ISSN 2192-4554

Library of Congress Cataloging-in-Publication Data
A CIP catalog record for this book has been applied for at the Library of Congress.

Bibliografische Information der Deutschen Nationalbibliothek
Die Deutsche Nationalbibliothek verzeichnet diese Publikation in der Deutschen Nationalbibliografie; detaillierte bibliografische Daten sind im Internet über
http://dnb.dnb.de abrufbar.

© 2017 Walter de Gruyter GmbH, Berlin/Boston
Druck und Bindung: CPI books GmbH, Leck
♾ Gedruckt auf säurefreiem Papier
Printed in Germany

www.degruyter.com

Inhalt

Zitierweise und Abkürzungen —— VII

Vorwort —— IX

Otfried Höffe
1 Einleitung —— 1

Therese Fuhrer
2 Politiker und Philosophen: Cicero zur Interdependenz von politischer Theorie und Praxis (*De re publica* I, 1–37) —— 19

René Brouwer
3 'Richer than the Greeks': Cicero's Constitutional Thought —— 33

Jörn Müller
4 Ciceros Archäologie des römischen Staates in *De re publica* II: Ein Exempel römischen Philosophierens —— 47

Otfried Höffe
5 *De re publica* III: Über Ungerechtigkeit und Gerechtigkeit —— 73

Philipp Brüllmann
6 Die Einrichtung des besten Staates: *De re publica*, Buch IV —— 91

W. Schmidt-Biggemann
7 *De legibus* III —— 111

Ernst A. Schmidt
8 Das *Somnium Scipionis* im Kontext des dritten Bücherpaares (*De re publica* V und VI) —— 133

Christoph Horn
9 Die metaphysische Grundlegung des Rechts (*De legibus* I) —— 149

Jed W. Atkins
10 Natural Law and Civil Religion: *De legibus*, Book II —— 167

Auswahlbibliographie —— 187

Personenregister —— 193

Sachregister —— 195

Zitierweise und Abkürzungen

Auf die in diesem Band hauptsächlich behandelten Texte von Cicero, De re publica und De legibus, wird mit Siglen verwiesen.

Bezugstext für De re publica ist: Der Staat, hrsg. u. übers. v. Albrecht, M. v., Stuttgart 2013. Für De legibus ist der Bezugstext: Cicero, Über die Gesetze, Stoische Paradoxien, hrsg. u. übers. v. Nickel, R., Berlin ³2004 (Tusculum).

Auf weitere Literatur wird durch Namen des Autors und das Erscheinungsjahr verwiesen. Verschiedene Textausgaben zu den beiden Werken finden sich in der Auswahlbibliographie am Ende des Bandes

Folgende Siglen werden verwendet:

Rep.   De re publica
Leg.   De legibus

Vorwort

Der römische Politiker, Anwalt, Schriftsteller und Philosoph Marcus Tullius Cicero ist nicht nur einer der herausragenden Redner des alten Roms. Seine Überlegungen zur Rechts- und Staatsphilosophie zählen darüber hinaus zu den wichtigsten antiken Dokumenten der politischen Philosophie.

Neben den politischen Herausforderungen seiner Zeit ist Cicero von einer Bewunderung für die griechische Philosophie geprägt. In seinen Werken bemüht er sich nämlich, das Denken der Griechen seinen Zeitgenossen nahezubringen. Dabei gelingt ihm weit mehr als eine bloße Vermittlung: Stets von einem systematischen Interesse getragen, setzt sich Cicero mit den vorgestellten Theorien kritisch auseinander.

Für seine Überlegungen zur Staatsphilosophie sind zwei seiner Werke besonders einschlägig: *Vom Gemeinwesen (De re publica)* und *Von den Gesetzen (De legibus)*. Der bedauerlicherweise nur in Teilen erhaltene Dialog *Vom Gemeinwesen,* enthält eine detaillierte Darstellung der Staatsformen und eine sich daran anschließende Erörterung der besten Staatsverfassung; er diskutiert den Rang der politischen Tätigkeit, stellt ausführlich die politische Entwicklung Roms dar, untersucht grundlegende Fragen der Gerechtigkeit und der sozialen Ordnung und schließt mit der Nacherzählung eines politischen Traums, dem *Somnium Scipionis*, der als eines der bedeutendsten lateinischen Prosawerke gelten darf.

Im etwa zur selben Zeit verfassten Dialog *Von den Gesetzen (De legibus)* rückt das Titelthema in den Mittelpunkt. Cicero untersucht den Ursprung des Rechts, erörtert das Recht in seinen einzelnen Bestimmungen und diskutiert die Möglichkeit „falscher" Gesetze. Schließlich legt er sich die bis heute aktuelle Frage nach dem „idealen Staatsmann" vor.

Der hier vorgelegte gemeinsame Kommentar der beiden Werke, geht auf ein Symposion zurück, das vom 18. bis 20. Februar 2016 auf Schloss Hohentübingen stattfand. Auf der Grundlage der damaligen Diskussionen wurden die einzelnen Beiträge gründlich überarbeitet.

Wieder ist zu danken: als erstes den Autoren, sodann von meinen engagierten Mitarbeitern dieses Mal vor allem Eray Gündüz, schließlich der erneut so großzügigen Fritz-Thyssen-Stiftung, dieses Mal zusätzlich dem Universitätsbund Tübingen.

Tübingen, im Herbst 2016
Otfried Höffe

Otfried Höffe
1 Einleitung

1.1 Eine erste Wertschätzung

Nach den zwei philosophischen Höhepunkten politischen Denkens, nach Platon und Aristoteles, nimmt unter den Philosophen das Interesse an der Welt von Recht, Staat und Politik deutlich ab. Platons Schule verliert bald an philosophischem Glanz, unter Aristoteles' Nachfolger blühen die Einzelwissenschaften, und in den drei weiteren nachklassischen Philosophenschulen, bei den Kynikern, den Epikureern und der Stoa, zerbricht die Einheit von politischem und persönlichem Wohl (Eudaimonia): Das Interesse an der eigenen Lebensführung erhält den Vorrang vor der Politik.

Nach dem Niedergang der klassischen politischen Einheit der Griechen, der selbständigen Stadtrepubliken, in politischer Hinsicht heimatlos geworden, legen die Philosophen, namentlich die Stoa mit ihrem Ideal des Weisen, auf den inneren Frieden einer leidenschaftslos gewordenen Seele wert. Im Bereich des Politischen tritt zwar ein radikal neuer Gesichtspunkt in die Welt, ein dem bislang vorherrschenden Denken fremder Kosmopolitismus, der ein grundlegend neues politisches Denken provozieren könnte. Die Vorstellung einer entsprechend globalen politischen Organisation taucht aber nicht einmal ansatzweise auf. Der Gründer der Stoa, Zenon von Kition (350–264 v.Chr.), skizziert zwar eine Kosmopolis. Als ein homogener Weltstaat entworfen, in dem die Menschen dank einer einzigen Lebensweise wie in einer Herde zusammenleben, fehlt es ihm aber an einer rechtlichen und institutionellen Ordnung, die der politischen Wirklichkeit, der Vielzahl konkurrierender Einheiten gerecht wird.

Während also in der Welt der Griechen das Interesse an Recht und Staat zwar nicht vollständig verschwindet, im Vergleich zur Hochblüte bei Platon und Aristoteles jedoch verkümmert, treten in Rom zahlreiche politische Schriftsteller auf. Unter ihnen ragt als veritabler politischer Denker der Staatsmann, Redner und Philosoph Marcus Tullius Cicero (106–43 v.Chr.) heraus. In den vielen Jahrhunderten, in denen das Lateinische für alle Gebildeten des Westens die gemeinsame Sprache bildet, ist er der bestüberlieferte, meistgelesene und auch später noch vielgerühmte Autor.

Nicht der geringste Grund für die hohe Wertschätzung liegt in Ciceros vorbildlichem Stil und dem Verdienst, erhebliche Teile des griechischen Denkens in römisches Gedankengut zu übertragen und dabei eine so umfassende lateinische Begrifflichkeit zu schaffen, dass er sich in der Schrift *De divinatione* (*Von der*

Weissagung, Präambel) zu Recht rühmen darf, seitdem gebe es kein Gebiet der Philosophie, das nicht in lateinischer Sprache zugänglich sei.

Cicero führt die „Rom"anisierung der von den Griechen stammenden Philosophie zu einem Höhepunkt, beinahe zur Vollendung. Seither ist die Philosophie von römischem Geist und dessen Sprache, dem Lateinischen, durchdrungen. Verantwortlich ist nicht bloß eine überragende sprachliche Begabung, sondern auch eine Hingabe an die Philosophie, die in den *Gesprächen in Tusculum* als „Lenkerin des Lebens, Entdeckerin der Tugend, und Siegerin über die Laster" hymnisch gepriesen wird.

Über Ciceros Beitrag zur Sprache des seitherigen Philosophie-Diskurses sollte man die Eigenleistung nicht vergessen, auch wenn ihr häufig eklektischer, vorgefundene Ansichten miteinander verbindender, gelegentlich auch vermengender Charakter nicht zu leugnen ist. Nach der so facettenreichen griechischen Philosophie ist es freilich nicht leicht, schlechthin neue Gedanken zu gewinnen. Ciceros Eigenleistung liegt in der Auswahl und Akzentsetzung bekannter Themen und Argumente und deren Bereicherung römischen Gedankenguts. Der Autor glänzt in der Fähigkeit, die von der Gerichtsrhetorik und der akademischen Skepsis inspiriert ist, konkurrierende Ansichten zu einem Problem vorzustellen, oft auch gegeneinander abzuwägen. Er lässt in Dialogform die Positionen der genannten Philosophenschulen, der Platonischen Akademie, des Aristotelischen Peripatos, der Sokratischen Kyniker, der Epikureer und der Stoa, auftreten. Dabei bringt er seine von griechischen Vorbildern mitgeprägte, im Kern aber römische Menschlichkeit, die von ihm selber, nimmt er an, vorbildlich gepflegte politische *humanitas*, in literarische Gestalt.

Als Leser seiner philosophisch politischen Dialoge stellt sich Cicero die heranwachsende Führungsschicht Roms vor. Im Laufe der Zeit wird er aber über diesen Kreis weit hinaus gelesen. Nur ein Beispiel: Ciceros Mahn- und Werbeschrift zur Philosophie, *Hortensius*, bekehrt den jungen Augustinus nach dessen eigener Auskunft zur Philosophie.

Nicht zuletzt haben die (von Eigenlob nicht freien) Werke einen hohen Quellenwert. Denn ein erheblicher Teil der behandelten Ansichten und Autoren ist nur fragmentarisch überliefert, so dass Ciceros Texte eine wichtige Überlieferungsquelle bilden.

1.2 Politiker und Philosoph

Marcus Tullius Cicero stammt aus einer wohlhabenden lokalen Honoratiorenfamilie, aus der Führungsschicht italienischer Gemeinden, dem Ritterstand, für dessen Interessen er sich sein Leben lang einsetzt. Am 3. Januar 106 v. Chr. in der

Kleinstadt Arpinum, Mittelitalien, geboren, ist er sechs Jahre älter als der spätere Konkurrent Caesar. Sein Großvater ist kommunalpolitisch tätig, hat aber auch Beziehungen nach Rom. Sein Vater, weit mehr an geistigen Studien als an Politik interessiert, zieht mit dem überragend begabten und hochehrgeizigen ältesten Sohn und dessen jüngerem Bruder Quintus nach Rom, wo er schon ein Haus besitzt. Hier beginnt Marcus Tullius' Vorbereitung für seine künftige Karriere.

Von einem kurzen Militärdienst unterbrochen, erfährt Cicero in den Jahren 91–82 v. Chr. jene hervorragende juristische und rhetorische Ausbildung bei Roms angesehensten Rechtsgelehrten, Mucius Scaevola, und bei den großen Rednern seiner Zeit, Lucius Licinius Crassus und Marcus Antonius, die ihn zunächst für die Anwaltstätigkeit, später für Staatsämter qualifiziert, dank der angestrebten gedanklichen Vertiefung aber auch zum Verfassen philosophischer Schriften befähigt. Mithilfe von Philon von Larissa, dem nach Rom gekommenen Schulhaupt der von Platon gegründeten Akademie, und dem Stoiker Diodotos studiert er auch die Philosophie der Griechen. Zugleich lernt er bei Philon die Methode der *disputatio in utramque patrem*, die Erörterung eines Gegenstandes von zwei einander entgegengesetzten Standpunkten. Schon in der Jugendschrift *De inventione* (*Über das Auffinden [von Argumenten], ca. 80–85 v. Chr.*) zeigt Cicero sein Interesse an der Verbindung von Rhetorik und Philosophie. Er skizziert eine Kulturentstehungstheorie, nennt mehrfach Aristoteles, den er aber, so scheint es, nicht direkt gelesen hat. Methodisch bekennt er sich im Bereich des Theoretischen sein Leben lang zu der in der Platonischen Akademie vorherrschenden Skepsis, die zum jeweiligen Problem die Pro- und Kontraargumente ausbreitet, sich jedoch eines abschließenden Urteils enthält.

Auf einer Studienreise (79–77 v. Chr.) nach Athen, Rhodos und Kleinasien erweitert und vertieft Cicero bei den dort führenden Rhetoriklehrern und Philosophen seine Ausbildung. Bei Apollonius Molon verbessert er seine Sprechtechnik. In Athen hört er bei Antiochos von Askalon, der in einer von ihm gegründeten „Alten Akademie" die Verbindung von Platonischen mit stoischen Gedanken pflegt. Auf Rhodos trifft er den Stoiker Poseidonios. Da Cicero auch beim Epikureer und deren Schulhaupt Zenon von Sidon studiert, wird er mit drei nachklassischen Philosophieschulen, der Platonischen Akademie, der Schule der Epikureer und der Stoa – nur Aristoteles' Schule fehlt –, aus erster Hand vertraut.

Folgt man der Spätschrift *Academici libri quattuor* (*Vier akademische Bücher*, 46/45 v. Chr.), so steht Cicero dem Skeptizismus der Platonischen Akademie nahe. Für die sittlich-politische Praxis und deren Theorie hingegen zieht er eine Entschiedenheit vor, die in seinem politischem Hauptwerk, in *De re publica*, etwa in den Ansichten zum römischen Staatsgenie, zur Mischverfassung, zum Naturrecht, zum gerechten Krieg, nicht zuletzt zur politischen Notwendigkeit von Recht und Gerechtigkeit deutlich zutage tritt. Keineswegs schlägt er sich auf die Seite des

Akademikers Karneades, der zur Frage, ob für den Staat die Gerechtigkeit unabdingbar sei, die skeptische Urteilsenthaltung pflegt. Ohne eine antiskeptische Grundeinstellung von *De re publica*, ohne deren konstruktiven Optimismus, wäre Ciceros Entwurf eines idealen Gemeinwesens auch schwerlich möglich.

Schon vor der Griechenlandreise beginnt der Aufsteiger („*homo novus*") aus der Provinz eine glänzende Karriere, die er nicht der Macht und dem Reichtum seiner Familie, sondern außer dem Ehrgeiz und der Begabung einer überragenden Geistesbildung verdankt. Zunächst macht Cicero sich als Anwalt einen Namen. Seit 81 v.Chr., also dem Alter von 25 Jahren, verfasst er Gerichtsreden. Später schlägt er die politische Laufbahn ein. Im Jahr 75 v.Chr. wird er auf Sizilien Quaestor, ein höchster Finanzbeamter, im Jahr 69 einer der Ädile, also der für *panem et circenses*, für Brot, nämlich die Getreideverteilung, und für die Spiele zuständigen Beamten. Seit 67 verfasst er politische Schriften, im Jahr darauf, 66, wird er Praetor, also ein höchster Richter.

Nach diesen üblichen Zwischenstufen wird Cicero schließlich im Jahr 63 v.Chr. Konsul, mithin einer der beiden höchsten Amtsträger Roms. In dieser einem König nahekommenden, aber nur für ein Jahr gewählten Stellung gelingt ihm, eine gegen das aristokratische Element Roms, den Senat, gerichtete Verschwörung des Catilina mit Wort und Waffen zu vereiteln. Diese Leistung bringt ihm Ehre, aber auch Feinde ein. Zunächst als Retter des Vaterlandes *pater patriae* gefeiert, wirft man ihm später vor, Catilinas Recht auf einen ordentlichen Prozess verletzt zu haben, woraufhin Cicero für eineinhalb Jahre, April 58 bis September 57, verbannt wird.

Immer wieder, nicht erst durch die Machtübernahme Caesars im Jahr 48 politisch bedeutungslos geworden – Cicero hatte sich nach längerem Zaudern auf Caesars Gegenseite, die des Senats, geschlagen –, verfaßt er, auf sein Landgut zurückgezogen, seine wichtigsten Schriften. Sie weisen den Autor als einen thematisch weit interessierten, philosophisch hochgebildeten und sprachlich brillanten Denker aus. In der mittleren Schaffensperiode, den Jahren 55 bis 51, entstehen unter anderem die Schriften *De oratore* (*Vom [idealen] Redner*), *De re publica* (*Vom Gemeinwesen* bzw: *Vom Staat*), und *De legibus* (*Von den Gesetzen*). In der Spätzeit, den Jahren 46 bis 44, entstehen die erkenntnistheoretischen *Academici libri* (*Akademischen Bücher*), die Auseinandersetzung mit der Theologie der Epikureer: *De natura deorum* (*Über die Natur der Götter*) und der Dialog über die letzten Ziele des menschlichen Handelns: *De finibus bonorum et malorum*, sowie als eine weitere moralphilosophische Schrift *De officiis* (*Von den Pflichten*) und zuvor die *Tusculae disputationes* (*Gespräche in Tusculum*).

Nach Caesars („des Kaisers") Tod setzt sich Cicero in *Orationes Philippicae* (*Philippinische Reden*) ebenso leidenschaftlich wie sprachgewaltig gegen den Caesarianer Marcus Antonius und für die Wiederherstellung der Republik ein.

Daraufhin wird im Rahmen einer Schreckensherrschaft, der 130 Senatoren und 2000 Ritter zum Opfer fallen, der 63jährige Cicero von Caesar-Anhängern unter Marcus Antonius am 7. Dezember 43 ermordet; Kopf und Hände werden auf dem Forum öffentlich zur Schau gestellt. Im selben Jahr sterben die beiden Konsuln, so dass die römische Republik, der Cicero einen Großteil seines politischen und literarischen Lebens gewidmet hat, faktisch zu Ende geht.

Cicero liegt wenig an einem um des bloßen Wissens willen betriebenen Philosophieren. Er versteht sein gesamtes Schrifttum als nicht bloß vom Thema, sondern vor allem von der Absicht her als politisch, nämlich als Beitrag zum Wohl der Republik. Von seinem reichen Oeuvre – 58 Reden, 19 Prosatexte und etwa 800 Briefe – ragen für das politische Denken zwei Texte heraus, die beiden Dialoge *De re publica* und *De legibus*. Beide zeichnen sich durch Verbindung von griechischer Philosophie mit der laut Cicero überlegenen römischen Staatsklugheit aus. Damit stehen sie freilich in Spannung zu Ciceros anderem Interesse, das in beiden Titeln zu Tage tritt: Cicero will Platons zwei Hauptwerken zum politischen Denken nacheifern. Während er in *De re publica* (*Rep.*, *Vom Staat*) nach dem Vorbild von Platons *Politeia* (*Staat*) – laut *Scipios Traum* „ein heiliges Buch" („*sacrum volumen*": *Rep.* VI, 7) – eine Theorie des idealen Staates entwirft, nimmt sich *De legibus* (*Von den Gesetzen*) Platons *Nomoi* (*Gesetz*) zum Vorbild, um wie dort eine Theorie des zweitbesten, aber immer noch ziemlich idealen Staates vorzulegen.

Deutlich in die Sphäre der Politik reichen auch Passagen des vielleicht schönsten Cicero-Dialogs *Vom Redner*; ein Platonisches Vorbild bildet der Dialog *Phaidros*. Ferner sind viele in die Tagespolitik eingreifende Reden für das politische Denken relevant, namentlich die vier Reden gegen Catilina. Seit Platon und Aristoteles herrscht eine Verbindung der Politik mit der Ethik vor. Folgt man diesem Vorbild, so sind zwei weitere Hauptwerke von Cicero politisch erheblich: *Von den Zielen des Guten und des Bösen* und *Von den Pflichten*.

1.3 „Vom Gemeinwesen" 1: ein idealer Staat

Der Bedeutsamkeit bewusst stellt Cicero sein staatstheoretisches Hauptwerk *De re publica*, *Vom Staat*, wörtlich: *Vom Gemeinwesen*, in die Tradition der Grundtexte des politischen Denkens der Griechen, ausser Platons *Politeia* auch Aristoteles' *Politik*. Trotz der Wertschätzung, die der Dialog verdient, reicht er aber an die großen Vorbilder kaum heran. Literarisch gesehen folgt Cicero nicht Aristoteles mit dessen einschlägiger Lehrschrift zur Politik, allenfalls dessen nur fragmentarisch überlieferten Dialogen. Literarisches Vorbild ist der von ihm hochgeschätzte Platon. Denn *De re publica* ist keine Abhandlung, sondern ein

Dialog, ein teils philosophisches, teils historisches, aber auch tagespolitisch orientiertes Gespräch. Gemäß den drei Mal zwei Büchern der Schrift spricht sich das Gespräch an drei Festtagen, den Latinischen Ferien, ab, also an Tagen, in denen sich auch ein aktiver Politiker der Muße (*otium*) hingeben kann. Es findet kurz vor dem Tod der tragenden Gestalt, des jüngeren Scipio, also im Jahr 129 v. Chr., statt. Zwischen realen Personen des öffentlichen Lebens geführt, widmet es sich Voraussetzungen und Strukturen eines vorbildlichen Gemeinwesens.

Obwohl der Dialog bis in die Spätantike viel gelesen wird, ist er erstaunlicherweise bloß zu etwa 25, maximal 30 Prozent überliefert. Nur der Schlussteil des letzten Buches, zugleich der literarische und sachliche Höhepunkt der gesamten Schrift, *Scipios Traum*, ist wegen einer glücklichen Sonderüberlieferung vollständig erhalten. Neben einigen Passagen oder Paraphrasen, die über spätlateinische Grammatiker wie Nonnius und über christliche Kirchenlehrer wie Augustinus und Laktanz sowie weitere spätantike Schriftsteller zu uns gekommen sind, beruht der heutige Textbestand auf einem im Jahr 1819 entdeckten vatikanischen Augustinus-Palimpsest, einem von neuem beschriebenen Pergament. Der dort enthaltene Text besteht aus großen Teilen des ersten und zweiten Buches, Teilen vom dritten, sehr wenig vom vierten und fünften und nichts vom sechsten Buch. Zusammen mit den überlieferten Passagen und Paraphrasen wurde er erstmals im Jahr 1822 ediert.

Bald nach der Wiederentdeckung steigt der um die einschlägigen Fragmente ergänzte Text zu einer „unendlich viel" behandelten, edierten, übersetzten und kommentierten Schrift auf. Er wird zu einer Pflichtlektüre des Schul- und Hochschulunterrichts, studiert von Philologen und Althistorikern, von Philosophen, Politikwissenschaftlern und Didaktikern des Lateinischen (für eine ältere Studienbibliographie zum Schulunterricht s. Suerbaum 1976). Die kommentierte Bibliographie von L. Schmidt 1973 berücksichtigt, nur bis damals, vor 45 Jahren, 249 Titel. Der Cicero-Teil im neuen Überweg, von G. Gawlik und W. Görler verfasst, verzeichnet in stupender Gelehrsamkeit, verteilt auf Zeugnisse, Leben, Schriften, Philosophie und Nachwirkung, 762 Titel. Zu ihnen dürften seit dem, seit 1994, viele Dutzende, vermutlich sogar einige Hundert weitere Beiträge hinzugekommen sein.

Hauptunterredner von *De re publica* und Gastgeber für die Gesprächsrunde ist der jüngere Scipio, mit vollem Namen Publius Cornelius Scipio Aemilianus Africanus Minor Numantius (um 185–129 v. Chr.), Scipio Africanus der Jüngere genannt. Cicero hält ihn, den Bezwinger, in anderer Einschätzung: den Zerstörer von Karthago (146) und Numantia (133), also eine über seine Zeit hinaus bedeutende Figur der militärisch-politischen Geschichte, zu Recht für einen Höhepunkt in der politischen und geistigen Kultur des republikanischen Roms. Denn zusätzlich zu einem hohen Maß an Staatskunst zeichnet Scipio sich durch eine reiche griechische Bildung aus.

Dass Scipio philosophisch so hochgebildet war, wie er zusammen mit seinen Freunden bei Cicero erscheint, lässt sich bezweifeln. Ohnehin erreicht er das denkerische Niveau von Platons Hauptfigur in der *Politeia*, Sokrates, nicht. Deshalb fragt man sich, warum Cicero, wenn er Platons Hauptwerk nacheifern will, Scipio zur Leitfigur wählt und in dessen Landhaus den Dialog stattfinden lässt. Die nähere Lektüre ergibt die Antwort: Auch wenn im Blick auf die philosophische Theorie gegenüber Platons Hauptfigur, Sokrates, Defizite kaum zu leugnen sind, repräsentiert Scipio für Cicero sein eigenes Lebensideal, eine zweifache Autorität. Scipio steht für eine römische Staatsklugheit, die sich zwar mit griechischem Geist verbindet, aber statt einem Übermaß an Hellenisierung zu erliegen, die in eigener Tätigkeit praktizierte Größe römischer Staatlichkeit verkörpert.

Ohne an den enzyklopädischen Charakter der *Politeia* heranreichen zu können, wohl auch nicht zu wollen, breitet Cicero in *De re publica* eindrucksvoll ein für das politische Denken weites, über eine bloße Staatsphilosophie deutlich hinausreichendes Themenspektrum aus. Dabei wendet er sich nicht an Fachphilosophen, sondern an eine politische Öffentlichkeit, um vermutlich sowohl qua Philosoph für die Politik als auch qua Politiker für die Philosophie zu werben. Cicero lässt sich jedenfalls auf die drei Aufgaben ein, die die politisch engagierte, zugleich gründliche Theorie eines vorbildlichen Gemeinwesens zu behandeln hat: Jeweils zwei Bücher befassen sich mit der idealen Staatsverfassung (I–II), mit deren rechtlicher und sittlicher Grundlage (III–IV) und mit dem idealen Staatsmann (VI–VII). Jedem dieser drei Gesprächspaare schickt Cicero eine persönliche Vorrede, ein Proömium, voraus.

Die erste Vorrede leitet nicht bloß in die ersten zwei Bücher, sondern in die Gesamtschrift ein, ist daher das weit umfangreichste Proömnium. Cicero behandelt hier den Gegensatz von aktiver Politik und bloßer Philosophie. Er plädiert für eine vor allem der Politik gewidmete Lebensform, also nicht für eine der Wissenschaft gewidmete *vita contemplativa*, sondern für eine *vita activa*. Weil deren Aktivität politischer Natur ist, könnte man an Aristoteles' *bios politikos*, die sittlich-politische Lebensform, denken. Bei Aristoteles kommt es aber auf die ethischen und dianoetischen Tugenden an, einerseits etwa auf Besonnenheit, Tapferkeit, Freigiebigkeit und Gerechtigkeit, andererseits auf sittliche Klugheit, jedenfalls auf Tugenden, die schon der gewöhnliche Staatsbürger zu üben hat. Für Cicero hingegen besteht die höchste Form, der Tugend – bei ihm dieser Singular – im Lenken des Gemeinwesens bzw. der *civitas*, der Bürgerschaft, also in der Vortrefflichkeit eines Staatsmannes.

Nach dem Plädoyer für die Lebensform des idealen, weil auf das Recht, die guten Sitten und das Gemeinwohl verpflichteten Politikers richtet sich der Blick auf den Kosmos, also auf eine das Politische im engeren Sinne übergreifende Ordnung. Wie Aristoteles am Ende der *Nikomachischen Ethik* das der Philosophie gewidmete „theoretische" Leben dem „politischen" vorzieht, so hält Cicero überraschenderweise, weil er doch für ein der Politik gewidmetes Leben plädiert, zunächst die Beschäftigung „mit dem, was ewig und göttlich ist", für das höchste (Abschn. 28).

Allerdings nimmt er nur nur die Naturphilosophie und Astronomie in den Blick, nicht die Themen, auf die es Aristoteles ankommt, die der Metaphysik. Zusätzlich relativiert er den Vorrang des bloß Theoretischen. Zum einen erhalten nämlich astronomische Kenntnisse nicht den für Aristoteles' *bios theoretikos* charakteristischen Selbstzweck. Die Kenntnisse stehen vielmehr in militärisch-politischen Diensten: Einem Heer soll die Angst vor einer Mond- oder Sonnenfinsternis genommen werden (*Rep.* I, 23 und 25). Und aus zwei erneut nicht theoretischen, sondern politischen Gründen wird am Ende der Vorrede das Wort an Scipio übergeben: weil der Staat die herrlichste und „die oberste Pflicht der Tugend" ist (*Rep.* I, 33) und weil er, Scipio, dafür nicht nur theoretisches Wissen, sondern zusätzlich zur Vertrautheit mit der einschlägigen griechischen Bildung auch eine wohlbestimmte Art von Empirie, die Erfahrung eines erprobten Politikers, mitbringt (*Rep.* I, 35). Scipio repräsentiert also die Einheit von Theorie und Praxis.

Mitlaufend kommt ein weiteres Leitinteresse zur Sprache. Ohne auf der griechischen Seite die politische Leistung der wegen ihrer Spruchweisheiten gerühmten Sieben Weisen (*Rep.* I, 12) zu schmälern, „die fast alle mitten im politischen Leben gestanden sind", betont Cicero-Scipio die Überlegenheit von Rom, nämlich dessen in politischer Praxis gipfelnden Genie, während das Genie der Griechen vornehmlich theoretischer Natur sei.

Im Hauptteil, der sich an die Vorrede anschließt, widmet sich Buch I der Verfassungstheorie. Cicero setzt das Gemeinwesen, die *res publica*, mit der Sache des Volkes, *res populi*, gleich und definiert es, was an Aristoteles' *Politik* (z.B. I, 2, 1253a 13–15) erinnert, vom gemeinsamen Recht und Nutzen her. Er hält also den Staat sowohl für eine Rechts- als auch eine Interessengemeinschaft. Den Antrieb zur Gemeinschaft sieht er nicht in der Schwäche (*imbecillitas*) der Menschen, sondern, hier in Übereinstimmung mit Aristoteles und der Stoa, in einem natürlichen Gemeinschaftsantrieb (*Rep.* I, 39), den er um den Gedanken einer schon vorstaatlichen Verständigung über das Recht ergänzt. (In *De officiis* II, 73 ist zusätzlich die Sicherung des Privateigentums wichtig.)

Der anschließende Überblick über die verschiedenen Staats- oder Verfassungsformen folgt der von den Griechen bekannten Gliederung in drei gelungene, weil dem Gemeinwohl dienende, und drei entartete, weil aufs Herrscherwohl fixierte Formen (*Rep.* I, 41–45). In der Monarchie (*regnum*), heißt es später, kommt es auf die Fürsorge (*caritas*) für die Untertanen, in der Aristokratie (*civitas opti-*

matium) auf die Einsicht und den Rat der Besten, in der Demokratie (*civitas popularis*) auf die Freiheit des Volkes an (*Rep*. I, 55).

Selbst die gelungenen, insofern legitimen Staatsformen leiden aber laut Cicero (*Rep*. I, 43) unter klaren Schwächen: Die Monarchie schließt alle Untertanen von der Beratung aus, die Aristokratie räumt der großen Menge zu wenig Freiheit ein, und die Demokratie lässt in ihrer Gleichberechtigung keine Abstufung nach Maßgabe der Würde (*gradus dignitatis*) zu. Hinzukommt, dass alle drei geglückten Staatsformen gegen Instabilität zu wenig gerüstet sind, weshalb sie leicht in die drei entarteten Formen umschlagen: die Monarchie in Tyrannis, die Aristokratie in Oligarchie und die Demokratie in die Herrschaft einer zügellosen Menge. Scipios These aus Buch III vorgreifend, verdienen aber diese drei Entartungen mangels einer Rechtsgemeinschaft nicht den Titel eines Gemeinwesens, sie können überhaupt nicht als *res publica* gelten (*Rep*. I, 50).

Stabil und zugleich gerecht ist allein eine Verfassung, in der die drei gelungenen Staatsformen untereinander verschmelzen. Die daraus entstehende Mischverfassung erinnert zwar an Aristoteles' entsprechende These. Es ist aber nicht klar, ob Cicero Aristoteles' zuständige Schrift, die *Politik*, gekannt hat. Die Aristoteles-Ausgabe, die Andronikos von Rhodos, in Rom erstellt, erscheint erst um 40 v.Chr., also nach *De re publica*, sogar nach Ciceros Tod. Ciceros Votum für eine Mischverfassung dürfte eher vom griechischen Geschichtsschreiber Polybios (vor 200 bis nach 120 v.Chr.) beeinflusst sein.

Bei der Mischverfassung legt Cicero großen Wert auf die Verteilung der Entscheidungsbefugnisse zwischen einer quasi-monarchischen Spitze, der Aristokratie, und der gesamten Bürgerschaft. Ihm geht es dabei weniger um eine wechselseitige Kontrolle. Wichtiger ist ihm, was an Aristoteles' Lob der Freundschaft (*philia*) erinnert (*Nikomachische Ethik*, VIII – IX), um die soziale Eintracht (*concordia*), mit der sich das Gemeinwesen, die *res publica*, tatsächlich als Angelegenheit des Volkes, als *res populi*, erweist.

Um das staatstheoretische Genie Roms hervorzuheben, setzt sich Cicero in Buch II von Platons „Selber-Ausdenken" eines Staates ab und nimmt sich stattdessen einen Abriss der Geschichte Roms vor. Mit diesem gegenüber Platon neuen Gegenstand setzt Cicero den Wettstreit Roms mit Griechenland fort: Weil das Gemeinwesen, sein zeitgenössisches Athen, politisch gesehen im Argen lag, musste Platon sich eine neue Verfassung ausdenken. Weil im Fall von Rom dagegen die Geschichte und Tradition mitsamt der Vätersitte (*mos maiorum*) auf eine ziemlich ideale Verfassung zuläuft, weil sich also das Heimatland Rom durch eine den Griechen überlegene politische Praxis auszeichnet, kann Cicero in seiner Staatsphilosophie auf die Geschichte einen so großen Wert legen und an deren Skizze eine bessere politische Theorie anschließen. Denn diese braucht nur eine weitgehend schon realisierte, zugleich werklichkeitserprobte politische Entwicklung auf den Begriff zu bringen. Im Unterschied zu Platons *Politeia* wird mithin der Idealstaat als schon real gezeichnet, womit Cicero, einmal mehr römischer Patriot, sein Gemeinwesen als überlegen hinstellt. Das, was bei den Griechen nur Idealität war, sei in Rom Wirklichkeit.

Wegen dieser „patriotischen Selbstschätzung" kann eine politische Philosophie, das aus dem Herkommen erwachsene Staatsgenie für wichtiger als die Erfindung neuer politischer Denkmuster halten und der Geschichte des eigenen Gemeinwesens legitimierende Kraft zubilligen. Folgerichtig geht Cicero in Buch II „konservativ" vor und zeigt, „wie unser Staats entsteht, heranwächst, erwachsen und schon gefertigt und entfaltet ist" (*Rep.* II, 3). Selbst für die Frage, was der Staat überhaupt sei, gebe Rom ein Beispiel ab, auch wenn seine Lebensordnung (*disciplina*), seine Sitten (*mores*) und Gesetze (*leges*) noch vorzustellen bleiben (vgl. *Rep.* II, 64).

In voller Absicht setzt Cicero seinen Abriss der Geschichte Roms nicht bei einer Fabel, dem Äneas-Mythos, sondern bei dem an, was er für eine Tatsache hält. Er beginnt mit der Gründung durch den aber doch sagenhaften Romulus. Laut dem von Cicero-Scipio hochgeschätzten alten Cato hebt Roms Vorzug bei dem Umstand an, dass das Gemeinwesen „nicht durch die Erfindungskraft eines einzelnen, sondern einer Vielzahl und nicht im Laufe nur eines Menschenlebens, sondern in vielen Generationen und Jahrhunderten geschaffen" wurde (*Rep.* II, 64). Die Überlegenheit setzt sich fort in der „unglaublich glücklichen Wahl" des Ortes (*Rep.* II, 5): nicht am Meer, sondern an einem „das ganze Jahr über gleichmäßig fließenden Strom" (*Rep.* II, 10). Dass die Topographie der „Konkurrenten", der Griechen, die zerklüftete Ägäis-Küste, vielleicht mitgeholfen hat, kein einheitliches Hellas, sondern einen Strauß von eigenständigen, untereinander konkurrierenden Gemeinwesen hervorzubringen, dass also dem Singular Rom ein griechischer Plural gegenübersteht, berücksichtigt Ciceros Vergleich nicht.

Der Geschichtsabriss von Buch II endet in der Republik, die sich durch die im vorangehenden Buch als ideal herausgestellte Mischverfassung auszeichnet: Es gibt zwar eine Volksversammlung, in ihr werden die Stimmen aber nach dem Vermögensstatus gewichtet, was jedoch, lässt sich einwenden, keinen aristokratischen, sondern einen oligarchischen bzw. plutokratischen (reichtumsabhängigen) Charakter hat. Hinzukommen – als demokratisch bewertet – sowohl der Schutz vor Beamtenwillkür durch das Recht auf einen ordentlichen Prozess vor einem vom Volk legitimierten Gericht als auch die Einrichtung eines Volkstribuns, der die Interessen des Volkes zu vertreten hat. Cicero ist überzeugt, dass die Ständekämpfe der frühen Republik vermieden wären, hätte die damalige Aristokratie diese Zugeständnisse an das Volk von sich aus gemacht (*Rep.* II, 57–59).

Cicero vergleicht ein in Eintracht lebendes Gemeinwesen mit dem Zusammenspiel verschiedener musikalischer Instrumente. Dieser Vergleich hat neben seiner Berechtigung eine deutliche Grenze. Denn in Rom kommen klarerweise hierarchisch geordnete Gruppen, nämlich hohe, mittlere und niedrige Stände, zusammen, (*Rep.* II, 69), was sich auf die Harmonie von Saiteninstrumenten, Flöten und Vokalmusik kaum übertragen lässt.

Man kann schwerlich leugnen, dass Cicero die Skizze der römischen Geschichte, auch wenn sie realitätsnah sein soll, schönt. Denn er erwähnt zwar frühere Probleme und Krisen, etwa eine drückende Schuldenlast und den Aufstand der Plebs (*Rep.* II, 58). Er übergeht aber Romulus' Brudermord an Remus und schreibt den Königen, den Tarquinius Superbus („der Hochfahrende") ausgenommen (*Rep.* II, 51), pure Weisheit zu. Nicht zuletzt kann er die neueren Probleme, namentlich die zeitgenössische Gefahr einer Militärdiktatur, beiseitelassen, da der Dialog mehr als zwei Generationen früher spielt.

Bei dem in Rom schon weithin praktizierten Ideal der Mischverfassung finden sich laut Cicero Recht, Pflicht und Leistung in jener ausgeglichenen Verteilung (*aequabilis ... compensatio*), die den Beamten genügend Macht, dem Rat der führenden Männer genügend Autorität und dem Volk genügend Freiheit bietet (*Rep.* II, 57). Sollte diese Beschreibung Roms Wirklichkeit wiedergeben, so wäre in der Tat ein Ideal Realität geworden. Des Näheren votiert Cicero freilich für ein Übergewicht der politischen Institution, der er selber nahestand, des Senats. Denn, heißt es im vorangehenden Abschnitt 56, in einem freien Volk soll „durch das Volk nur wenig, das meiste aber durch die Autorität des Senats" entschieden werden.

1.4 Vom Gemeinwesen 2: Sittliche Grundlagen des Staates

Die ersten zwei Bücher erörtern den Idealstaat, zunächst in Buch I dessen theoretische, quasi apriorische Begründung, sodann in Buch II die exemplarische Realisierung in der römischen Republik. Gemäß der Schlussthese von Buch II, ohne höchste Gerechtigkeit (*summa iustitia*) kann der Staat nicht regiert werden (*Rep.* II, 70), befassen sich die nächsten zwei Bücher, III und IV, vor allem mit den sittlichen Grundlagen des idealen Gemeinwesens.

Cicero setzt im dritten Buch, in dessen Vorrede, mit der schon bei Platon zu findenden Anthropologie des Mängelwesens an, dem die Natur zur Kompensation glücklicherweise die Vernunft gegeben hat (*Protagoras* 321c – d). Sodann erörtert er im dritten Buch einen Begriff, der schon bei Platon und Aristoteles die entscheidende Grundlage des Gemeinwesens bildet, die Gerechtigkeit. Im Hintergrund der Erörterung steht der Auftritt von Karneades, dem damaligen Haupt der

(Platonischen) Akademie. Als Mitglied einer Athener Gesandtschaft in Rom im Jahr 155 v. Chr. praktizierte er die in der Akademie mittlerweile vorherrschende Skepsis, indem er in zwei aufsehenerregenden, leider nicht überlieferten Reden am ersten Tag für die Möglichkeit von Gerechtigkeit in der Politik, am nächsten dagegen argumentiert.

Cicero kehrt diese Reihenfolge um. Er beginnt mit einer „Verteidigung der Ruchlosigkeit" (*improbitas*), also nicht mit der institutionellen, politischen, sondern der personalen Ungerechtigkeit. Die Aufgabe, für die Ungerechtigkeit in der Politik zu plädieren, wird Lucius Furius Philus übertragen, der ähnlich wie Scipio und Cicero ein hochgebildeter aktiver Politiker war. Einige Jahre vor dem Gespräch, 136 v. Chr., übte er das Amt eines Konsuls aus. Wie ein klassischer Aufklärer betont Philus sowohl die unterschiedlichen Rechtsnormen in den verschiedenen Staaten („andere Länder, andere Sitten") als auch deren Veränderung innerhalb ein und desselben Gemeinwesens. Im Rahmen der von den Sophisten stammenden Alternative „Natur oder Satzung/Konvention" („*physei-nomô*") kann das Recht daher nicht in einer unveränderlichen Natur gründen. Entscheidend sind allein partikulare Interessen und die dahinterstehende Macht der Stärkeren. Zusätzlich zur Konventialität kommt es also auf eine dem Eigennutz verpflichtete Klugheit an.

Nach Philus tritt Gaius Laelius mit Beinamen Sapiens, der Weise, auf. Die ihm übertragene Widerlegung von Philus' Plädoyer ist leider noch weit fragmentarischer als Philus' Rede überliefert. Referate von Laktanz und Augustinus vermitteln zwar einen knappen Überblick, erlauben aber keine Rekonstruktion der vorgetragenen Argumentation. Laelius' Rede soll zwar, heißt es gegen Ende des überlieferten Textes, großes Lob erhalten haben. Ob sie es verdient, lässt sich aus den überlieferten Argumenten aber nicht entscheiden. Folgendes aus Laelius' Rede wird jedoch deutlich:

Das Plädoyer zugunsten der Gerechtigkeit erklärt diese für naturrechtlich im Sinne eines Vernunftrechts begründbar. Denn das wahre, zu allen Zeiten und bei allen Völkern geltende Gesetz entspricht der richtigen Vernunft (*recta ratio*), sofern sie mit der Natur in Einklang steht (*naturae congruens: Rep.* III, 33; für das Naturrecht wichtig sind auch Passagen aus Buch I der Abhandlung *Von den Gesetzen*). Schon Aristoteles spricht in der *Nikomachischen Ethik* von der richtigen Vernunft (*orthos logos*, z. B. VI 1, 1138b 18 ff.), dies aber nicht in der Naturrechtspassage. Cicero steht hier eher in der stoischen Tradition.

Buch III schließt mit einer Rede von Scipio, der den Bogen zum ersten Buch schlägt. Sie erklärt die Gerechtigkeit, was man einen strengen Staatsmoralismus nennen kann, zum Definitionsmerkmal des Staates: Dort, wo keine Gerechtigkeit herrscht, handelt es sich nicht etwa um einen illegitimen, sondern um überhaupt keinen Staat. Laut Beginn von *Scipios Traum* wird nach Philus' Rede gegen und

Laelius' Rede für die Gerechtigkeit ihr, der Gerechtigkeit, die Siegespalme verliehen.

Wie schon bei Aristoteles und in der Stoa so fehlen auch in *De re publica* für das Natur- und Vernunftrecht nähere inhaltliche Bestimmungen. Cicero erklärt jedoch, was rechtstheoretisch einem Rechtsmoralismus nahekommt, einem Rechtspositivismus widerspricht und Scipios Staatsmoralismus ergänzt: Positive Gesetze haben nur dann Rechtscharakter, wenn sie mit der Natur und Vernunft übereinstimmen.

Die Gerechtigkeitsfrage schlägt offensichtlich auf die Legitimität der römischen Weltherrschaft durch. Im Gegensatz zum römischen Selbstverständnis, lediglich gerechte Kriege geführt zu haben, erklärte Karneades, Roms Weltherrschaft gehe auf nichts Anderes als reine Machtentfaltung zurück. Selbst formale Minimalbedingungen eines gerechten Krieges habe man nicht erfüllt. Als selbstbewusster, gegen derartige Kritik gefeiter Römer behauptet Cicero hingegen, die durch kriegerische Expansion erworbene Herrschaft sei legitim. Eines seiner Argumente erinnert an Aristoteles' Rechtfertigung der „Sklaverei von Natur aus": Weil „von der Natur selbst immer dem Tüchtigsten die Herrschaft zum größten Nutzen der Schwachen gegeben ist" (*Rep.* III, 36), können laut Cicero die Unterworfenen froh sein, Untertanen im Römischen Reich zu sein. In *De officiis* (I, 34 – 40) argumentiert Cicero vorsichtiger. Er hebt dort auf Grundsätze materieller Gerechtigkeit ab, betont als Ziel die Wiederherstellung der Rechtsordnung und vertritt für die Behandlung des Gegners ein Übermaßverbot.

Buch IV, nur in wenigen Fragmenten überliefert, erweitert die für einen vorbildlichen Staat erforderliche Gerechtigkeit um weitere Tugenden und erörtert, wie man sie, um einen Verfall des Gemeinwesens entgegenzusteuern, wiederherstellen kann. Cicero befasst sich ausführlich mit Fragen der Erziehung und innerer und äußerer Bildung. Einmal mehr gibt er der römischen Praxis den Vorrang vor der griechischen. Über weite Strecken übt er Kritik an Platons *Politeia*. Dass Platon ausschließlich nicht die griechische Wirklichkeit darstellt, sondern sie kritisiert, spielt für Cicero hier keine Rolle. Nur Platons Dichterkritik erhält Zustimmung, wenn auch mit anderen Argumenten. Erneut als ein im wörtlichen Sinn konservativer Denker spendet Cicero wieder den von den Vorfahren überlieferten Sitten und bewährten Einrichtungen großes Lob.

Die einleitenden Überlegungen von Buch V, die Vorrede zu den beiden letzten Büchern, vergleichen den Staat mit einem „kostbaren, aufgrund seines Alters schon verblassenden", daher renovierungsbedürftigen „Gemälde". Cicero betont den Wert der Familie und weist hier, weniger reformbereit als Platon, die Gleichberechtigung von Mann und Frau zurück. Er verlangt Sittsamkeit und *fides*: Treue und Verlässlichkeit, Tugend (*virtus*, die Vortrefflichkeit eines *vir*, Mannes, also Mannhaftigkeit) nebst Würde (*dignitas*) und verwirft Schmeichelei, Prahlerei und Ehrsucht.

Die ebenfalls nur in Fragmenten erhaltenen Bücher V und VI reihen sich mit Überlegungen zum vorbildlichen Staatsmann in die Tradition der Fürstenspiegel ein. Unausgesprochen seiner eigenen Biographie, auch der von Scipio und dessen Freunden, folgend, erwartet Cicero vom künftigen Herrscher eine umfassende Bildung. Ohne den idealen Staatsmann, in der idealen, gemischten Verfassung ein genaues Amt zuzuweisen, erwartet er von ihm, mit dem Recht vertraut zu sein, gerecht und maßvoll zu agieren, nicht zuletzt beredt zu sein, um „mit leicht fließender Rede das Volk zu lenken".

Den Abschluss und die Krönung des Werkes bildet im Buch VI das Vermächtnis eines großen Staatsmannes, der vollständig überlieferte *Traum des Scipios* (*Rep.* VI, 9–29). Er nimmt den die gesamte Schrift einleitenden Blick auf den Kosmos auf, relativiert, für einen großen Feldherrn und Politiker erstaunlich, die politische Lebensform mit ihrem Streben nach Ruhm und verheißt dem gerecht Handelnden Unsterblichkeit.

1.5 Zwischenbilanz

Fünf Elemente von *De re publica* verdienen besondere Aufmerksamkeit: (1) Mit der Absicht, seinem Volk und Vaterland zu dienen – da man, heißt es zu Beginn der Schrift, dem Vaterland mehr Wohltaten verdanke als dem leiblichen Vater –, knüpft Cicero intentional an Aristoteles an. Denn nach dessen Gedanken der praktischen Philosophie liegt das letzte Ziel nicht in einem Erkennen, sondern dem Handeln (*Nikomachische Ethik* I 1, 1095a 5 f.).

(2) Im Rahmen seiner Verfassungserörterung räumt Cicero der von Aristoteles' *Politik*, aber auch von Platon und der Stoa bekannten Mischverfassung, der Kombination von monarchischen mit demokratischen und aristokratischen Elementen, den Vorrang ein. Cicero schwebt ein Idealstaat vor, der sich unter die Herrschaft von Aristokraten (*principes*) wie den Scipionen begibt, was Platons Gedanken von Philosophenkönigen nahekommt.

(3) Vielzitiert und wirkungsgeschichtlich einflussreich ist die vorangehende Begriffsklärung (*Rep.* I, 39), die an Aristoteles, hier an eine in der *Politik* (I 2, 1253a16–18) gegebene Bestimmung erinnert: „ein Gemeinwesen (*res publica*) ist eine [gemeinsame] Sache des Volkes (*res populi*), ein Volk ist aber, im Gegensatz zu einer geographischen oder ethnischen Bestimmung nicht irgendeine Verbindung von Menschen, sondern wird durch Übereinstimmung im Recht (*iuris consensu*) und Gemeinsamkeit des Nutzens (*utilitas communione*) zusammengehalten".

(4) Mit Scipios Traum greift Cicero die von Platon und Aristoteles auf unterschiedliche Weise akzentuierte Einheit von Politik und Ethik auf. Er gibt ihr sogar eine quasi-religiöse Überhöhung: Dem Rechtschaffenen wird weniger ein diesseitiges als ein jenseitiges Glück, das der Untersterblichkeit, verheißen, was vielleicht erneut biographisch beeinflusst ist, denn der große politische Erfolg blieb Cicero versagt.

(5) Dem Staatstheoretiker Cicero, der selber als aktiver Staatsmann tätig war, fällt es leicht, erfahrungsgesättigte Überlegungen anzustellen, jedoch schwer, die römischen Verhältnisse in jener größeren Distanz zu betrachten, die Platon, den „bloßen Philosophen", befähige, radikale Veränderungen des Vorgegebenen zu fordern.

1.6 „Von den Gesetzen"

Der zweite politische Hauptdialog *De legibus* (=*Leg.*), vermutlich zur selben Zeit wie *De re publica* konzipiert, spielt in Ciceros Gegenwart. Die Gesprächsführer sind Cicero selbst, sein Bruder Quintus und sein Freund Atticus. Der Dialog ist sorgfältig komponiert. Buch I ist dem Naturrecht, Buch II dem Sakralrecht, Buch III, nur bis zur Mitte erhalten (das Altertum kannte weitere Teile), dem Staats- und Verfassungsrecht gewidmet.

Trotz des schon im Titel erscheinenden Anspruchs, den Dialog *Nomoi* (*Gesetze*) des hochgelobten Platon nachzueifern (vgl. *Leg.* I, 15 und II, 14), folgt das Werk nur begrenzt dessen Ziel. Cicero wirft nicht wie Platon in den *Nomoi* einen Blick auf einige vom eigenen Gemeinwesen abweichende, weil vorzugswürdigere Verfassungen, dort Sparta und Kreta. Auch kommt es ihm nur in Grenzen auf die für ein deutlich nichtreales, sondern ideales Gemeinwesen erforderlichen Gesetze und Institutionen an. Auch flicht er in seine Überlegungen zwar Erörterungen zur Philosophie und Theologie, zur Geschichte, Pädagogik und dem Recht ein, sie fallen aber kaum so grundlegend wie bei Platon aus. Ein Grund ist offensichtlich: Von der überragenden Qualität seines eigenen Gemeinwesens überzeugt, das deshalb kaum einer Verbesserung bedarf, befasst sich Cicero einerseits mit Fragen einer Rechtsphilosophie mitsamt dem Naturrecht und stellt andererseits das geltende römische Sakral- und Verfassungsrecht detailliert dar.

Das Vorgespräch (*Leg.* I, 1–12) über Dichtung und Geschichtsschreibung nimmt den Wettstreit mit Griechenland auf. Es erklärt, es brauche ein Geschichtswerk, um zu zeigen, „dass wir auch auf diesem Gebiet in nichts hinter Griechenland zurückstehen" (*Leg.* I, 5). Danach kommt Cicero zum Hauptthema, dem alle anderen Gegenstände an Bedeutsamkeit überragenden Recht einer

Bürgerschaft (*ius civitatis*: *Leg.* I, 14). Das Gesetz ist nämlich die höchste, der Natur innewohnende Vernunft (*lex est ratio summa, insita in natura*: *Leg.* I, 18).

Das Hauptgespräch setzt bei der „größten Frage" (*Leg.* I, 28) nach dem sachgerechten Ursprung des Rechts an. Da es „ungezählte Jahrhunderte früher entstanden" ist, liegt die Quelle nicht in irgendeinem „geschriebenen Gesetz" (*Leg.* I, 19), sondern, wodurch es gegen Irrtum gefeit ist, in der Natur des Menschen. Diese ist nämlich „vorausschauend, scharfsinnig, vielseitig, einsichtsvoll, begabt mit Erinnerungsvermögen und voll von Verstand und Klugheit". Kurzum: dank einer allen gemeinsamen (*Leg.* I, 30) Vernunft und Denkfähigkeit (*rationis et cogitationis*: *Leg.* I, 22) sind die Menschen auf eine Rechtsgemeinschaft hin angelegt.

Diese erste Argumentationsreihe (*Leg.* I, 18 – 34) vertritt ein anthropologisches Naturrecht: Der Mensch, dem die Feld- und Baumfrüchte sowie das Vieh zum Gebrauch bestimmt sind (*ad usum hominum*), nimmt in der Natur eine bevorzugte Stellung ein, die ihn über alle Lebewesen erhöht und, sichtbar im aufrechten Gang (*Leg.* I, 26), mit den Göttern verwandt macht (*Leg.* I, 23–24). Cicero räumt freilich ein, dass die Naturanlagen des Menschen durch die gesellschaftliche Wirklichkeit verdorben, dass namentlich die natürliche Gleichheit verdeckt und das in *De re publica* vertretene gemeinschaftsstiftende Band, Nutzen und Recht, zerrissen ist (*Leg.* I, 18 – 34).

Nach der zweiten Argumentationsreihe, einem sittlichen Naturrecht (*Leg.* I, 40 – 52), gehört das Recht zu jenem objektiv, von Natur aus gültigem sittlich Guten, nämlich zu Gerechtigkeit und allen übrigen Tugenden, die um ihrer selbst willen zu pflegen sind (*Leg.* I, 48). Denn „es ist ein Gipfel der Torheit zu glauben, dass alles, was in den Institutionen und Gesetzen der Völker festgelegt ist", dass selbst „Gesetze von Tyrannen" gerecht sind (*Leg.* I, 42). Um angesichts der „Verschiedenheit der Meinungen" (*Leg.* I, 47) ein gutes von einem schlechten Gesetz zu unterscheiden, gibt es keine andere Norm als die Natur, die der die allgemeinen Vorstellungen „in unseren Seelen keimhaft angelegt" hat (*Leg.* I, 44).

Keine der beiden Argumentationsreihen führt zu einem substantiellen Maßstab für positive Gesetze, zu einem Kanon ewig gültiger Normen. Im Rahmen bekannter Gesetze soll vielmehr derjenige Teil den Rang eines Naturrechts haben, der in der Natur des Menschen gründet, dabei von den Entscheidungen eines Gesetzgebers unabhängig ist. Welche kriteriologische Kraft die menschliche Natur hier haben soll, ist nicht leicht zu erkennen.

Cicero überträgt dem Gesetz eine „moralisierende" Aufgabe. Es soll nämlich Laster ausmerzen und zu den Tugenden anleiten (*Leg.* I, 58). Hier vermisst man im moralisch Gebotenen die vermutlich auch zu Ciceros Zeit praktizierte Unterscheidung von zwei Bereichen, einem zwangsbefugten Anteil und einer verdienstlichen Mehrleistung. Es wäre die etwa in Aristoteles' *Ethik* zu findende Differenz von allgemeiner Gerechtigkeit, die alle moralischen Verbindlichkeiten umfasst, und einem kleinen Teil, die besondere Gerechtigkeit, zu der verdienstliche Tugenden wie Freigiebigkeit und Hochherzigkeit gerade nicht gehören: Zieht Cicero eine in systematischer und in praktisch politischer Hinsicht wichtige Unterscheidung ein?

Das erste Buch von *De legibus* endet mit einem fast hymnischen Lob auf die Weisheit, erstaunlicherweise als die Fähigkeit, Wahr und Falsch, etwa Recht und Unrecht oder Gut und Böse, und das, was sich daraus ergibt, zu erkennen. Cicero betont die Einsicht, dass der Mensch „für das Leben in der Gemeinschaft geschaffen ist" und sich zu diesem Zweck unter anderem zu überlegen hat, wie „Völker zu regieren, Gesetze zu sichern, die Bösen zu strafen, die Guten zu schützen sind" (*Leg.* I, 62).

Buch II fasst nach einem Vorgespräch prägnant die Ergebnisse von Buch I zusammen und erklärt, wer gegen ein Naturrecht Vorbehalte hat, kommt nicht umhin, sich bei den entsprechenden Gegenthesen im Kreise zu drehen (*Leg.* II, 8–15): Cicero erklärt das Naturrecht zu einem uranfänglichem, auf die Vernunft und die Götter zurückgehenden Gesetz, das dem Heil der Bürger, dem Bestand der Staaten/Bürgerschaften und dem ruhigen und glücklichen Leben der Bürger dient. Auf die naheliegende Rückfrage, worin es inhaltlich besteht, erhält man lediglich die wenig befriedigende Antwort, dass die Bösen zu bestrafen und die Guten zu schützen sind.

Weil der Ursprung des Naturrechts bei den Göttern und deren Spitze, Jupiter, liegt, geht Cicero, hier Platons *Nomoi* (V, 722d) folgend, im Sinne einer Vorrede zum Gesetz, nämlich zu Grundsätzen einer philosophischen Religionslehre, über (*Leg.* II, 15–18). Daran schließen sich die in bewusst archaisierender Sprache verfassten Religionsgesetze an (*Leg.* II, 19–22), die im Einzelnen erläutert und begründet werden.

Buch III zum Staats- und Verfassungsrecht stellt nach einer Einleitung über das Wesen und die Notwendigkeit von Obrigkeiten (Magistraten: *Leg.* III, 2–5), erneut in archaisierender Sprache, deren Stellung und Funktion dar (*Leg.* III, 6–11). Nach einem Überblick über die Geschichte des Verfassungsrechts in der griechischen Philosophie und in Rom (*Leg.* III, 12–17) wird der einschlägige institutionelle Rahmen Roms kommentiert, angereichert um zahlreiche geschichtliche Einzelheiten (*Leg.* III, 18–47). Noch deutlicher als in *De re publica* hebt Cicero zum Beispiel die Vorzüge des zu seinem Ideal der Mischverfassung unverzichtbaren Volkstribuns hervor. Während sein Bruder Quintus auf die zerstörerischen Umtriebe früher und derzeitiger Volkstribune hinweist, betont Cicero die friedensfördernde Funktion, denn die andernfalls unkontrollierbaren Ausbrüche der Volksgewalt erhalten hier eine die Gewalt einhegende institutionelle Stimme (*Leg.* III, 23–25).

Von einem so intimen Kenner des Rechts wie Cicero darf man erwarten, dass er in den heute fehlenden Büchern IV – VI rechtssystematisch vorgegangen ist, er folglich in Buch IV das öffentliche Recht einschließlich Rechtsprechung und Strafrecht (vgl. *Leg.* III, 47) und danach, in Buch V – VI, das Zivilrecht (vgl. *Leg.* III, 29 – 30) behandelt hat. Mangels einschlägiger Fragmente handelt es sich aber bei dieser Erwartung um eine bloße Vermutung.

Gegenüber der in Rom vorliegenden Verfassung schlägt Cicero in den überlieferten Büchern nur wenige Veränderungen vor; sie belaufen sich auf eine Stärkung des Senats. Insgesamt, sowohl in *De re publica* als auch in *De legibus*, erscheint Roms Rechts- und Staatsordnung als ziemlich perfekt. Dem patriotischen Staatsmann und Staatsphilosophen Cicero zufolge bedarf das (beinahe) Vollkommene keiner wesentlichen Verbesserung.

Literatur

Gawlik, G./Görler, W. 1994: Cicero, in: H. Flaskar (Hrsg.): Die Philosophen der Antike, Bd. 4: Die hellenistische Philosophie, Basel, 991 – 1183.
Schmidt, L. 1973: Cicero, De re publica. Die Forschung der letzten fünf Dezennien. In: Aufstieg und Niedergang der römischen Welt, Bd. I 4, Berlin/New York.
Suerbaum, W. 1976: Studienbibliographie zu Ciceros De re publica, Gymnasium 85, 59 – 88.

Therese Fuhrer
2 Politiker und Philosophen: Cicero zur Interdependenz von politischer Theorie und Praxis (*De re publica* I, 1–37)

2.1 Das Proömium: Moral, Recht und Gesetz in Theorie und Praxis

2.1.1 Zur Form: Das Proömium als ‚Dialog' zwischen Cicero und Quintus?

Die Vorrede zu *De re publica* I hat zunächst drei Funktionen zu erfüllen: Sie leitet die ganze Schrift ein, sie markiert, analog zu den Proömien zu Buch III und Buch V, den Beginn eines Buchpaares, das das Gespräch eines Tages wiedergibt, und sie spricht die Widmung des Werks an Ciceros Bruder Quintus aus.

Die Funktion der Einleitung in die ganze Schrift kann erklären, warum die Vorrede zu Buch I nicht nur weitaus umfangreicher ist als die beiden weiteren Proömien, die die sechs Bücher von *De re publica* strukturieren, sondern auch als alle anderen Proömien zu ciceronischen Dialogen und Traktaten. Obwohl mit dem Anfang der Palimpsest-Handschrift (V) mehr als die Hälfte der Vorrede zum ersten Buch verloren ist, ist auch der erhaltene Teil immer noch ungewöhnlich lang (*Rep.* I, 1–13).

Ciceros Widmung des Werks an den jüngeren Bruder Quintus Tullius Cicero, die in Form einer Anrede zu Beginn der Schrift erfolgt sein muss, ist nicht erhalten; doch lässt der Hinweis gegen Ende des Proömiums auf ein gemeinsames Jugenderlebnis in Smyrna, nämlich den Bericht über den (im Folgenden wiedergegebenen) Dialog aus dem Munde des Publius Rutilius Rufus, den Schluss zu, dass mit dem dort angesprochenen ‚Du' Quintus gemeint ist (*Rep.* I, 13). Jedenfalls hat Marcus Cicero seinen Bruder Quintus, der während dieser Zeit (54 bis 51 v. Chr.) im Dienste Caesars in der Provinz Gallia Narbonensis als Legat tätig war, über die Entstehung von *De re publica* informiert: Im Oktober 54 v. Chr. berichtet er ihm von einer Arbeit am Dialog „über die beste Staatsform und den besten Bürger" (*de optimo statu civitatis et de optimo cive*), den er ins Konsulatsjahr von Tuditanus und Aquillius (129 v. Chr.) verlegt habe, also ins Todesjahr des Scipio Africanus, der zusammen mit Laelius, Philus, Manilius, Publius Rutilius, Quintus Tubero und Laelius' Schwiegersöhnen Fannius und Scaevola als Gesprächsteilnehmer auftrete (*Ad Quintum fratrem* III, 5,1f.; nicht erwähnt ist hier Spurius Mummius). Er,

DOI 10.1515/9783110536225-002

Cicero, habe die ersten zwei Bücher – von damals geplanten neun – seinem Freund Sallustius vorgelesen, und dieser habe ihm geraten, sich doch in eigenem Namen über den Gegenstand sprechen zu lassen: Er verfüge als ehemaliger Konsul und erfahrener Staatsmann über andere Voraussetzungen als (der Platonschüler) Herakleides von Pontos (der ‚Begründer' des Typs der Vergangenheitsdialoge), zudem würde ein Dialog unter längst verstorbenen Persönlichkeiten sogleich als Fiktion erkannt werden; Aristoteles habe in seinen Dialogen ebenfalls sich selbst darlegen lassen, was er über den Staat und den besten Staatslenker geschrieben hatte (*quae de re publica et praestanti viro scribat, ipsum loqui*; Zarecki 2014, 29 – 32). Cicero zeigt sich gerührt von Sallustius' Anregung, zumal er so die Möglichkeit hätte nutzen können, die politischen Ereignisse, die Rom gegenwärtig mehr bewegten als diejenigen des gewählten dramatischen Datums, in den Dialog einfließen zu lassen. Als Grund gegen die Versetzung der Szenerie in die Gegenwart nennt Cicero das Risiko, jemanden zu „verletzen" (*ne offenderem quempiam*); das wolle er auch jetzt vermeiden, und daher werde er das Gespräch mit (dem im Brief angesprochenen) Quintus führen, dem er die zwei Bücher aber doch schicken werde, die er nur widerwillig aufgebe (*Q. fr.* III, 5,2). Cicero hat also zwar den Plan des Vergangenheitsdialogs und auch die Personenkonstellation um Scipio beibehalten, wohl aber die beiden ersten Bücher nicht publiziert; an deren Stelle hat er die Proömien mit der Widmung an den Bruder gesetzt, die ihn selbst im ‚Dialog' mit diesem als Zeitgenossen über die Gegenwart sprechen lassen (so auch Zetzel ²1998, 4).

Die lange Vorrede ersetzt somit zum einen die zwei Bücher, in denen Cicero offenbar Scipio und seine Mitunterredner über die politischen Schwierigkeiten sprechen ließ (vgl. *Rep.* I, 14); zum anderen übernimmt sie die Funktion eines aristotelischen Dialogs, in dem der Autor sich selbst eine Stimme geben und eine Position in zusammenhängender Rede vortragen lassen kann. Tatsächlich stellt das Proömium in der erhaltenen, d. h. um mehr als die Hälfte verkürzten Form Themen zur Diskussion, die mehr sind als eine bloße Hinführung zum folgenden Dialog, wie dies der Funktion dieser Paratextsorte entsprechen würde, und auch der Bezug auf die eigenen Erfahrungen und Intentionen ist ausführlicher als – auch in vollständig überlieferten Proömien – üblich.

2.2 Zur Funktion von Theorie und Praxis: Eine politische ‚Kulturentstehungslehre'

Das Thema des ersten Proömiums von *De re publica* wird in der Forschung in der Regel unter das Motto des Gegensatzes zwischen ‚Politik und Philosophie' gestellt, der auch im ersten Auftritt der Hauptunterredner sowie im ganzen folgenden Dialog weiter ausgeführt werde (vgl. Blößner 2001). Allerdings führt der Gedankengang, den Cicero in den uns fassbaren Textabschnitten entwickelt, doch über die bekannte Opposition hinaus. Gegenübergestellt werden weniger einander ausschließende Positionen und Konzepte als vielmehr verschiedene Möglichkeiten, die Frage nach – so Cicero im Brief an Quintus – der „besten Staatsform und dem besten Bürger" zu stellen und zu beantworten. Dabei unternimmt es Cicero zu zeigen, dass jede theoretische Reflexion über diese Frage auf praktischer Erfahrung beruht, die sich ihrerseits an naturgegebenen Gesetzen orientiert.

Der in der Palimpsest-Handschrift (V) überlieferte Text beginnt mit einer Aufzählung von Leistungen historisch bedeutender Persönlichkeiten, an deren Schluss Marcus Cato genannt wird, der uns gleichsam als „Vorbild zu rastloser Tätigkeit und sittlicher Bewährung" dient (*exemplar ad industriam virtutemque*), der das unruhige Leben in der Politik immer der ungestörten Muße vorgezogen hat (*Rep.* I, 1). Dies wird mit einer „natürlichen Anlage" (*natura*) des Menschen erklärt, die ihn zur „sittlichen Bewährung" drängt (*necessitas virtutis*) und ihm die „Liebe zur Verteidigung des Gemeinwohls" eingegeben hat (*amor ad communem salutem defendendam*). Dem „Wissen" (*ars, scientia*) über die Tugend ist ihre „Anwendung" (*usus*) überlegen, in der sie erst ganz zur Entfaltung kommt (*Rep.* I, 2: *virtus in usu sui tota posita est*). Indem Cicero das an der Tugend ausgerichtete menschliche Handeln als natürlichen Trieb definiert und der *vita activa* den Primat über die *vita contemplativa* zuweist, nimmt er in der altbekannten Debatte klar die Position Dikaiarchs ein (Zetzel ²1998, 98 f.). Er führt die Hierarchisierung jedoch weiter, indem er als wertvollstes Anwendungsfeld der Tugend die „Staatslenkung" nennt (*usus autem eius est maximus civitatis gubernatio*). Der durch den natürlichen Trieb gesteuerte Einsatz für das „Gemeinwohl" wird hier nun konkret mit einer leitenden Funktion im Staat in Verbindung gebracht.

Auch wenn Cicero die Formen der theoretischen Reflexion gegenüber dem Handeln deutlich abwertet, weist er ihr dennoch einen systematischen Ort und eine bestimmte Funktion zu: Die Tugend als ‚Technik' (*ars*) ist Gegenstand philosophischer Erörterungen, und auch wenn das ‚Tun' der von den Philosophen in ihren „Winkeln" vorgetragenen „Dinge" (*eae ipsae res*) dem „Reden" (*oratio*) überlegen ist, so wird der Wert ihres Diskussionsgegenstands – das an der Tugend orientierte Handeln – nicht in Frage gestellt. Denn dieser ist aus der Betätigung im Dienst für den Staat erwachsen und entwickelt worden (*partum confirmatumque, Rep.* I, 2):

> „Denn alles, was die Philosophen sagen – soweit, was sie sagen, recht und ehrenwert ist –, haben diejenigen erarbeitet und festgelegt, die für die Staaten die Rechtsordnungen festgelegt haben."

> Nihil enim dicitur a philosophis, quod quidem recte honesteque dicatur, quod ‹non› ab iis partum confirmatumque sit, a quibus civitatibus iura descripta sunt.

Die ‚Gesetzgeber' – zu denken ist an die griechischen Nomotheten Minos, Solon und Lykurg – stehen mit der Aufzeichnung von „Rechten" (*iura describere*) am Anfang philosophischer Reflexion, für die sie die Grundlagen geschaffen haben. Ihre Leistung wird im Folgenden noch erweitert: Aufgezählt wird eine Reihe von ethischen und kulturellen Werten, die in Form rhetorischer Fragen (*unde aut a quibus* ...? vierfaches *unde* ...?) auf die Festlegung von Recht und Normen zurückgeführt werden:

- „Ehrfurcht vor Eltern, Kindern und Vaterland" (*pietas*) und „Furcht vor den Göttern" (*religio*);
- das „bei allen Völkern geltende Recht" (*ius gentium*; Zetzel ²1998, 100: „general ethical standards"; Powell 2012, 19: „the common law of humanity") und das „Recht für die Bürger" (*ius civile*);
- „Gerechtigkeit, Vertragstreue, Sinn für Verhältnismäßigkeit" (*iustitia, fides, aequitas*);
- „Ehrgefühl, Selbstbeherrschung, Scheu vor Schande, Streben nach Ruhm und Ehrenhaftigkeit" (*pudor, continentia, fuga turpitudinis, appetentia laudis et honestatis*);
- „Tapferkeit in Mühen und Gefahren" (*in laboribus et periculis fortitudo*).

Die Liste umfasst neben den definierten Kardinaltugenden Gerechtigkeit, Selbstbeherrschung und Tapferkeit sowie einer Reihe auf sie bezogener Charaktertugenden (Stemmer 1998, 1538 f.) auch das für die Bürger eines Staates geschaffene positive Recht und das diesem übergeordnete, bei allen Völkern geltende Recht. Das an den intellektuellen und ethischen Tugenden orientierte Normensystem ist gemäß Ciceros Darstellung in den Gesetzen eines Staates verankert. Mit den rhetorischen Fragen und der im Anschluss formulierten Antwort („woher ...? Doch wohl von denen, die ...") schreibt Cicero seiner Aussage allerdings erst den Status einer These zu: Die durch Erziehung eingeübten Werte (*haec disciplinis informata*) werden von den Staatslenkern oder Gesetzgebern einerseits „in der Tradition (*mores*) verankert", andererseits „in Gesetzen festgelegt".

So ergibt sich insgesamt eine Art ‚Kulturentstehungslehre', die von drei Phasen ausgeht und mit der Cicero die Genese politischer Kultur beschreibt: Die menschliche Anlage ist von Natur aus auf die Ausübung der Tugenden hin ausgerichtet; darauf basiert die in kleineren sozialen Gruppen geregelte Erziehung; staatlich geregelte Verhaltensformen und Gesetze sichern der Bürgerschaft einer größeren Gemeinschaft die Ermöglichungsstrukturen für tugendgeleitetes Handeln. Erst in einer weiteren, vierten Phase erfolgt die theoretische Reflexion, die von den Philosophen gelehrt und in ihren Schriften vorgetragen wird. Der Philosophie werden damit die Aufgabe und auch die Funktion der Abstrahierung und Systematisierung des praktischen Wissens zugewiesen. Sie wird damit nicht per se abgewertet, doch wird ihr im Prozess der Genese der Werte eine sekundäre Position zugesprochen: Die von den Philosophen formulierten Verhaltensnormen basieren auf Erfahrung, die dann reflektiert und systematisiert wird. Den Anspruch des Normativen können allein die staatlichen Gesetze erheben, die ihrerseits von dem naturgeleitet tugendorientierten Verhalten der Menschen abgeleitet sind.

2.3 Reden und Handeln

Cicero illustriert diese Hierarchisierung der Funktionen von Philosophen einerseits und Gesetzgebern und Staatslenkern andererseits mit einer Anekdote (*Rep.* I, 3): Xenokrates, der Schüler Platons und später Schulleiter der Akademie, soll auf die Frage nach dem Lernziel, das seine Schüler verfolgen sollten, geantwortet haben, dass sie „das aus freiem Willen tun sollten, wozu die Gesetze sie zwingen" (*Rep.* I, 3: *ut id sua sponte facerent quod cogerentur facere legibus*; Xenokrates Frg. 3 Heinze). Daran schließt Cicero folgendes Gedankenexperiment an: Da die Philosophen mit ihrer „Rede" aber „nur wenige" (*vix pauci*) davon überzeugen könnten, sei derjenige „Staatsbürger" (*ille civis*), der die ganze Gemeinschaft durch „Staatsgewalt und gesetzlich festgelegte Strafe" zu einem solchen Verhalten zwingt, auch den Gelehrten überlegen, die das Phänomen erörtern (*Rep.* I, 3). Die Stelle liest sich wie ein Kommentar zu Platons Ausführungen zur Frage, wann im Staat die Mittel der Überzeugung (*peithô*) und des Zwangs (*anánke*) angewendet werden sollen, um die Einheit zu wahren, weil die „Vielen" zur Einsicht in die Notwendigkeit der Kooperation nicht fähig sind (*Rep.* 519e-520a; *Leg.* 719e; vgl. *Tim.* 51e; Schofield 2000, 218 f.). Allerdings formuliert Cicero die Aussage als Konklusion eines Enthymems, das mit der Gegenüberstellung der Konzepte ‚Freiwilligkeit' und ‚Zwang' (*sua sponte – cogere*) und der Quantitäten „alle" – „kaum eine Minderheit" (*omnes – vix pauci*) arbeitet: Wenn nur wenige freiwillig gerecht sind, die Gesetze aber alle dazu zwingen, ist der Philosoph mit seiner „Rede" (*oratio*) weniger effizient als der Staatsmann mit dem Einsatz von Macht und Strafe. Die Effizienz ist mit der schieren Quantität der Mitglieder der Gemeinschaft, die sich an die Gesetze hält, begründet, nicht mit der Substanz und Stichhaltigkeit der Argumentation. Die Konklusion wird mit einer rhetorischen Frage bestätigt: Welche philosophische „Rede" ist so „erlesen", dass sie einem aufgrund seiner Gesetze und Traditionen gut funktionierenden Staat vorzuziehen ist? (*Rep.* I, 3: *quae est enim istorum oratio tam exquisita, quae sit anteponenda bene constitutae civitati publico iure et moribus?*).

Gegenübergestellt sind also wiederum nicht zwei Konzepte – Philosophie versus Politik oder Praxis –, sondern die philosophische „Rede" und der auf Recht und Konvention basierende ‚real existierende' Staat, mithin zwei unterschiedliche Kategorien der Argumentation, die sich nicht ausschließen, sondern sich zueinander komplementär verhalten. Allerdings ist das Verhältnis klar hierarchisiert: Denn der Staat sei, so Cicero, Gegenstand der philosophischen „Rede", die sich aus der Erfahrung informiere; umgekehrt sei die philosophische Rede für die Lenkung zumal „großer und mächtiger Städte", wie Cicero mit einem poetischen Zitat unterstreicht (Ennius, *Annales* 590 Skutsch), ohne praktischen Nutzen.

Dass zwar mit Gegenüberstellungen, jedoch nicht mit sich ausschließenden Dichotomien gearbeitet wird, zeigt auch ein in den älteren kritischen Editionen dem überlieferten Text vorangestellter Verweis bei Laktanz (*Div. Inst.* 3,16,5, Frg. 1,1e Ziegler): Cicero habe die „Erörterungen dieser Leute" mit den „Taten und Leistungen" anderer verglichen. „Sittliches Handeln und Wissen" (*virtus et scientia*) sind als „Quellen" (*fontes*) schriftlicher Abhandlungen weniger von Nutzen für die „Taten und Leistungen der Menschen" (*actis perfectisque rebus*) als für die Lektüre zum Vergnügen in Zeiten der „Muße" (*otio*). Die Aussage ist klar: Philosophische Schiften auf dem Gebiet der Ethik bieten keine Anleitung zum Handeln im täglichen „Wirken" (*negotium*); vielmehr dienen sie der reflektierten Auseinandersetzung in der „Mußezeit" (*otium*). Dieser Position entspricht die Ausgestaltung der Szenerie des folgenden Dialogs, den Cicero ausdrücklich in den *Feriae Latinae* stattfinden lässt.

So stellt sich die Frage, welche Funktion Cicero seinem staatsphilosophischen Werk *De re publica* zuweist – einer Schrift, die, gemäß dem Erklärungsmodell seiner politischen ‚Kulturentstehungslehre', selbst keine normative, sondern allein eine reflexive Funktion und einen bloß sekundären Status haben kann. Tatsächlich wirken die Gespräche, die er die Gesellschaft an drei Tagen in ihrer Freizeit führen lässt, wie eine Inszenierung der in *Rep.* I, 2 beschriebenen Phase der philosophischen Reflexion über das Handeln der Gesetzgeber und Staatslenker; da jedoch zumindest ein Teil der Dialogteilnehmer selbst an der Führung des Staates beteiligt ist, reflektieren sie gleichzeitig das eigene Tun und damit konkret den römischen Staat ihrer Zeit und seine Geschichte (Atkins 2013, 30 f.: „philosophical knowledge supplements and completes knowledge gained from experience").

2.4 Die ‚Weisheit' der Staatslenker

Cicero spricht denjenigen, die die Staaten „mit Klugheit und Ansehen" (*consilio et auctoritate*) lenken, einen höheren Grad an ‚Weisheit' zu als den „Unbeteiligten" (*expertes*), zu denen die oben beschriebenen Philosophen gehören. An dieses Lob der praktischen Vernunft schließt er einen Aufruf zum beharrlichen Bemühen um das Wohl der Gemeinschaft an (*Rep.* I, 3). Im Folgenden wendet sich Cicero gegen philosophische Positionen – im Visier steht offenbar die epikureische Lehre –, die als Voraussetzung für die Ataraxie die Abstinenz von der Politik empfehlen, die dementsprechend die Staatsphilosophie nicht zum Gegenstand ihrer Lehre machen und höchstens dann den Einsatz für den Staat erlauben, wenn dieser in Not ist (*Rep.* I, 4; 9; 11). Dabei stellt er auch seine eigene politische Tätigkeit, sein Bemühen um das Wohl des Staates, seine Erfolge auf dem Höhepunkt der Karriere als Konsul und auch sein Scheitern zur Diskussion, das er jedoch produktiv interpretiert, da ihm auch daraus Ansehen und „Freude" erwachsen seien (*Rep.* I, 6 f.; I, 10). Cicero stellt sich damit selbst dem Modell des (epikureischen) ‚Weisen' gegenüber, der sich nicht freiwillig „zu den Staatsgeschäften herablasse" (I, 11: *descendere ad rationes civitatis*), und diesem wiederum den Typ des ‚Weisen', der zumindest über ein „Wissen von den Staatsdingen" (*rerum civilium scientia*) verfügt und damit jederzeit auf Situationen vorbereitet ist, in denen er daraus „Nutzen" (*uti*) ziehen kann und muss.

Cicero unterscheidet somit drei Modelle der ‚Weisheit', die er klar hierarchisiert: An erster Stelle steht der erfahrene Staatsmann – repräsentiert von den Sieben Weisen (*Rep.* I, 14) –, der dem Philosophen, der sich lediglich auf einer abstrakten Ebene mit Staatstheorien befasst hat, überlegen ist. Letzterer wiederum verfügt immerhin über das theoretische Wissen, das ihn auf einen Einsatz für den Staat vorbereitet. Zu dieser Kategorie zählt Cicero die Verfasser staatsphilosophischer Schriften, die selbst nie mit der Leitung eines Staates betraut waren – zu denken ist in erster Linie an Platon und Aristoteles –, denen er aber immerhin eine Leistung im Dienst um den Staat zuerkennt, die mit einem „Staatsamt" vergleichbar ist (*Rep.* I, 11: *functos esse aliquo rei publicae munere*). An letzter Stelle steht der Philosoph, der um der Seelenruhe willen zur politischen Abstinenz rät.

Am eigenen Beispiel zeigt Cicero, dass für den Einsatz für den Staat im Ernstfall neben theoretischem Wissen auch der Umstand entscheidend ist, dass man eine durch die „Laufbahn" (*vitae cursus*) erarbeitete Machtposition innehat (*Rep.* I, 10: *eo loco sis, ut tibi id facere liceat*). Gleichzeitig verfügt er auch über theoretisches Wissen, so dass er mit seiner Doppelkompetenz – sowohl „durch Erfahrung" (*usu*) als auch „durch Studium und Lehre" (*studio discendi et docendi*) – als „Autor" (*auctor*) der vorliegenden Schrift qualifiziert ist (*Rep.* I, 13). Damit modelliert er sich selbst als Typ des ‚Weisen' sowohl der ersten als auch der zweiten Kategorie, mithin sowohl den Sieben Weisen als auch Platon und Aristoteles überlegen.

Das Proömium deklariert den folgenden Dialog gewissermaßen als ein Produkt der zuvor in der ‚Kulturentstehungslehre' beschriebenen Wirkungszusammenhänge zwischen praktischer Erfahrung und theoretischer Reflexion, die nun dadurch miteinander verquickt werden, dass „Rede" (*oratio*) über den Staat und „Erfahrung" (*usus*) im Staat ohne Hierarchisierung ineinander übergehen. Der Orator Cicero reflektiert und schreibt über einen Gegenstand, den er selbst aufgrund seiner Erfahrung als römischer Senator und Konsul beurteilen kann, an dessen Geschichte und Entwicklung er selbst mitgewirkt hat und von dem er selbst ein Teil geworden ist.

2.5 Das Vorgespräch: (Natur-)Philosophie und politische Praxis

2.5.1 Die Gesprächsteilnehmer: die Inszenierung politischer Kompetenz und intellektueller Neugierde

Der Beginn des Gesprächs übernimmt zunächst die einleitende Funktion der Vorrede, indem Personal, Ort und Zeit der folgenden Gespräche vorgestellt werden. Als Quelle seiner Informationen nennt Cicero Publius Rutilius Rufus, der ihm in jungen Jahren bei einer Begegnung in Smyrna, im Beisein des angeredeten Quintus, von dem Gespräch berichtet habe, bei dem er selbst anwesend gewesen sei (*Rep.* I, 13). Das Gespräch wird in Scipios Villa außerhalb Roms lokalisiert und ist auch durch die Terminierung an den drei Feiertagen der *Feriae Latinae* in einen für philosophische Erörterungen adäquaten Raum verlegt: Die neun Dialogteilnehmer, die alle politisch tätig sind, treffen sich in ihrer Freizeit und abseits des Forums. Durch die Choreographie ihres sukzessiven Eintreffens formieren sich zwei Gruppen à vier bzw. fünf Personen, deren Protagonisten, die älteren und erfahrenen Staatsmänner Scipio und Laelius, eine bereits sprichwörtlich gewordene Freundschaft verbindet (zur Prosopographie der Gesprächsteilnehmer: Büchner 1984, 28–36; Zetzel ²1998, 9–12).

In dem Vorgespräch (*Rep.* I, 14–37) lässt Cicero die Figuren je unterschiedliche Haltungen einnehmen, nun allerdings nicht in der Frage nach der Bedeutung der Staatsphilosophie und damit eines Bereiches der Ethik, sondern in der Diskussion über den Wert der Naturphilosophie und damit des philosophischen Teilgebiets der Physik. Als Scipio seinen Neffen Quintus Tubero, der vor allen anderen eingetroffen ist, auffordert, die freie Zeit für die Erörterung wissenschaftlicher Themen zu nutzen, schlägt dieser vor, das Phänomen der Doppelsonne zu diskutieren (*Rep.* I, 14 f.); er repräsentiert damit den Typus des jüngeren, mit intellektueller Neugierde ausgestatteten Angehörigen der sozialen Elite. Scipio reagiert zunächst zurückhaltend und verweist einerseits auf den kompetenteren, jedoch abwesenden Panaitios und andererseits auf Sokrates, der die Fragen der Naturphilosophen als zu kompliziert oder irrelevant abgetan habe. Als Tubero ihm den platonischen Sokrates entgegenhält, der laut Platon durchaus an naturwissenschaftlichen Studien interessiert gewesen sei, gibt ihm Scipio erstaunlich schnell recht und lenkt ein (*Rep.* I, 16). Zudem erinnert er den hinzukommenden Rutilius, den erwähnten ciceronischen Gewährsmann, daran, wie sie beide vor den Mauern der belagerten Stadt Numantia ähnliche Fragen erörtert hätten (*Rep.* I, 17). In Scipio sind auf diese Weise gleichsam zwei Typen verschiedener Haltungen gegenüber der Naturphilosophie vereint: einerseits der Philosophie-Skeptiker, andererseits der philosophisch Gebildete, der weiterer Belehrung gegenüber stets aufgeschlossen ist. Er bittet deshalb Lucius Furius Philus, der zusammen mit Rutilius gekommen war, seine Meinung zu diesem Thema darzulegen.

Das Gespräch der Vierergruppe um Scipio wird durch die Ankunft des zweiten Protagonisten, Laelius, begleitet von Spurius Mummius und seinen zwei Schwiegersöhnen, unterbrochen, und bald darauf trifft auch der ältere Jurist Manius Manilius ein. Im Gespräch zwischen Laelius und Philus wird nun die Haltung des Skeptikers gegenüber naturphilosophischen Fragen nochmals pointiert herausgestellt: Laelius zieht eine Erörterung von Fragen zu „Haus und Staat" (*quae ad domos nostras quaeque ad rem publicam pertineant*) vor. Doch lässt auch er sich umstimmen durch Philus' Argument, dass „die ganze Welt" (*mundus hic totus*) ‚unsere' Wohnstatt und Heimat sei (*Rep.* I, 19).

Die unterschiedlich modellierten Figuren verkörpern und illustrieren sowohl durch ihre Äußerungen als auch durch ihr Verhalten denkbare und zu erwartende Reaktionen auf den im Folgenden erörterten Gegenstand (Sauer 2013, 179–195; Powell 2012, 22 f.). Indem Cicero die beiden älteren Persönlichkeiten Scipio und Laelius ihre zunächst konservative und ablehnende Haltung explizit aufgeben lässt, stellt er eine Art Lese- und Verstehensanleitung an den Anfang, mit der er sein Lesepublikum einlädt, der philosophischen Spezialdiskussion zu folgen, die von ebendiesen zunächst skeptischen römischen Staatsmännern selbst geführt wird.

2.5.2 Scipio über die Globalisierung des Wissens

So erhält Philus die Gelegenheit, sein Wissen über den von Archimedes gebauten und bei der Eroberung von Syrakus von den Römern erbeuteten „Himmelsglobus" (*sphaera*) vorzutragen, den der Astronom Galus im Hause des Enkels des Eroberers von Syrakus, Marcus Marcellus, vorgeführt hatte (*Rep.* I, 21). Cicero lässt in Philus' Erzählung Galus einen wissenschaftshistorischen Vortrag halten, in dem er die Konstruktion des Globus auf Thales zurückführt und erklärt, dass der Platonschüler Eudoxos von Knidos ihn mit der Sternenkarte bemalt und der Dichter Arat ihn für die Beschreibung der Sterne benutzt habe (*Rep.* I, 22).

Nun entwickelt sich das Gespräch – unterbrochen von drei Lücken im überlieferten Text – in eine Richtung, die den Gedanken des Proömiums wiederaufnimmt und weiterführt. Zunächst hält Scipio eine längere Rede, in der er eine Begebenheit aus seiner Jugend erzählt. Als er mit seinem Vater Aemilius Paulus in der Zeit seines Konsulats in Makedonien im Feldlager weilte, trat eine Mondfinsternis ein, die bei den Soldaten zu einer Panikreaktion führte. Der Astronom Galus, der als Legat (und designierter Konsul) im Lager war, konnte die Angst der Soldaten mit einer allgemein verständlichen naturwissenschaftlichen Erklärung beschwichtigen (*Rep.* I, 23f.). Ähnliches weiß Scipio über Perikles zu berichten, der bei einer Sonnenfinsternis während des Peloponnesischen Krieges die Athener mit der Erklärung beruhigte, die er von Anaxagoras gelernt hatte. Dieses auf Thales zurückgehende Wissen sei in Rom durch Ennius vermittelt worden, der die beim Tod des Romulus erfolgte Sonnenfinsternis datierte, indem er sie, wie auch schon die Bücher der priesterlichen Annalen, in der Reihe der regelmäßig stattfindenden und astronomisch berechenbaren Finsternisse verortete (*Rep.* I, 24f.; Enn. *Ann.* 153 Skutsch).

Es folgen knappe Ausführungen über die Bedeutung des Ruhms, der mithilfe des Wissens über die geringe Größe der Erde und den beschränkten Umfang ihrer bewohnbaren und von Menschen unterschiedlicher Sprachen und Kulturen besiedelten Zonen relativiert werde (in Vorwegnahme von VI, 15 – 25 Ziegler = VI, 19 – 29 Powell), und im Anschluss daran generell über den relativen Wert äußerer Güter; als Exempla für den richtigen Umgang mit diesen werden Scipios Adoptivgroßvater und der ältere Cato genannt: Sie wussten auch mit ihrer ‚Freizeit' umzugehen, in der sie nie untätig waren (I, 26f.; vgl. *De officiis* III, 1). Im Zusammenhang mit der Frage nach der ‚Tätigkeit während scheinbarer Untätigkeit' kommt Scipio nochmals auf Archimedes zu sprechen: Er habe mit dem Bau des Himmelsglobus seinen Mitbürgern größere Dienste erwiesen als Dionysios, der Tyrann von Syrakus, der „seinen Mitbürgern die Freiheit raubte" (*Rep.* I, 28). Damit kehrt Scipio die Wertung der Leistungen von Politik und Wissenschaft geradezu um, und im Folgenden definiert er den Wert menschlicher Bildung und ‚Weisheit' an ihrer Ausrichtung am „Ewigen und Göttlichen" (*sempiternum et divinum*); auch dieser Gedanke wird im *Somnium* weiter ausgeführt (VI, 25 Ziegler = VI, 29 Powell; VI, 28f. Ziegler = VI, 32f. Powell).

Scipios Rede schließt mit einer Anekdote, die er vorsichtig auf Platon bezieht: Als dieser nach einem Schiffbruch an die Küste eines unbekannten Landes verschlagen worden sei, habe er im Sand geometrische Zeichen entdeckt und diese als Spuren einer entwickelten menschlichen Kultur gedeutet; damit habe er seine verängstigten Mitreisenden zu ermutigen versucht (*Rep.* I, 29; sie wird anderswo Aristipp zugewiesen). Mit dieser kleinen ‚Robinsonade' werden (natur-)philosophisches Wissen und Politik nun – will man nicht Platon in erster Linie als Verfasser der *Politeia* verstehen – gänzlich getrennt; die Anekdote dient allein dazu, das Wesentliche des „Menschseins" (*humanitas*, *Rep.* I, 28) zu definieren.

Hier wird mit großem erzählerischen Aufwand eine Verbindung hergestellt zwischen weit auseinanderliegenden Zeitstellungen sowie zwischen unterschiedlichen geographischen und kulturellen Bereichen: von Thales über Anaxagoras, Platon, Eudoxos, Archimedes und Arat bis Galus; von der römischen Annalistik bis Ennius; von Perikles über Romulus und Dionysios bis Marcellus, den älteren Scipio und Cato maior, Aemilius Paulus, den jüngeren Scipio und wiederum Galus; von Makedonien über Athen und Sizilien (und auch unbekannte Küsten) nach Rom. So entsteht das Bild eines kontinuierlichen und globalisierten Wissenstransfers, für den der Himmelsglobus gleichsam symbolisch steht: für die Öffnung der Fragestellungen zu einer weltumspannenden Sicht, die im Schlussteil, dem *Somnium Scipionis*, auf die transzendente Ebene gehoben wird (König 2007, 38).

Im Anschluss an das Narrativ der ‚Kulturentstehungslehre', die Cicero im Proömium in eigenem Namen vorstellt, hat Scipios Rede insofern eine komplementäre Funktion, als sie wiederum auf die erste Phase verweist: auf das dem Menschen von der Natur eingegebene und ihn leitende Streben nach der Tugend (*Rep.* I, 1). Das Beispiel des Tyrannen Dionysios von Syrakus zeigt, dass ein Rechtssystem, das ursprünglich der Ermöglichung genuin tugendhaften Strebens und Handelns dienen sollte, auch Missbrauch zulässt. Scipios Rede ist jedoch kein Plädoyer für den Rückzug in die Wissenschaft, obwohl Archimedes' Leistung in seiner „scheinbaren Untätigkeit" gegenüber den ‚Leistungen' des Politikers Dionysios positiv bewertet wird. Die Rede ist vielmehr eine grundsätzliche Reflexion über das System menschlicher Werte, die Cicero in seiner ‚Kulturentstehungslehre' auf der vierten Stufe ansiedelt und den Philosophen zuweist, die aber aus dem Munde des Feldherrn und Staatsmanns Scipio als Plädoyer für die kontinuierliche Rückbindung menschlicher Wertvorstellungen an göttliche und überzeitlich gültige Maßstäbe zu verstehen ist (*Rep.* I, 28). Sie nimmt damit die im Modell der römischen Mischverfassung immanente Vorstellung vorweg, dass diese sich nicht aus einem zyklischen Wechsel von guten und entarteten Staatsformen entwickelt hat, sondern von Anfang an an den Interessen der Menschen, der Mitglieder einer Gemeinschaft, der Staatsbürger (des *populus*) orientiert war und sich – in Ciceros Formulierung – an der Naturanlage der *necessitas virtutis* ausrichtete (Gildenhard 2013).

2.5.3 Laelius und die sokratische Wende

Laelius gelingt es in seiner Antwort, die durch eine Lücke im überlieferten Text unterbrochen ist, ausgehend von einem Zitat aus Ennius' Tragödie *Iphigenie* (Frg. 185–187 Jocelyn), nun aber doch, das Gespräch von den „Gefilden des Himmels" (*caeli plagae*) auf das, „was vor den Füßen" (*ante pedes*) oder „vor den Augen" (*ante oculos*) liegt, zu lenken (*Rep.* I, 30 f.). Dies erinnert an die von Platon überlieferte Anekdote von der thrakischen Magd, die den zum Himmel blickenden Thales, der in einen Brunnen fiel, verspottet habe: „Er strenge sich an, die Dinge im Himmel zu erkennen, von dem aber, was ihm vor Augen liege, habe er keine Ahnung" (Plat. *Tht.* 174a). Cicero lässt Laelius damit zugleich einen Gedanken aufnehmen, den er später weiter ausführen wird: dass Sokrates die Philosophie vom Himmel herunter in die Häuser der Menschen geholt habe (*Tusc.* IV, 10). Nach dieser Inszenierung der ‚sokratischen Wende' kann der Dialog auf das Thema von *De re publica* zusteuern. Indem Laelius darauf verweist, dass es für das Phänomen der Doppelsonne naturwissenschaftliche Erklärungen geben müsse, die jedoch keinen sittlichen Wert generieren (*Rep.* I, 32), spricht er dieser Fragestellung den lebensweltlichen Bezug ab, wie ihn Scipio in seiner Rede für die Erklärung von Mond- und Sonnenfinsternis geltend gemacht hatte. Er stellt dem Problem der Doppelsonne dasjenige der Uneinigkeit in Senat und Volk gegenüber (*Rep.* I, 33) und leitet damit über zu den Fragen, denen er explizit eine praktische Relevanz für die Gemeinschaft der Bürger zugesteht (*Rep.* I, 34: *ut usui civitati simus*) und mit denen die Anwesenden die Ferientage mit einem Gespräch zum „größten Nutzen für den Staat" verbringen können (*ut hae feriae nobis ad utilissimos rei publicae sermones conferantur*).

Während im Gespräch mit Scipio und in dessen Rede die Naturwissenschaft in den Bereich der politischen Praxis integriert wurde, schließt sie Laelius nun wieder aus. Mit der Analogie zwischen Doppelsonne und Spaltung von Senat und Volk verengt er auch die zeitlich, geographisch und kulturell offene und globalisierte Perspektive und beschränkt sie auf Rom und dabei auf die durch das dramatische Datum 129 v. Chr. bestimmte Zeitstellung und ein damals aktuelles politisches Problem. Die sokratische Wende droht damit auf eine Spezialisierung und die zeitbezogene Beschränkung philosophischer Fragestellungen hinzuführen. Doch hebt Laelius mit der Bitte an Scipio, seine Meinung „über die beste Verfassung des Staates" vorzutragen (*Rep.* I, 33: *quem explicet esse optimum statum civitatis*) das Thema doch auf eine allgemeine und damit eine theorierelevante Ebene. Das wird durch einen Verweis auf Scipios ‚Quellen' Polybios und Panaitios unterstrichen, mit denen er oft diskutiert habe (*Rep.* I, 34; zum historischen Kontext Büchner 1984, 118).

2.6 Fazit: Entwurf einer praktischen Philosophie

Mit der Rückbindung des Gesprächsgegenstands an das Kriterium der praktischen, insbesondere der politischen Relevanz schließt sich in der Antwort des Laelius und der Aufforderung an Scipio der Kreis zu Ciceros Ausführungen im Proömium: Die Frage nach der besten Staatsform wird in der Person des erfahrenen Staatsmanns Scipio, der seine persönliche Meinung vorträgt, sowie mit der Beteiligung der weiteren Anwesenden, die ebenfalls Träger politischer Ämter sind, auf die ‚Empirie' gegründet. Sie alle haben – wie nach ihnen Cicero – die Möglichkeit, bei der Erörterung staatsphilosophischer Fragen sowohl auf ihre Erfahrungen als auch auf philosophische Bildung zu rekurrieren, wie dies Scipio explizit für sich in Anspruch nimmt und was von Philus bestätigt wird (*Rep.* I, 36 f.), und damit den Prozess zu reflektieren und nachzuvollziehen, den Cicero in seinem Abriss einer ‚Kulturentstehungslehre' einerseits den Nomotheten und andererseits der „Rede" der Philosophen (*Rep.* I, 37: *oratio*) zuweist.

Das im Proömium von *De re publica* skizzierte Vorhaben lässt sich als Entwurf einer praktischen Philosophie im Anschluss an Aristoteles verstehen: einerseits in Abgrenzung von dem Ziel der Zweckfreiheit, das die theoretische Philosophie verfolgt, und andererseits in der Orientierung am zweckgebundenen politischen Handeln, das auf den Beobachtungen realen Geschehens und der praktischen Erfahrung aufbaut und selbst Gegenstand der Beobachtung war und ist. Der im Vorgespräch inszenierte ‚Umweg' über die Frage des Nutzens und der Anwendungsmöglichkeiten von *natur*philosophischem Wissen lässt sich auf zweifache Weise erklären: Zum einen wird damit der Teilbereich der Philosophie, die Physik, explizit in das Wissenssystem integriert, das gebildeten Römern zugänglich und vertraut ist, auch wenn dieser Gegenstand im Folgenden ebenso explizit wieder ausgeschlossen wird. Zum anderen wird damit die Perspektive auf den transzendenten Bereich vorweggenommen, den Scipio im Traum eröffnet, in dem er das theoretische Wissen und – daraus abgeleitet – auch die politische Praxis, die Cicero in seiner Vorrede ebenfalls auf die *natura* gründet, verankert sein lässt.

Literatur

Atkins, J.W. 2013: Cicero on Politics and the Limits of Reason, Cambridge.
Blößner, N. 2001: Cicero gegen die Philosophie. Eine Analyse von ‚De re publica' 1,1–3, Göttingen.
Cicero, M.T.: De re publica, ed. K. Ziegler ²1992 (Hrsg.), Stuttgart.
Cicero, M.T.: De re publica. De legibus. Cato maior de senectute. Laelius de amicitia, ed. J.G.F. Powell 2006 (Hrsg.), Oxford.
Gildenhard, I. 2013: Cicero's Dialogues: Historiography Manqué and the Evidence of Fiction, in: S. Föllinger/G.M. Müller (Hrsg.): Der Dialog in der Antike. Formen und Funktionen einer literarischen Gattung zwischen Philosophie, Wissensvermittlung und dramatischer Inszenierung, Berlin/Boston, 235–274.
König, H. 2007: Cicero – Politik und Gedächtnis, in: E. Richter/R. Voigt/H. König (Hrsg.): Res Publica und Demokratie. Die Bedeutung von Cicero für das heutige Staatsverständnis, Baden-Baden, 35–61.
Powell, J.F.G. 2012: Cicero's De Re Publica and the Virtues of the Statesman, in: W. Nicgorski (Hrsg.): Cicero's Practical Philosophy, Notre Dame, 14–42.
Sauer, J. 2013: Dialog, Argument und der implizite Leser in Ciceros staatsphilosophischen Schriften, in: S. Föllinger/G.M. Müller (Hrsg.): Der Dialog in der Antike. Formen und Funktionen einer literarischen Gattung zwischen Philosophie, Wissensvermittlung und dramatischer Inszenierung, Berlin/Boston, 173–197.
Schofield, M. 2000: Approaching the Republic, in: C. Rowe/M. Schofield (Hrsg.): Greek and Roman Political Thought, Cambridge, 190–232.
Stemmer, P. 1998: Tugend, I. Antike, in: HWPh 10, 1532–1548.
Zarecki, J. 2014: Cicero's Ideal Statesman in Theory and Practice, London/New York.
Zetzel, J.E.G. ²1998 (Hrsg): Cicero, De re publica, Selections, Cambridge.

René Brouwer
3 'Richer than the Greeks': Cicero's Constitutional Thought

3.1 Introduction

In the first book of his *De re publica* Cicero introduces us to a conversation on the question of the 'best organisation of the community' (*Rep.* I, 33: *optimum statum civitatis*). The conversation is situated in the year 129 BCE, a few days before the death of its main interlocutor, the elder statesman Publius Cornelius Scipio Aemilianus Africanus (born 185/4). Scipio is nowadays perhaps still best known as the destroyer of Carthage, but here we should recall that he is also depicted as standing out among the intellectual elite of his day. Scipio formed part of what in the modern literature is often referred to as the 'Scipionic circle', an expression which goes back to the phrase 'in our flock' (*in nostro grego*) in Cicero's *On friendship*, at 69.[1] This circle included among others the historian Polybius, the philosopher Panaetius and the playwright Terence. In the conversation in the first book of *De re publica* Scipio also stands out: his speech takes up more than half of the first book, in which he answers the question about the best organisation in a relatively straightforward way. His answer has a simple structure, which will be followed in this chapter: Scipio starts off defining the *res publica* (section 1), while briefly alluding to its origins, and then deals with its best possible type of political organization (section 2), discussing the basic organisational forms and their respective virtues, the mixed constitution as the best form, and finally declares Rome to be the best instantiation of the best form. The final point is in fact developed in book II, where the history of Rome is presented from a constitutional point of view.

In his answer Scipio is asked to outdo the Greeks. As Lucius Furius Philus, one of the interlocutors, formulates it at *Rep.* I, 37: 'I expect that what you will say will be richer (*uberior*) than all the books of the Greeks'. This challenge, so Scipio replies, is 'a very heavy burden' (*onus gravissimum*). But, as we will see, Scipio, or Cicero for that matter, delivers, and offers us a synthesis of Roman legal and Greek political thought. Indeed, Scipio is the perfect figure to do so. As a Roman acquainted with some of the main Greek intellectuals of

---
[1] On the 'circle', its members and its influence see Ferrary 2014, 589–615, 734 (with references to other literature).

his day, in his speech he presents a definition of the *res publica* that is based on concepts developed in Roman law, such as 'partnership', 'property', 'agreement' and 'trust', to which he connects Greek political theory, esp. in his account of the best organisation of the community. With regard to Greek political theory, Scipio makes use notably of Plato and the Stoics. As for Plato, in Quintilian's famous phrase, which can be found in his *Teaching manual of rhetoric* at X, 1, 123, Cicero 'is emulating Plato' (*Platonis aemulus*), without – as we will see – slavishly following him; as for the Stoics, Cicero appears to be relying on the Romanised version of Stoicism, as developed by Polybius and Panaetius (who are referred to at *Rep.* I, 15 and I, 34). In the second book of *De re publica* he will apply this theoretical Graeco-Roman framework in the context of Rome's historical experience, presented yet again as superior to that of the Greeks.

3.2 Scipio's definition of the *res publica*

From the outset, at *Rep.* I, 38, Scipio makes it clear that he wants to go straight to the heart of the matter by starting out from a definition of the *res publica*, rather than explaining every detail like a schoolteacher, or discussing the various stages that precede it (here Scipio may have had Plato, *Laws* book III or Polybius' *Histories* VI, 5–10 in mind – Aristotle is less likely, as we will see). Scipio in fact offers an implicit criticism of Plato's accounts in the *Republic* and the *Laws*: rather than to start off with the search for definitions of justice as in the *Republic* or for the best laws as in the *Laws*, it is better to offer the results of this straightaway. Scipio's definition of the *res publica* is short: 'The *res publica* is a thing of the people' (*res publica res populi*), and is immediately followed by a second definition of the people as 'an assemblage of some size that forms a partnership through agreement with the laws and directed at the community of benefit' (*coetus multitudinis iuris consensu et utilitatis communione sociatus*). The definitions are not further explained, if they ever were: Scipio continues with a sentence on the origins of the *res publica*, and thereafter our text breaks off, with two pages missing from the palimpsest.

It should first be noted that Scipio's definition of the *res publica* is etymological: the adjective *publicus* is explained as going back to the noun *populus*. Scipio's focus is thus on people, rather than on territory. Here again a criticism of Plato may be implied: at any rate later on in *De re publica*, at II, 21, Scipio offers a contrast with Plato's approach in the *Republic*, who is said to have started his depiction of the ideal political organisation with a territory. Scipio's definition thus has the same focus as Aristotle's definition of the political community as a community of citizens sharing a constitution in *Politics* III, 4, 1276b39–40, or as the Stoic definition as a community of (perfectly) rational beings (see e.g. Arius Didymus ap. Eusebius, *Preparation for the Gospel* XV, 15, 3–5, *SVF* II, 528, LS 67L).

The focus on people is developed in the second definition: a people is not just any group, but a group of some size, based on natural herding and forming a partnership. With 'natural herding' Scipio takes position in an ancient debate on the origins of a community. According to Protagoras and Epicurus, the origins of a community are conventional: for Protagoras see esp. Plato, *Protagoras* 320c–3a (fr. C1 DK); for Epicurus see *Key doctrine* 7 (LS 22C) or Lucretius II, 14–19 (LS 21W). Plato, Aristotle and the Stoics defended its natural origins: Plato discusses these in his *Statesman* 267e, 275d, Aristotle in the first book of his *Politics* 1. For the early Stoics an important source is Plutarch, *On the fortune of Alexander* 329a (*SVF* I, 262, LS 67A). This debate between convention and nature is yet again dealt with in relation to the foundation of justice in book III (see *infra*, chapter 5).

'Not just any group' is also explained with the notion of 'partnership' (*societas*). Partnership is a notion recently developed in Roman civil law, the law that deals with the relations between citizens. From the end of the 2nd century BCE onwards this type of law had been studied and described in a systematic manner. According to the Roman lawyer Pomponius (2nd cent. CE), in his *Handbook*, which survived in Justinian's *Digest*, at II, 2, 41, Quintus Mucius Scaevola Pontifex (consul in 95; not be confused with his father, the Augur, one of the characters introduced in Cicero's *De re publica*, at I, 18) wrote the first systematic account of Roman law in 18 books. Cicero was well acquainted with the striving for systematisation and the terminological innovations that went with it. At the very beginning of his dialogue *Laelius or on friendship*, surely a place of honour, Cicero describes that he studied law with both the Augur and the Pontifex:

> When I came of age [in 91], I was taken by my father to Scaevola [the Augur] ... I used to commit to memory many learned arguments of his, together with many wise and apposite sayings, and I did my best to take advantage of his learning for my own education. When he died [in 88] I moved on to Scaevola the Pontifex, a man whom I would not hesitate to call the most eminent in Rome for both acumen and fairness of judgement.' (tr. Powell)

Emulating the Pontifex, Cicero even wrote such a systematic account of the law himself, but unfortunately only its title *On arranging the civil law into a science* (*De iure civili in artem redigendo*) and some pithy fragments (fr. C.I.1 and C.I.2 Garbarino) survived.

The Pontifex' systematic account is lost, but from the scarce extant evidence which survived at Justinian, *Digest* XVII, 2, 7, 9, and 30 (fr. 7 and 8 Lenel), we can infer that he introduced partnership in book XIV. In Gaius' *Teaching Manual*, written in the 2nd cent. CE, the first systematic account of this type of law that is now extant (although, like Cicero's *De re publica*, it was only rediscovered at the beginning of the 19th century), partnership is described as one of four kinds of contract, the one that comes into being by 'agreement' (*consensus*). In the layered structure of Gaius' system, partnership (*Teaching Manual* III, 148) is discussed under the genus of the law of obligations (*Teaching Manual* III, 88), under the species arising out of 'contract' (*contractus*, *Teaching Manual* III, 89), and the sub-species based on agreement (III, 135). In Justinian's *Teaching Manual* (in fact an adaptation of Gaius' *Teaching Manual*), partnership (III, 25) is discussed under the genus of the law of obligations (III, 13), under the species the obligations arising out of contract (III, 13, 2), and the sub-species based on agreement (III, 13, 2, III, 22).

Partnership deals with 'assets' (*boni*, Gaius III, 148, Justinian III, 25), or – in other words – property. This brings us to *res* as the term in the definiendum *res publica* hitherto left undiscussed. The meaning of *res* is wide, but its basic meaning, also in the legal context, is thing or property (see e. g. Gaius' or Justinian's *Teaching Manuals*, both at II, 1). In modern scholarship (see esp. Wood 1988, 125–6, Schofield 1995, Hammer 2014, 46–8) the connotation of *res* with property in Cicero's definition is now generally acknowledged.

From the point of view of the systematised Roman civil law, as set out in Gaius I, 8 and Justinian I, 12, Scipio's definition thus contains what are the three basic categories of civil law, still at the basis of most modern continental European civil law codes: persons, property and obligations. (Rather than obligations in the sources reference is sometimes made to actions: since an obligation can give rise to an action in court, an obligation in Roman law is thus sometimes referred to by this possibility.) A *res publica* can be understood as the property (*res*) of a distinct group of persons (*personae*) that form a partnership (*obligatio*). The entrustment of the rule of the *res publica* to one or more persons is a further example of an obligation and will be discussed in section 2.

This partnership in the public realm has – in Scipio's account – two characteristics: 'agreement about law' (*consensus iuris*) and 'community of benefit' (*utilitatis communio*). The first characteristic is repeated later on in *De re publica*, at III, 45 (in III, 43 the related 'legal bond' (*vinculum iuris*) is used; see also Justinian, *Teaching Manual* III, 13), and has been much discussed. In Büchner's expression (1984, 123) the characteristic may well have been 'einmalig in der Latinität', but, so I submit here, both agreement as such and agreement about law have honourable pedigrees, in Roman law, but above all in Greek thought. Agreement has a background in Roman law, as we have already seen. In Gaius' account, at *Rep.* III, 89 (or in Justinian's adaptation, at III, 22), agreement is one of the elements of a valid contract. 'About law' (*iuris*) is more difficult to pin down. In the helpful overview of modern scholarship by Zetzel (1995, 127) three different interpretations have been formulated: (1) recognition of a shared conception of justice, (2) juridical equality or shared rights, and (3) acceptance of shared laws.

The first interpretation, the recognition of a universal idea of justice, seems a little far-fetched for a group of persons such as a people: with philosophers already divided as to what a conception of justice amounts to (see e.g. Aristotle's criticism of Plato's conception of justice in book V of the *Nicomachean Ethics*, or the debate about natural or conventional justice later on in book III of *De re publica*), it is unlikely that a people would have a clear conception of justice, let alone that they would share such a conception. The second interpretation, recently defended by Atkins (2013, 130 – 7), is one of 'agreement about rights' (*consensus iurorum*), in the sense that the members of a partnership share in equal 'rights' (*iura*). The notion of a subjective right, a claim that one has against someone (or against an institution), is surely developed in Roman law (in *De re publica* the plural 'rights' (*iura*) is indeed mentioned in III, 35 and III, 43). In this reading we may well encounter here one of the first instances of the constitutional contract-law-tradition, with Locke and Rawls as its most important representatives.

The third interpretation offers a different contractual theory of the *res publica:* rather than an agreement about subjective, here political rights, it concerns more broadly the acceptance of Roman customs or of Rome's legal tradition. This interpretation has a clear background in Greek thought, notably in Plato's *Crito*, to which – as we will see – Cicero already alluded to earlier in book I. In the final part of the *Crito*, 50a-53d, Socrates invokes the personified 'Laws and the community of the city' (50a: *hoi nomoi kai ton koinon tēs poleōs*), in order to make clear to his interlocutor Crito as to why he ought not to escape from the prison where he awaits his execution after the Athenians have condemned him to death. At 51e, the Laws argue that Socrates has come to an agreement with them:

> We say that whoever of you remains [in Athens], when he sees how we conduct our trials and manage the city in other ways, has in fact come to an agreement with us to obey our instructions. (tr. Grube)

According to the Laws, Socrates' agreement with them concerns e.g. the laws about birth and education. At 50d – 51b, they state:

> Did we not bring you to birth? ... Where those laws assigned to nurture and education not right? ... Is your wisdom such as not to realize that your country is to be honoured more than your mother, your father and all your ancestors? (tr. Grube)

The agreement here is in fact with long standing customs, whether formally recognized or not: in the formulation of Josh Ober (2005, 166) Socrates refers here to the 'the ancestral laws of the Athenian democratic state.' The form of the agreement is not one of explicit acceptance, but rather occurs in an implicit or tacit manner: it follows from Socrates' actual conduct (see further Lane 1998, Brown 2006). This is how the Laws state it, at 51e: 'We say that whoever of you remains [...] has in fact come to an agreement with us to obey our instructions', and at 52d: 'We say that you agreed, not in words but by your deeds, to live in accordance with us.' The Laws describe Socrates' conduct thus, at 52b: 'You would not have dwelt here most consistently of all the Athenians', in fact a period of 'seventy years during which you could have gone away' (52e). At 52c, the Laws make the point that: 'Even at your trial you did not propose exile', where according to the Athenian rules of criminal procedure, it was up to both the accuser and the accused to propose a penalty, out of which the jury had to choose.

The agreement as such, its contents, and its tacit form, as we have found it in the *Crito*, all fit 'the agreement with the law' in *De re publica*. What is more: as other scholars have already remarked (see Altman 2016, 32, with references to earlier literature) Cicero even alludes to the *Crito* in the beginning of book I, referring to the gratitude we owe to our country, giving us birth, education and security. See from the otherwise lost prooemium, fr. 1 Powell:

> Thus, because the fatherland secures more benefits and is an older parent than he who begot, surely a greater gratitude is owed to it than to a parent' (tr. Zetzel)

and also at I, 8:

> Our country has neither given us birth nor educated us according to law without expecting some return from us or thinking that while herself serving our convenience she should provide a safe refuge for our leisure and a quiet place for rest, but she did so with the understanding that she has a claim on the largest and best part of our minds, talents, and judgment for her own use, and leaves for our private use only so much as is beyond her own requirements. (tr. Zetzel)

Of the three interpretations of agreement about law currently on offer the third one thus fits Scipio's expression best, with Cicero even referring back to a venerable Platonic pedigree.

The other characteristic of the *res publica* as a partnership is 'community of benefit' (*communio utilitatis*). The idea of a political community based on common interest is commonplace in ancient political thought, and a major theme for Plato, Aristotle and the Stoics. As for Plato, the phrase occurs above all in his *Laws*, at 631b (the laws produce happiness by producing a greater number of benefits), 697d (the policy of the rulers [ought to be] in the interests of the people, not their own), 715b (the laws ought to be established for the good of the whole state), 875a-c (in the general preliminary address to the laws that they should benefit not the interests of some individuals), 923b and 925a (legislation ought to be with a view to the interest of the entire community). As for Aristotle, he discusses common benefit in the *Politics*, at III, 7 1279a28 (the best type of rule is for the common benefit) and III, 12 1282b18 (where justice in the state is defined as common benefit). For the Stoics, in relation to their conception of law as reason that pervades the world, see Cicero, *On ends* III, 64 (cf. *De re publica* I, 19):

> The ties between human beings are far closer. Hence we are fitted by nature to form associations, assemblies and states. The Stoics hold that the universe is ruled by divine will, and that it is virtually a single city and community shared by humans and gods. Each one of us is a part of this universe. It follows naturally from this that we value the common benefit (*communis utilitas*) more than our own. Laws value the welfare of all above the welfare of individuals. In the same way one who is good and wise, law-abiding and mindful of civic duty, considers the good of all more than that of any particular person including oneself. Even to betray one's country is no more despicable than to neglect common advantage and welfare for the sake of one's own. That is why a preparedness to die for one's country is so laudable – it is right and proper that we love our homeland more than our very selves. (tr. Woolf, modified.)

Whereas Cicero's knowledge of Plato and the Stoics is beyond doubt, we should be more cautious about his acquaintance with Aristotle's writings. After all, in this period these writings were largely forgotten. The geographer Strabo (64/3 BCE-24 CE), *Geography* XIII, 1, 54 (fr. 2A Sharples) offers the most radical version of this loss, informing us that even Aristotle's followers did not possess much of his writings:

> The earlier Peripatetics who came after Theophrastus had no books at all, with the exception of only a few, mostly published works, and were therefore able to philosophise about nothing in a practical way, but only to talk bombast about commonplace propositions. (tr. Jones)

Whether one accepts Strabo's version in its entirety or not, the upshot still is that only from the second half of the first century BCE Aristotle's unpublished lecture notes were rediscovered and became available, which is at any rate too late, both for the dramatic date of the dialogue (129) as well as for the time of writing (54–51).²

In sum: in combining Roman legal doctrine with Greek political thought Scipio presents us with a definition of the *res publica* as a thing of the people that form a partnership based on the acceptance of legal tradition and with an eye for common benefit. In such a partnership the people thus ought to look both back and forward: they should look back at their shared legal tradition, and look forward with respect to their common benefit.

3.3 The rule of the *res publica*

3.3.1 Entrusted deliberation

After having defined the *res publica*, Scipio continues with the form of its rule. As Scipio formulates it, at *Rep.* I, 41, while repeating the etymological definition, 'each *res publica* [...] needs to be ruled by some sort of deliberation' (*omnis res publica ... consilio quodam regenda est*). This 'deliberation' (*consilium*), so Scipio continues, needs to fulfill two conditions: (1) it must be connected to the original cause of the community, and (2) it must be attributed either to one person, a few individuals, or the entire population.

With 'connected to the original cause' the natural herding based on a shared legal tradition and common benefit must be meant. What happens when these conditions are not taken into account can be read in Cicero's vivid description in *On the paradoxes of the Stoics* 27:

> For what is a community? Every collection even of uncivilized savages? Every multitude even of runaways and robbers gathered into one place? Not so, you will certainly say. Therefore our community was not a state at a time when laws had no force in it, when the courts of justice were abased, when ancestral custom had been overthrown, when the officers of government had been exiled and the name of the senate was unknown in the commonwealth; that horde of bandits and the brigandage that under your leadership was a public institution, and the remnants of conspiracy that had turned from the frenzies of Catiline to your criminal insanity, was not a state. (tr. Rackham)

---

2 On the disappearance of Aristotle's writings see Gottschalk 1987, 1083: 'Aristotle's pupils were deprived of Aristotle's writings', Dillon 2016, 186: 'There is little sign, in the works of Cicero, that he had achieved any real acquaintance with the works of Aristotle now available to us.' Others are critical about Strabo's account or assume that Aristotle's thought still exerted influence, among whom can be mentioned Hahm 2007, Asmis 2004, 592–7, Atkins 2013, 134.

3 'Richer than the Greeks': Cicero's Constitutional Thought — 41

Secondly, the rule should be 'attributed' (*tribuere*) either to one person, a few, or the people. The attribution in case of the people is simple in the sense that they can declare that they rule themselves. In case of the rule of one or a few, the attribution will have to take another, 'Lockean' form. At *Rep.* I, 51, with regard to aristocracy, the rule of a few, Scipio uses the expression 'to entrust' (*committere*):

> If a free people chooses the men to whom to entrust itself (and it will chose the best people if it wants to be safe), then surely the safety of the *res publica* is found in the deliberations of the best men. (tr. Zetzel)

Here once again, as already noted by Schofield 1995, 80–1, 'to entrust' is a term developed in Roman civil law. In relation to the rule of the *res publica* Cicero would use the term again in *On duties* at I, 85 and I, 124, which he wrote towards the end of his life, a year before he was murdered. At I, 85, 'to entrust' is used in relation to the management of the *res publica:*

> The management (*procuratio*) of the *res publica* is like guardianship (*tutela*), and must be conducted in the light of what is beneficial not to the guardians, but to those who are entrusted to it. (tr. Atkins, modified);

at I, 124 'to entrust' is brought up in relation to the manager or magistrate of the community:

> It is then the particular function of a magistrate to realize that he assumes the role of the community and ought to sustain its dignity and seemliness, preserve its law, to administer justice, and to be mindful of the things that have been entrusted in his good faith (*fides*). (tr. Atkins, modified)

In either case Cicero combines entrustment with further legal terminology, such as 'guardianship' (*tutela*, see Gaius I, 142, Justinian I, 13), 'management' (*procuratio*, Gaius I, 18, II, 64, IV, 82–3), and esp. 'faith' (*fides*). The etymological definition of faith is dealt with in book IV of *De re publica*, fr. 10 Powell, fr. 7c Ziegler, and survived via Nonius (early 4th cent.), *On method of composition*, p. 35 Lindsay): 'Good faith (*fides*) seems to me to have its name because what is said happens (*fit*)'. It is further explained in Cicero's *On duties* I, 23: 'Keeping faith is fundamental to justice, that is constancy in what is said and is agreed' (*fundamentum autem est iustitiae fides, id est dictorum conventorumque constantia et veritas*), and for the wide application of 'good faith' the locus classicus in the history of Roman law is yet again *On duties*, at III, 70 (cf. Gaius IV, 62; IV, 68), where Cicero makes clear that this doctrine goes back to one of his teachers, Quintus Mucius Scaevola Pontifex:

> He thought that the expression 'good faith' (*fides bona*) had a very wide application, ... relevant to guardianship, partnership, trust, mandate, sale, hire, in all of which the partnership of life consists.

As with the definition of the *res publica* itself, then, Scipio's discussion of the attribution of the deliberation is formulated in terms that had already been developed in Roman law. In the next part of his speech, where he deals with the different forms of deliberation, he relies on Greek political theory. The discussions of the virtues and vices of the different constitutions among the Greeks go back to at least to the historian Herodotus (c.485–c.424), *Histories*, at III, 80–2. To Scipio's discussion thereof we must now turn.

3.3.2 The types of deliberation

At 42–45, Scipio introduces the four types of deliberation. He starts off with the three basic forms, monarchy, aristocracy and democracy, and continues with the comment that each of these basic forms has its own 'particular fault', or its own 'path to a kindred evil' (*Rep.* I, 44). He states that in a monarchy no one else has sufficient access to the deliberation, that in an aristocracy the people have hardly any share in liberty, and that in a democracy the equality is unjust, since some are worth more than others. According to Scipio, a fourth type is hence to be desired, which should be 'blended and mixed from the first three forms' (*Rep.* I, 45), 'an alloy of all three' (*Rep.* I, 55).

After the introduction of the four types, at 47–69 he discusses the virtues of each of these four forms. The order of discussion is different now. In this final part of his speech Scipio works towards a climax. He starts off with democracy, continues with aristocracy, next deals with his favourite simple form of monarchy, and ends with the best type of deliberation, the mixed form.

The virtues of democracy, discussed in 47–50, are 'liberty' (*libertas*) and 'equality' (*aequabilitas*). Democracy should not be confused with mob rule, with the failings of an 'undisciplined populace' (49: *indomitus populus*). In a democracy where the people judge everything in terms of their 'safety and liberty' (49: *incolumnitas et libertas*), true liberty exists. Only in a democracy, when the people hold to 'their own laws' (48: *ius suum*; in 49 *iura*, laws or rights, is used), the *res publica* is really the property of the people. In an aristocracy the people are free in name only, see 47: 'They vote, they mandate military and civic power, they are canvassed and asked for their support, but in fact they give what must be given, even if they are unwilling.' In a monarchy the situation is even worse: there is – here Scipio quotes the playwright Ennius (239–169), at 49 – 'no sacred partnership or trust' (*nulla [regni] sancta societas nec fides est*). Furthermore, in a democracy of this kind, there is equality before the law, which should be distinguished from of equality in terms of 'money' (*pecuniae*) or 'mental capabilities' (*ingenia*).

Aristocracy is discussed at 51–53. This form of government should not be confused with the rule of the wealthy, as Scipio makes clear at 51: 'There is no uglier form of community than the one in which the richest are thought to be the best'. It should rather be understood as the rule by those who have the better judgment. A free people thus best entrusts itself to the deliberations of these best men. Equality is therefore considered to be unfair, since the same degree of honour cannot be given to the worst and the best among the citizens. The virtues of aristocracy are hence identified as 'virtue' (*virtus*) and 'deliberation' (*consilium*), both obviously understood in a strict sense.

The virtues of monarchy, lengthily discussed at 54–64, are 'affection' (*caritas*) and 'unity' (*unitas*). In the part of his speech on behalf of monarchy, Scipio first makes clear that he favours this type of government over the other two forms. As if he were making a case as in a trial, he explains this preference by bringing up witnesses, such as Jupiter as the king of all gods and men, or Romulus as first ruler over Rome (56–58). However, at 59 Scipio is pressed for arguments rather than witnesses. He thus appeals to the structure of the mind, where one would approve to the monarchy of judgment. He also brings up the analogies of the household ruled by the just person, of the competent captain on a ship, and of the competent doctor. Finally, he refers to the control a king can exert in times of crisis, to whom – in the words of Ennius quoted at I, 64 – 'desire holds their hearts' (*pectora diu tenet desiderium*): in times of crisis the affection for a king can bring concord.

Better than Scipio's preferred basic form, monarchy, however, is the mixed constitution (65–69), in which not only the virtues of the simple forms are combined, but also the fundamental problem of the simple forms is solved. The problem is that each of the simple forms runs the risk of becoming unjust, with the rulers favouring their own interests rather than those of the people. The simple forms are hence not stable; they tend to degenerate. A monarch, who goes after his own benefit, turns into a tyrant. If he is disposed by aristocrats or by those with better judgment, the aristocracy may soon be replaced by mob rule, with the people going after their own desires rather than common benefit. Scipio makes clear that he is inspired here by Plato's vivid description of this degeneration in book VIII of his *Republic*. At 66–68 he even includes a Latin translation of a passage out of it (562c–563e). The solution to this problem of instability is the 'combined and moderately blended form of rule' (*moderateque permixta conformatio*), in which the virtues of the basic forms, as already set out earlier, at I, 55, complement each other: the virtue of liberty from democracy, the virtue of judgment from aristocracy, and the virtue of affection from monarchy. This doctrine of the mixed constitution forms the basis for the modern version of constitutionalism, which would be developed in terms of a system of checks and balances. Of course, despite the clarity of Cicero's version, it obviously can only have contributed to the development of the doctrine since the rediscovery of the text in 1819.[3]

As with the discussion of the simple forms, Greek political theory can serve as the background to the mixed constitution, too. In book III of the *Laws*, at 691b–3c and at 701d, Plato had already described the best realisable constitution in terms of the synthesis of the virtues of 'freedom' (*eleutheria*), 'friendship' (*philia*) and 'judgment' (*nous* or *phronesis*). Next to Plato, the Stoics may have been a source of inspiration here, too, although the evidence is limited: according to the account extant in Diogenes Laertius VII, 131 (*SVF* III, 700, LS 67U), the Stoics 'maintain that the best constitution is a mixture of democracy, monarchy and aristocracy'. Moreover, the Greek politician and historian Polybius discussed the mixed constitution as one of the causes of Rome's rapid rise to power (in 216, after Hannibal had defeated the Romans at Cannae, the survival of the Roman republic was at stake; in 168, after the battle of Pydna the Romans had also conquered the Eastern, Greek speaking part of the Mediterranean Sea). According to Polybius, *Histories* VI, 11, 11, Rome owed its astonishing success very much to its mixed form of government, where the monarchical, aristocratic and democratic elements are equitably and appropriately arranged. In VI, 43–56 he even argued that Rome's mixed constitution was the best among the mixed constitutions that had ever existed, better at any rate than those in Sparta or Carthago. This best mixed constitution would thus have enabled the Romans to dominate the world, as he had already announced earlier, at III, 2, 6:

> The narrative will be interrupted at that point by an account of the Roman constitution. This will help me to demonstrate in what follows the vital contribution the peculiar virtues of the constitution made towards their recovering their sway over the Italians and Sicilians, annexing Iberia and the territories held by the Celts, and finally, once they had won the war against the Carthaginians, conceiving the idea of worldwide dominion. (tr. Waterfield)

At *Rep.* I, 70, Scipio makes clear that he will offer a similar account of Rome's form of government as the superior mixed constitution in *De re publica*. This account can be found in book II, and will be discussed in the next chapter.

---

[3] The literature on constitutionalism in antiquity and beyond is vast: Von Fritz 1954, Aalders 1968, Nippel 1980, Straumann 2016 are helpful points of departure for further study.

3.4 Conclusion

In the first book Scipio/Cicero offers us a clear answer to the question about the best organisation of the community. Starting out from a definition of the *res publica* and using terminology developed in Roman law, he subsequently discusses the best form of government in the terms of Greek political thought. Not only with regard to the definition of the *res publica*, but also with regard to political thought, the Roman answers are presented as 'richer' than the Greek ones. In short: according to Scipio/Cicero, at the dramatic date of the dialogue, in the year 129, Rome had the best political organisation in the world. However, the civil war that would soon start would end Rome's 'best' mixed *res publica*. With the rediscovery of the text of *De re publica* in modern times, its arguments can still help us to rethink how to organise the best political community, as a thing that belongs to a group of people, who ought to be united in their respect for their own legal tradition as well as in taking their overall common benefit into account.

Literature

Aalders, G.J.D 1968: Die Theorie der gemischten Verfassung im Altertum, Amsterdam.

Altman, W.H.F. 2016: The revival of Platonism in Cicero's late philosophy, Lanham.

Arnim, H. von (Hrsg.), Stoicorum veterum fragmenta 1–3, Leipzig 1903–1905 (= SVF).

Asmis, E. 2004: 'The state as partnership: Cicero's definition of res publica in his work On the state', History of political thought 25, 569–599.

Atkins, E.M. 1991 (Übers.): Cicero. On duties. Introduction and notes by M. Griffin, Cambridge.

Atkins, E.M. 2013: Cicero on politics and the limits of reason, Cambridge.

Brown, L. 2006: 'Did Socrates agree to obey the laws of Athens?' in: L. Judson, V. Karasmanis (Hrsg.), Remembering Socrates, Oxford, 72–87.

Diels, H., Kranz, W. ⁶1952 (Hrsg.): Die Fragmente der Vorsokratiker, Berlin (= DK).

Dillon, J. 2016: 'The reception of Aristotle in Antiochus and Cicero' in: Falcon, A. (Hrsg.), Brill's companion to the reception of Aristotle in antiquity, Leiden, 183–201.

Ferrary, J.-L. ²2014: Philhellénisme et impérialisme, Rom.

Fritz, K. von 1954: The theory of the mixed constitution in antiquity, New York.

Garbarino, I. 1984 (Hrsg.): M. Tulli Ciceronis fragmenta ex libris philosophicis, ex aliis libris deperditis, ex scriptis incertis, Turin.

Gottschalk, H.B. 1987: 'Aristotelian philosophy in the Roman world from the time of Cicero to the end of the second Century AD' in: Haase, W. (Hrsg.), Aufstieg und Niedergang der römischen Welt 2.36.2, Berlin, 1079–1174.

Grube, G.M.A. 1997 (Übers.): 'Crito' in: Cooper, J. (Hrsg.), Plato. Complete works, Princeton, 37–48.

Hahm, D. 2007: 'Critolaus and late Hellenistic Peripatetic philosophy' in: in A.M Ioppolo, A.M., Sedley, D.N. (Hrsg.), Pyrrhonists, patricians, Platonizers: Hellenistic philosophy in the period 155–86 B.C., Rome, 47–101.

Hammer, D. 2014: Roman political thought, New York.

Jones, H.L. (Übers.): Strabo. Geography, Cambridge (Mass.) 1917–1932.

Lane, M. 1989: 'Argument and agreement in Plato's Crito', History of political thought 19, 313–330.

Lenel, O. 1889: Palingenesia iuris civilis, Leipzig.

Lindsay, W.M. 1903 (Hrsg.): Nonii Marcelli De compendiosa doctrina, Leipzig.

Long, A.A., Sedley, D. 1987: The Hellenistic philosophers, Cambridge (= LS).

Nippel, W. 1980: Mischverfassungstheorie und Verfassungsrealität in Antike und früher Neuzeit, Stuttgart.

Ober, J. 2005: 'Living freely as a slave of the law. Notes on why Sokrates lives in Athens' [2000], reprinted in his Athenian legacies, Princeton, 157–70.

Powell, J.G.F. 1990 (Übers.): Cicero. On friendship & The dream of Scipio, Warminster.

Powell, J.G.F. 2006 (Hrsg.): M. Tullli Ciceronis De re publica, De legibus, Cato maior de senectute, Laelius de amicitia, Oxford.

Rackham, H. 1942 (Übers.): Cicero. De oratore. Book III. De fato. Paradoxa stoicorum. De partitione oratoria, Cambridge (Mass.).

Schofield, M. 1995: 'Cicero's definition of res publica' in: Powell, J.G.F. (Hrsg.), Cicero the philosopher, Oxford, 63–84.

Sharples, R.W. 2008: 'Habent sua fata libelli: Aristotle's Categories in the first century BC', Acta antiqua academiae scientiarum hungaricae 48, 273–287.

Straumann, B. 2016: Crisis and constitutionalism. Roman political thought from the fall of the Republic to the Age of Revolution, New York.

Waterfield, R. 2010 (Übers.), Polybius. The Histories. Introduction and notes by B. McGing, Oxford.

Wood, N. 1988: Cicero's social and political thought, Berkeley.

Woolf, R. 2001 (Übers.): Cicero. On moral ends. Einführung und Kommentar v. J. Annas, Cambridge.

Zetzel, J. 1995 (Hrsg.): Cicero. De re publica. Selections, Cambridge.

Zetzel, J. 1999 (Übers.): Cicero. On the commonwealth and On the laws, Cambridge.

Ziegler, K. ^{7}1969 (Hrsg.): M. Tulli Ciceronis De re publica libri sex, Leipzig.

Jörn Müller
4 Ciceros Archäologie des römischen Staates in *De re publica* II: Ein Exempel römischen Philosophierens

4.1 Einführung

Nachdem Scipio in der zweiten Hälfte des ersten Buchs von *De re publica* (ab hier: *Rep.*) die verschiedenen Verfassungsarten (Monarchie, Aristokratie und Demokratie) miteinander verglichen hat, formuliert er vorausschauend das Programm für das Folgende: Im zweiten Buch will er konkret über das römische Staats- und Gemeinwesen sprechen, um zu „zeigen, zugleich, wie beschaffen (*qualis*) es ist und dass es das beste (*optima*) ist" (*Rep.* I, 70). Die theoretische Untersuchung über den besten Zustand des Staates (*optimus status civitatis*) soll also nun konkretisiert werden auf ein reales *exemplum* (ebd.) hin, und zwar in einer doppelten Absicht: Deskriptiv soll die Beschaffenheit (*qualitas*) des römischen Staates dargestellt werden, was im Rahmen einer historischen ‚Archäologie' erfolgt, die das geschichtliche Werden Roms und seiner Verfassung beschreibt und analysiert. Mit dieser konstitutionellen ‚Vorgeschichte' – so ist ‚Archäologie' hier zu verstehen – verfolgt Scipio im zweiten Buch aber zugleich auch einen evaluativen Demonstrationszweck, eben den Nachweis der Optimalität des römischen Staates in seiner jetzigen Gestalt.

Aufgrund der vermuteten inhaltlichen Abhängigkeit von *Rep.* II von der früheren, aber überlieferungsgeschichtlich verlorenen Archäologie des römischen Staates in den *Historien* des Griechen Polybios (ca. 200–120 v. Chr.) wurde dieses Buch in der älteren Forschung oft eher als ein Steinbruch betrachtet, aus dem man das polybianische Original zu rekonstruieren versuchte (Taeger 1922). Diese rein quellengeschichtliche Orientierung, die Cicero als eigenständigen Autor nicht ernst nimmt, ist – beginnend mit der massiven Kritik von Viktor Pöschl (1936, Kap. 2) – mittlerweile als Sackgasse identifiziert worden (Büchner 1984, 53–55; Ferrary 1984, 88–92) und hat den Weg frei gemacht für ambitioniertere philosophische Deutungen dieses Textes (z. B. Atkins 2013a, Kap. 3).

In diese Kerbe schlagen auch die nachfolgenden Überlegungen, die sich *Rep.* II unter folgender Leithypothese annähern: Was Cicero seine Dialogfigur Scipio in der Archäologie vorführen lässt, ist als genuines Exempel eines spezifisch römischen Philosophierens zu verstehen, das nicht bloß am Tropf der griechischen Staatstheorie hängen möchte, sondern dezidiert eigene Wege zu gehen versucht. Der ‚römische' Charakter der staatsphilosophischen Schriften Ciceros aus den 50er Jahren ist jüngst wieder vermehrt in der Forschung herausgearbeitet worden (Woolf 2015, 93–124), und genau das scheint mir auch im Besonderen der passende hermeneutische Schlüssel für *Rep.* II zu sein: Was eine spezifisch römische Staatsphilosophie in methodischer und sachlicher Hinsicht auszeichnet, lässt sich an diesem Beispiel in nuce ablesen.

Um meine Herangehensweise zu plausibilisieren und mit Inhalt zu füllen, wird zuerst der präzise Gehalt der These zu klären sein, die Scipio vertritt (Teil 4.2). Sodann ist darzustellen, inwiefern Cicero die Selbständigkeit und Überlegenheit der Römer gegenüber den Griechen im Text von *Rep.* I-II gezielt akzentuiert (Teil 4.3) und sie auch explizit auch auf methodischer Ebene für die Darstellung von Scipio im zweiten Buch postuliert (Teil 4.4). Ausgehend davon werden die zentralen Strukturelemente der Archäologie in ihrem sachlichen Zusammenhang dargestellt und analysiert (Teil 4.5). Nach einer Betrachtung des Verständnisses von Geschichte in *Rep.* II (Teil 4.6) wird dann abschließend noch einmal die Frage nach dem Grundgehalt des von Cicero vorgeführten römischen Philosophierens thematisiert (Teil 4.7).

4.2 Die These: Rom als *optimus status civitatis* und als *exemplum*

Die antike Staatsphilosophie fragt insgesamt nach dem besten Staat bzw. der besten Verfassungsform (so ist *status civitatis* hier zu verstehen). Scipio antwortet darauf mit dem Verweis auf die Superiorität bzw. Optimalität des römischen Staates, „den unsere Väter uns hinterlassen haben, wie sie ihn von ihren Vorfahren empfangen hatten" (*Rep.* I, 70). Man sollte diese These m. E. in einer zugespitzten Form verstehen: Scipio meint nicht bloß, dass Rom das faktisch beste Gemeinwesen im Vergleich zu allen anderen real existierenden Staaten ist. Dass eine solche komparativische Lesart nicht ausreicht, wird in *Rep.* II, 41 deutlich, wenn Scipio statuiert, dass „es in unserem Gemeinwesen etwas Besonderes gibt, so dass es darüber hinaus nichts Vortrefflicheres geben kann (*quod proprium sit in nostra re publica, quo nihil possit esse praeclarius*)".

Die Optimalität Roms ist also in einem starken superlativischen und absoluten Sinne gemeint: Rom stellt nicht mehr und nicht weniger als den „bestmöglichen" Zustand des Staates dar. Dies ist keineswegs allein dem Umstand geschuldet, dass Rom eine – in der Sprache der antiken politischen Theorie – „Mischverfassung" aus monarchischen, aristokratischen und demokratischen Anteilen hat (vgl. Hahm 2009) und diese schon in Buch I als die generisch beste Verfassungsform charakterisiert wurde; denn sonst wären ja auch Karthago oder Sparta als *constitutiones mixtae* ein *optimus status civitatis*. Diese deflationäre bzw. relativierende Lesart ist aber zu schwach für das Selbstverständnis Scipios: Das römische Gemeinwesen ist nicht allein als ein Beispiel des besten Verfassungstyps zu sehen, sondern ist gerade in seiner spezifischen, historisch gewordenen Gestalt, die sie bis zu einem gewissen Grade von allen anderen Staaten abhebt, die nicht mehr zu überbietende staatliche Bestform. In diesem Sinne hält Scipio auch fest, dass Rom in seiner Superiorität bzw. Optimalität letztlich mit keinem anderem Gemeinwesen „vergleichbar" (*Rep.* I, 70) ist: Es ist nicht bloß unübertroffen, sondern letztlich unübertreffbar.

Von dieser zugespitzten These aus wird dann auch klar, inwiefern Scipio in *Rep.* II das römische Gemeinwesen als ein *exemplum* (*Rep.* II, 66) stilisiert. Rom ist keineswegs nur ein illustratives Beispiel, an dem man die konstitutiven Elemente einer Mischverfassung exemplifizieren kann (so Powell 2001). Eine solche rein deskriptive Lesart verfehlt nämlich die normativen Implikationen, die hier bei Scipio mitschwingen: Rom ist auch ein vorbildhaftes Modell (Asmis 2005, 391– 400; Atkins 2013a, 56–61), an dem sich jeder Gesetzgeber und Staatsmann orientieren kann, der den *optimus status civitatis* verwirklichen, erhalten oder wiederherstellen möchte.[1] Insofern Rom einen bestmöglichen Zustand erreicht hat, hat es einen paradigmatischen Charakter. Es gibt eine gewisse Neigung in der (älteren) Forschung, diese Konzeption von *paradeigma* auf die platonische Ideenlehre in *Politeia* V–VII zu beziehen (Pöschl 1935, 98–103; Büchner 1984, 188–191). Doch hier ist Vorsicht geboten, insofern Scipio in *Rep.* II gerade den platonischen Idealstaat an verschiedenen Stellen als realitätsferne Konstruktion kritisiert (s.u. Teil 4.4). Man sollte deshalb Scipios Darstellung an diesem Punkt nicht metaphysisch überfrachten: Rom ist nicht die Verwirklichung einer platonischen Idee des Staates, sondern es stellt die bestmögliche Form des Staates unter realen geschichtlichen Bedingungen dar. In diesem Punkt bestehen eher Parallelen zwischen Ciceros *Rep.* und Platons *Nomoi*, in denen ja auch nach den Realisierungsbedingungen der bestmöglichen Polis gefragt wird.[2] Rom bildet bei Scipio eine historisch gewachsene Synthese von Realität und Idealität. Dass hier

---

1 Ein Beleg für einen eher normativen Sprachgebrauch von *exemplum* findet sich in *Rep.* II, 55, wo Scipio betont, dass er die historischen Ereignisse keineswegs als Selbstzweck porträtiert: „[V]ielmehr umreiße ich anhand von bedeutenden Personen und Zeiten Beispiele von Menschen und Inhalten, nach denen sich meine Rede im Folgenden richten kann (*dirigatur*)." Vgl. auch *Rep.* I, 1 (Cato d.Ä. als *exemplum*).
2 Für eine klärende Diskussion zu diesem Punkt danke ich Jed Atkins. Für das differenzierte Verständnis, das Cicero von den staatspolitischen Schriften Platons und ihrem Verhältnis zueinander hat, vgl. Atkins 2013b.

im ciceronianischen Denken keine platonische Idee im Hintergrund steht, mindert somit auch in keiner Weise die Superiorität bzw. Optimalität von Rom als modellhaften *optimus status civitatis:* Die *Civitas Romana* selbst stellt bei Scipio den höchsten verfassungsrechtlichen Maßstab dar, an dem alles andere zu messen ist; es gibt keine transzendente Idee als Blaupause für sie.

Mit der Kennzeichnung der Archäologie Scipios als ‚Exempel' eines genuin römischen Philosophierens im Titel meines Beitrags sollen sowohl die deskriptiven als auch die normativen Konnotationen dieses Terminus eingefangen werden. Auf der einen Seite ist diese Passage aus meiner Sicht ein *exemplum*, also ein höchst illustratives Beispiel für die Art von spezifisch römischer politischer Philosophie, die Cicero selbst zu entwickeln versucht. Zum anderen liefert damit nicht nur Scipio, sondern auf einer Metaebene auch Cicero bewusst ein vorbildhaftes Modell für eine Form des Philosophierens, die sich der griechischen Vorläufer zwar bewusst ist, diese aber dennoch auf der methodischen wie auf der inhaltlichen Ebene noch einmal zu verbessern bzw. zu überbieten versucht.

4.3 Der römische ‚Sonderweg' und seine Überlegenheit gegenüber den Griechen

Schon die Wahl Scipios als Hauptredner in *Rep.* hat programmatischen Charakter: In der sich im 2. Jahrhundert immer intensiver vollziehenden Hellenisierung Roms, die bekanntlich von zahlreichen Debatten und Widerständen begleitet war, galt er als treibende Kraft der philhellenischen Fraktion. Auch wenn die heutige Forschung die Idee eines fortschrittlichen ‚Scipionenkreises', der sich unter dem Banner der *humanitas* versammelte und sich für die griechische Kultur öffnete, vor dem Hintergrund der verfügbaren Quellen eher kritisch beäugt (vgl. Strasburger 1966), ist Cicero zweifelsfrei einer derjenigen gewesen, der auf literarischer Ebene die Idee einer solchen Gruppierung nahegelegt hat (Zetzel 1972). Dies gilt nicht zuletzt für die Gesprächskonstellation in *Rep.*, bei der sich im Jahre 129 v. Chr. „die berühmtesten und weisesten Männer unseres Staates" (*Rep.* I, 13), die freundschaftlich miteinander verbunden sind, um Scipio scharen.

Für die Frage nach dem besten Staat gilt Scipio selbst nun als in höchstem Maße qualifizierter Teilnehmer der Runde: Nicht nur, weil er der führende Politiker im Gemeinwesen der Zeit ist, sondern weil er oft mit dem stoischen Philosophen Panaitios in Gegenwart des griechischen Historikers Polybios darüber zu diskutieren pflegte (*Rep.* I, 34). Das ist keineswegs ein versteckter Hinweis auf eine quellentechnische Abhängigkeit, wie sie oft für Ciceros Werk gegenüber den zwei genannten Griechen diskutiert wurde. Der Akzent liegt vielmehr darauf, dass

Scipio den beiden führenden Vertretern der griechischen Philosophie und Staatstheorie regelmäßig ‚auf Augenhöhe' begegnet und dabei selbstbewusst seine These von der Superiorität Roms vertritt. Dies betont somit v. a. Scipios Selbständigkeit gegenüber den griechischen Vorläufern und Zeitgenossen, die er selbst ebenfalls unterstreicht: Letztlich ist er unzufrieden mit dem, was die antiken Staatstheoretiker zum Problem des *optimus status civitatis* hinterlassen haben. Statt nur aus griechischen Schriften habe er deshalb in den zur Diskussion stehenden staatstheoretischen Fragen „seine Bildung viel mehr aus der Praxis und aus heimischen Lehren (*usu tamen et domesticis praeceptis*)" geschöpft (*Rep.* I, 36).

Bei aller erkennbaren Sympathie für die hellenischen Bildungsgüter hängt Scipio somit nicht an griechischen Rockschößen, sondern vertraut auf seine praktischen Erfahrungen als römischer Politiker ebenso wie auf indigene Wissensquellen. Er schöpft somit in staatstheoretischen Fragen aus einem reicheren Reservoir als ein bloßer hellenischer Buchgelehrter. Dies akzentuiert er auch auf folgende Weise: Als wesentliche Quelle für seine nachfolgende Archäologie des römischen Staates nennt Scipio eben nicht Polybios – dessen *Historien* er natürlich kannte –, sondern ausdrücklich den nun nicht gerade als graekophil verschrienen Cato d. Ä. und dessen Geschichtswerk *Origines* (vgl. Kierdorf 1985). Polybios wird lediglich an einer Stelle als besonders verlässlicher Experte für eine chronologische Frage herangezogen (*Rep.* II, 27); Cato hingegen liefert Scipio das Strukturprinzip seiner ganzen Darstellung, nämlich dass der römische Staat im Gegensatz zu den griechischen Poleis sich nicht dem Werk einzelner Nomotheten verdankt: Rom wurde nicht an einem Tag erbaut, sondern über mehrere Generationen hinweg von zahlreichen Herrschern und Staatsmännern evolutionär entwickelt (*Rep.* II, 2) – darin zeigt sich unverkennbar ein gewichtiges Element spezifisch römischen Selbstverständnisses (vgl. Dupont 2013). Entscheidend ist dabei, dass das hier nicht nur als eine kulturspezifische Abweichung, also eine Art römischer ‚Sonderweg', dargestellt wird; vielmehr gründet Cato – und mit ihm Scipio – darauf explizit die Überlegenheit des römischen Gemeinwesens gegenüber den griechischen Konkurrenzentwürfen. Das ist als normative und nicht bloß als realpolitische Superiorität zu verstehen: Während Polybios mit seiner Analyse des römischen Staates primär erklären wollte, wie es die Römer zur Weltherrschaft bringen konnten (*Hist.* 3,2,6), möchte Scipio dadurch die Identifikation des realen Roms mit dem *optimus status civitatis* nachweisen.

Dieser römische Sonderweg gegenüber den Griechen wird in *Rep.* II nun auf verschiedene Weisen konturiert. Zum einen ist auffällig, wie Scipio in seiner Archäologie die weitgehende Unabhängigkeit der Genese des römischen Staatswesens von griechischen Einflüssen direkt oder indirekt betont (Cornell 2001, 52 f.). Ein besonders instruktives Beispiel ist sein offensiver Umgang mit der von

Manilius ins Spiel gebrachten Vermutung, Numa Pompilius, der zweite römische König, könnte ein Schüler des Pythagoras oder zumindest ein Pythagoreer gewesen sein (*Rep.* II, 28f.): Scipio rechnet etwas langatmig vor, warum das chronologisch gar nicht möglich ist; dabei geht es erkennbar nicht (nur) um die Frage historischer Glaubwürdigkeit, sondern in erster Linie um die Immunisierung der autochthonen Eigenständigkeit der römischen Entwicklung: Die zuvor aufgezählten Errungenschaften des Numa Pompilius verdanken sich keiner Vorbildung in griechischen Philosophenschulen, sondern einzig und allein seinem heimatlichen Ingenium. Manilius subsummiert die Darlegungen von Scipio dann auch wunschgemäß dahingehend, „dass wir unsere Bildung nicht fremdländischen, über das Meer eingeführte Künsten verdanken, sondern einheimischen, hier gewachsenen Tugenden (*genuinis domesticisque virtutibus*)" (*Rep.* II, 29). Dass der römische Staat der beste geworden ist, hat er eben nicht der griechischen Philosophie oder anderen ‚importierten' Bildungsgütern zu verdanken, sondern der Weisheit der Vorfahren (*sapientia maiorum*: *Rep.* II, 30).

Cicero betont also in der literarischen Anlage und in der Durchführung der archäologischen Narration im Munde Scipios die weitgehend präzedenzlose Entwicklung des römischen Staates, die sich entweder ganz selbständig aus eigenen Ressourcen speist oder durch transformierende Verbesserung des Importierten die Griechen letztlich überbietet. Der durch diesen römischen Sonderweg begründete Überlegenheits- bzw. Bestheitsanspruch wird dann in Buch II gegenüber der griechischen Staatsphilosophie auch auf der methodischen Ebene nachhaltig postuliert, v. a. im sog. Methodenkapitel (*Rep.* II, 21f.).

4.4 Das Methodenkapitel und die Positionierung gegenüber Platon

Nach der Diskussion und Würdigung der Errungenschaften des Stadtgründers und ersten Königs, Romulus, unterbricht Laelius die Rede Scipios mit einem Hinweis auf die methodische Innovativität dieser Ausführungen, wobei hier die griechischen Vorläufer in der staatstheoretischen Literatur den Vergleichsmaßstab darstellen. In antithetischer Gegenüberstellung werden zwei Verfahren miteinander kontrastiert: Auf der einen Seite steht der staatskonstruktivistische Ansatz Platons, der „nach seinem Gutdünken" (*arbitratu suo*: *Rep.* II, 21) in seinen Schriften – sowohl in der *Politeia* als auch, *mutatis mutandis*, in den *Nomoi* – einen Idealstaat abseits der historischen Realität in Form eines Gedankenexperiments errichtet. Auf der anderen Seite stehen die „übrigen" (*reliqui*) Griechen – gemeint sind hier die an Aristoteles anschließenden peripatetischen Staatstheoretiker

(Lieberg 1994, 15–19) –, die im Unterschied dazu eine empirisch fundierte Analyse betreiben, in der sie an Hand der real existierenden Staaten eine typologische Klassifikation ihrer Verfassungsformen und ihrer maßgeblichen Regelungen vorlegen. Ob damit das Spektrum griechischer Staatstheorie ausgeschöpft bzw. hinreichend differenziert beschrieben ist, sei dahingestellt. Laelius geht es ohnehin primär um die markante Charakterisierung des Vorgehens von Scipio, der in diesem Spannungsfeld konkurrierender Ansätze letztlich „beides" (*utrumque*: *Rep.* II, 22) tut und damit die vorliegenden Konzeptionen überbietet. Die Methode seiner Archäologie ist also in ihren einzelnen Komponenten nicht komplett präzedenzlos, aber in der Synthese verschiedener, in der griechischen Tradition bisher dissoziierter Elemente trotzdem neuartig.³

Wesentlich ist dabei, dass Scipios Darstellung nicht nur die Vorzüge der beiden griechischen Herangehensweisen vereint, sondern v.a. deren jeweilige Defizite überwindet:

(1) Im Vergleich zu den Peripatetikern, die in ihre empirische Analyse ja zahlreiche verschiedene Staatswesen einbeziehen und somit eine „umherschweifende Rede" (*oratio vagans*: *Rep.* II, 22) ohne durchgehenden Bezug auf ein bestimmtes Muster und Leitbild (*sine ullo certo exemplari formaque*) produzieren, konzentriert sich Scipio in Form des römischen Staates auf ein einziges Objekt. Dadurch wird seine Darstellung konkreter und gedrungener, ohne an begrifflichem Anspruch zu verlieren. Denn Scipio arbeitet ja die Qualitäten Roms als einer Mischverfassung heraus (s.u., Teil 4.5) und kommt dabei in ihrem Entwicklungsprozess auch auf die Prinzipien der drei einzelnen Verfassungsformen zu sprechen, aus denen sie sich speist: Die römischen Könige stehen in ihrer väterlichen Liebe (*caritas*) für die Monarchie, der Senat als Instanz der beratenden Autorität (*consilium* bzw. *auctoritas*) für die Aristokratie, die Institutionen des Volkstribunats und der Wahlen für die Freiheit (*libertas*) der Demokratie.

(2) Genau die bei den Peripatetikern nicht gegebene, aber wünschenswerte Konzentration auf den ‚Einzelfall' sieht Laelius nun auch schon bei Platon am Werk. Das zu überwindende Manko der politischen Philosophie Platons lokalisiert er schlicht in deren Realitätsferne: Sie ist eine in der Luft hängende Fiktion, die „zwar vielleicht großartig, aber der Lebenswirklichkeit und dem sittlichen Empfinden der Menschen fremd ist" (*Rep.* II, 21). Scipio meint mit seiner Archäologie des römischen Staates in seinen verschiedenen Entwick-

---

3 Vgl. *Rep.* II, 21: „[Laelius:] Wir sehen (…), dass du auf eine neue Weise in die Erörterung eingetreten bist (*ingressum ratione ad disputandum nova*), wie sie sich nirgends in den Büchern der Griechen findet."

lungsphasen somit besser demonstrieren zu können, was der *optimus status civitatis* ist, als „wenn ich mir, wie Sokrates bei Platon, selbst einen Staat ausdenke (*finxero*)," (*Rep.* II, 3). Scipio verfolgt somit dieselbe Absicht wie Platon, nämlich den einen bestmöglichen Staat in in seinen Prinzipien zu konturieren, aber er hat dafür das geeignetere Objekt gefunden, nämlich das historisch real existierende Rom anstelle des bloßen „Schattenbilds" der platonischen Kallipolis (*Rep.* II, 52).

4.5 Die Überlegenheit der römischen Mischverfassung in ihrer historischen Genese

Die Archäologie des römischen Staates, die den Hauptteil von *Rep.* II (4–63) ausmacht, ist eine chronologisch fortlaufende Narration der Entwicklung des politischen Systems von der Gründung Roms durch Romulus im 8. Jh. v. Chr. bis zur valerianisch-horatianischen Gesetzgebung (449 v. Chr.). Sie hat die Funktion, in concreto die spezifisch historischen ‚Qualitäten' (cf. II, 38 u. 70; II, 66: *qualis/ quale*) herauszuarbeiten, die der These Scipios Gewicht verleihen sollen, dass die römische Verfassung den *optimus status civitatis* darstellt. Diese Archäologie steht somit primär im Dienste einer bestimmten philosophischen Demonstrationsabsicht und ist von Scipio (bzw. Cicero) definitiv nicht als eigenständiger Beitrag zur Historiographie Roms konzipiert. Dies erklärt u. a. ihre erkennbare Selektivität in der Auswahl des Berichteten (vgl. Cornell 2001) – nur das, was Scipio für relevant zur kausalen Erklärung des römischen Sonderwegs und seiner Superiorität gegenüber allen anderen Staaten hält, findet Eingang in die Narration. Nachfolgend sollen die wesentlichen Strukturelemente und Prinzipien dieser Erzählung dargestellt werden.

4.5.1 Praktische Erfahrung (*usus*), *mos maiorum* und *auctoritas*

Während sich nach verbreiteter griechischer Auffassung das Verfassungssystem einer Polis v. a. der gesetzgeberischen Aktivität eines einzelnen Nomotheten (z. B. eines Lykurg in Sparta) verdankt, der sie quasi am Reißbrett entwirft, betont Scipio im Anschluss an Catos *Origines*, dass die römische Mischverfassung das Resultat einer längeren historischen Entwicklung und damit das Werk vieler Staatsmänner und Politiker ist (*Rep.* II, 2f.; 37). Das politische System Roms ist somit das evolutionäre Produkt geronnener historischer Erfahrung; es ist eine Sedimentation der ‚Sitte der Vorfahren' (*mos maiorum*), die eine unverzichtbare

Leitkategorie römischer Normativität bildet: „Dank Sitten und Männern von altem Schlage hat Roms Macht Bestand (*Moribus antiquis res stat Romana virisque*)", wie Cicero dem römischen Dichter Ennius zustimmend zitiert (*Rep.* V, 1). Politische Erfahrung, ob nun individuelle oder kollektive (vgl. *Rep.* II, 24), ist das wesentliche Fundament des römischen Staates. Für die Bewahrung der wünschenswerten Stabilität des Staates ist der Rekurs auf die erfahrungsgetränkte und geschichtlich erprobte Tradition deshalb der bestmögliche Garant. Dass durch diesen typisch römischen Akzent auf praktischer Erfahrung (*usus*) und *mos maiorum* trotzdem staatspolitische Innovationen keineswegs ausgeschlossen sind, zeigt die Archäologie in ihren verschiedenen Stufen.

Hierbei ist es wichtig, den Rekurs auf Catos *Origines* bei Scipio nicht im Sinne einer ‚anti-individualistischen' (z. B. rein kollektivistischen) historischen Perspektivierung zu verstehen. Die Beiträge einzelner Herrscher und Staatsmänner zum römischen Gemeinschaftsprojekt und die ihnen zu Grunde liegenden individuellen Fähigkeiten werden vielmehr nachhaltig gewürdigt. Ein instruktives Beispiel dafür ist Romulus, der legendäre Gründer Roms. Seine Entscheidung, die Stadt nicht am Meer bzw. an der Mündung des Tiber zu erbauen, ist gleich in mehrfacher Hinsicht Ausdruck seiner „herausragenden Voraussicht" (*excellens providentia: Rep.* II, 5). Zum Einen war das ein nachhaltiger Beitrag zur militärischen Sicherung der Stadt gegen plötzliche und unerwartete Attacken von See aus; zum Anderen aber auch ein moralischer Schutzwall gegen die in einer Meereslage zu befürchtende „Verderbnis und Veränderlichkeit der Sitten (*morum*)": Denn in Hafenstädte werden nicht nur permanent auswärtige Waren eingeschleust, sondern unweigerlich auch neue Sprachen, Lebensweisen (*disciplinae*) und Sitten, „so dass nichts in den von den Vätern ererbten Ordnungen (*instituta patria*) unangetastet bleiben kann" (*Rep.* II, 7). Scipio lässt keinen Zweifel daran, dass die Instabilität der politischen Systeme auf dem peloponnesischen Festland und noch mehr auf den griechischen Inseln kausal wesentlich auf ihre Meereslage bzw. -orientierung zurückzuführen ist. Die im Vergleich dazu hohe Festigkeit des römischen Staates, sowohl in Form seiner militärischen Wehrhaftigkeit als auch in der Bewahrung des *mos maiorum* vor unterminierenden auswärtigen Einflüssen, verdankt sich somit den quasi ‚divinatorischen' Fähigkeiten des Romulus im Blick auf die Lage der Stadt. Der Akzent liegt hier auf der tätigen Verwirklichung bzw. Realisierung des politisch Klugen, die weniger der philosophischen Reflexion als dem geschulten Umgang mit der Praxis zu verdanken ist.

Als Romulus' wesentlicher unmittelbarer Beitrag zur Verfassungsentwicklung wird die Einrichtung des Senats als eines den König beratenden Gremiums der führenden Männer im Staat (*consilium regium*) gewürdigt. Auf diese Weise kommt neben dem *mos maiorum* eine weitere genuin römische Normvorstellung institutionell zum Tragen, nämlich die *auctoritas*.⁴ Damit wird das politische Ansehen und der damit verbundene Einfluss bezeichnet, den einzelne Personen auch unabhängig von einer offiziellen Amts- bzw. Machstellung (also von *imperium* bzw. *potestas*) im römischen Sozialgefüge besaßen. Für die gereifte Mischverfassung gilt dann die berühmte Formel in *Leg.* III, 28, dass die Macht beim Volk, die Autorität beim Senat liegt. Das Konzept der *auctoritas*, für das es im Griechischen kein wirkliches Äquivalent gibt (vgl. Cassius Dio, *Römische Geschichte* 55, 3, 4 f.), wird somit schon früh in die römische Verfassungsgeschichte eingeschrieben und bildet eine zusätzliche normative Ressource über die etablierte griechische Staatstheorie und -praxis hinaus. Dessen Potenzial wird von Scipio u. a. an Hand der Einführung des Interregnums nach dem Tod von Romulus vor Augen geführt: Dabei handelt es sich nach Scipio um „ein neues und den übrigen Völkern unbekanntes Vorgehen" (*Rep.* II, 23), um die Stabilität des römischen Staates auch in einer krisenhaften Übergangsphase zu bewahren.

In praktischer Hinsicht liegt die Bedeutsamkeit dieser Integration der *auctoritas* in den Staatsaufbau anfänglich nicht zuletzt in der qualitativen Verbesserung der königlichen Herrschaft: Denn auf diese Weise wird die Erfahrung und das Wissen der Mitglieder des Senats in Form ihres ausgewogenen Rates (*consilium*) in den herrscherlichen Entscheidungsprozess eingebracht und bewirkt nicht dessen Depotenzierung, sondern sogar seine Festigung (*Rep.* II, 14). So erwies sich der Senat als eine unentbehrliche Stütze der aggressiven Außenpolitik von Romulus, die dieser allerdings nichts aus persönlichen Gewinnmotiven heraus betrieb, sondern einzig und allein zum Nutzen der Bürger (*Rep.* II, 15). Gerade durch diese Freiheit von aller egoistischen *pleonexia* und die väterliche Liebe (*caritas*) gegenüber seiner Bürgerschaft verkörpert Romulus somit den idealen Monarchen, der deshalb auch vom Volk inbrünstig geliebt wird (*Rep.* II, 23) und eine Art Apotheose erfährt (*Rep.* II, 17). Die nahezu hymnische Eulogie Scipios für Romulus (*Rep.* II, 21) unterstreicht, welche große Rolle einmalige Individuen für die rapide Entwicklung des römischen Staats hin zum *optimus status civitatis* besaßen.

4.5.2 Die römische Mischverfassung: Eine besondere Mixtur

Die These Scipios, dass der römische Staat den *optimus status civitatis* darstellt, gründet nicht zuletzt auf der in Rom im Rahmen der historischen Entwicklung erreichten Verfassungsform: der *constitutio mixta*, die v. a. aufgrund ihrer inhä-

---

4 Vgl. *Rep.* II, 14 (*patrum auctoritate consilioque*) und 15 (*adiuncta auctoritas*). Zur *auctoritas* des Senats vgl. auch *Rep.* III, 57. Zur Rolle des Senats vgl. insgesamt Cicero *Leg.* III,27–32.

renten Stabilität schon in *Rep.* I (45 u. 69) als das Optimum beschrieben worden ist, das alle drei Einzelverfassungen, aus deren Elementen sie zusammengesetzt ist, letztlich überragt. Ganz in diesem Sinne streicht Scipio auch im Laufe seiner Archäologie heraus, „dass derjenige Staat die beste Verfassung hat, der aus jenen drei Arten (der monarchischen, aristokratischen und demokratischen) maßvoll verschmolzen (*confusa modice*) ist" (*Rep.* II, 41).

Doch Rom hebt sich noch einmal besonders von anderen antiken Mischverfassungen ab: Ein erstes textliches Indiz dafür, worin dieses Surplus im Falle Roms besteht, findet sich im Hinweis Scipios, dass die spartanischen und karthagischen Verfassungen zwar gemischt (*mixta*), aber auf keine Weise ausgeglichen (*temperata nullo modo: Rep.* II, 42) waren. Es geht also, wie auch andere Stellen nahelegen,[5] nicht bloß um eine wie auch immer geartete Mixtur von Elementen der drei Einzelverfassungen, sondern um eine Mischung von besonderer Qualität, die ein Maß bzw. eine Ausgewogenheit (*moderatio/temperatio*) zum Ausdruck bringt.

In *Rep.* II, 43 vergleicht Scipio die spartanische *constitutio mixta* strukturell mit der alten römischen Monarchie, insofern in ihnen einzelne (die Könige) mit dauernder Macht (*perpetua potestas*) ausgestattet sind, was bei guter und gerechter Regierung ein Segen ist, jedoch im Falle des Machtmissbrauchs von geradezu fatalen Konsequenzen sein kann. Das historische Beispiel in Rom dafür ist Tarquinius Superbus, der letzte römische König, der sich schließlich zum Tyrannen entwickelte. Scipio betont, dass dieser ohne eine neue Macht (*potestas*) zu erlangen, sondern die bereits vorhandene ungerecht ausübend den Umschlag in die Tyrannei bewirkt hat (*Rep.* II, 51). Das deutet auf eine strukturell ungenügende Machtverteilung hin. Ein Kennzeichen der römischen Entwicklung nach dem Sturz dieses Herrschers und der Monarchie (vgl. *Rep.* II, 44–46) ist es dann auch gewesen, die höchsten Amtsträger, die königsähnlichen Konsuln, durch die – für alle römischen Magistrate im *cursus honorum* geltenden – Prinzipien der Annuität und Kollegialität in ihrer Machtreichweite strukturell nachhaltig zu begrenzen (*Rep.* II, 56).

Ein wesentliches Moment für eine ausgewogene und gemäßigte Mischverfassung stellt somit die adäquate Begrenzung der Macht der monarchischen Elemente dar. Auf der Gegenseite lässt Scipio aber auch keinen Zweifel daran, dass auch das zur herrscherlichen Macht antagonistische Prinzip der demokratischen Freiheit (*libertas*) einer inneren Begrenzung bedarf. Die unter Servius Tullius vollzogene Einrichtung der verschiedenen Wahlklassen nach Besitzstand „sorgte dafür (woran man im Staat immer festhalten muss), dass die größte Zahl nicht die

---

5 Vgl. *Rep.* I, 45 (*moderatum et permixtum*); *Rep.* II, 41 (*confuse modice*) u. 65 (*modice temperatum*). Vgl. auch *Leg.* III,17 (*modica et sapiens temperatio*).

größte Macht hat" (*Rep.* II, 39). Kein Bürger wird vom Recht der Abstimmung ausgeschlossen, aber diejenigen, die das größte Interesse daran haben, dass der Staat im besten Zustand ist – i.e. die wirtschaftlich und politisch führende Klasse –, erhalten bei den Abstimmungen das größere Gewicht. Ebenso gibt die Gesetzgebung des Publicola zum Schutz der Bürger vor Beamtenwillkür (*Rep.* II, 53–55) dem Volk Rechtssicherheit, aber eben keine absolute, sondern eine „maßvolle Freiheit" (*modica libertas*: *Rep.* II, 55). Last but not least ist auch die Einrichtung des umstrittenen Volkstribunats mit seinem Interzessionsrecht eine Konzession an die *libertas* des Volkes; sie bildet ein Gegengewicht zu den Konsuln (*Leg.* III, 16) und sorgt zugleich dafür, dass Macht und Ansehen des Senats (*potentia senatus atque auctoritas*: *Rep.* II, 59) eine ‚Moderierung' erfahren. Zugleich kanalisieren die Volkstribune die anderenfalls überbordende Gewalt des Volkes und begrenzen diese damit auch von innen heraus (*Leg.* III, 19–26).

Rom zeichnet sich also strukturell durch eine ausgewogene institutionelle und gesetzliche Mischung von Macht, Ansehen und Freiheit aus, in der die Möglichkeit von Exzessen einzelner Elemente sukzessive wirksam konterkariert wird. Dadurch wird gesellschaftsübergreifend eine „Ausgeglichenheit" (*aequabilitas*: *Rep.* II, 42) erreicht, die zur nachhaltigen Stabilisierung der politischen Ordnung beiträgt. Entscheidend für diese ausgewogene Mixtur ist, dass den einzelnen Elementen der Verfassung jeweils das richtige Gewicht zukommt, denn anderenfalls drohen jederzeit Umstürze der Ordnung: „[W]enn in einem Staat keine Ausgewogenheit (*aequabilis*) herrscht zwischen Rechtsanspruch, Pflicht und Aufgabe, nämlich so, dass die Beamten genügend Amtsgewalt haben, der Rat der führenden Männer genügend Einfluss und das Volk genügend Freiheit, dann kann diese Verfassung des Staates nicht unveränderlich erhalten bleiben" (*Rep.* II, 57).

Um das spezifisch römische Gepräge dieser Analyse in Scipios Archäologie herauszustellen, lohnt ein kurzer vergleichender Blick auf Polybios' Analyse der (römischen) Mischverfassung (*Historien* 6; vgl. von Fritz 1954; Hahm 1995). Lässt sich die ausgewogene Mischung, die Scipio als Proprium des römischen Staates gegenüber anderen *constitutiones mixtae* herausstreicht, nicht als ein machtorientiertes ‚system of checks and balances' begreifen, wie es Polybios in der politischen Interdependenz der verschiedenen staatlichen Institutionen z.B. auch in Sparta beschreibt?[6] Dieser Eindruck trügt: Obwohl das Moment der Machtbegrenzung der einzelnen Elemente bei Scipio unverkennbar eine Rolle spielt, geht es bei ihm gerade nicht darum, ein Gleichgewicht der Kräfte herzustellen, in dem

---

6 Vgl. hierzu v.a. Polybios, *Hist.* 6,10,6–10; speziell für Rom: 6,18,7f.

die verschiedenen Institutionen sich wechselseitig kontrollieren und hemmen.[7] Das entscheidende Moment in *Rep.* II ist vielmehr die jeweils angemessene *innere* Begrenzung bzw. Moderierung der drei Komponenten in ihrem normativen Anspruch: Die königlichen Elemente dürfen nicht zu viel Macht (*potestas*), die aristokratischen nicht zu viel Ansehen (*auctoritas*) und die demokratischen nicht zu viel Freiheit (*libertas*) haben, sondern alles muss in sich maßvoll bzw. ausgeglichen (*modice/temperate*) gestaltet sein. Wechselseitige Hemmung bzw. Kontrolle ist hier nicht der tragende Grundgedanke, so dass in Scipios Archäologie kein ‚system of checks and balances' am Werke ist.

Diese systemische Differenz lässt sich nun noch etwas tiefer verankern, und zwar in der unterschiedlichen Gestalt der politischen Anthropologie bei Scipio im Vergleich zu Polybios. Bei Letzterem gründet die ‚balance of power' der *constitutio mixta* letztlich auf einer machiavellistisch anmutenden ‚balance of fear': Die Kooperation zwischen den Individuen und den unterschiedlichen Institutionen des Staates verdankt sich einem Streben nach Maximierung des eigenen Vorteils bei Minimierung des Risikos. Dass die verschiedenen staatlichen Institutionen sich im Rahmen ihrer wechselseitigen Interdependenz gegenseitig kontrollieren und im Zaum halten, ist nach Polybios (*Hist.* 6,10,8 f.; 6,16,5; 6,17,8) ein Resultat der Angst voreinander. In Scipios Archäologie spielen diese stellenweise proto-machiavellistisch anmutenden Überlegungen des Polybios hingegen keine Rolle (Atkins 2013a, 96–104). Als wesentliches Motiv für die Staatsgründung werden auch nicht Bedürftigkeit und Vorteilsstreben, sondern die soziale Natur des Menschen ins Feld geführt (*Rep.* I, 39). Die höchste Verwirklichung dieser Sozialnatur im *optimus status civitatis* in Rom manifestiert sich dann konsequenterweise in einem fairen System der Kooperation, in dem nicht egoistisches Gewinnstreben, sondern gemeinschaftsorientiertes Handeln dominiert (Asmis 2005, 407–409). Das normative Leitbild, das bereits in der Archäologie von Scipio anklingt, ist das der größtmöglichen Eintracht (*concordia*: *Rep.* I, 54) aller Bürger, die im Laufe der historischen Entwicklung Roms erreicht worden ist.

In dieselbe Richtung weist die Analogie der staatlichen Eintracht mit der musikalischen Harmonie am Ende von *Rep.* II: Ebenso wie in der Musik nur durch die Abstimmung der verschiedenen Stimmen (*moderatio vocum*) ein einträchtiges Zusammenstimmen von allen zu erreichen ist, „so klingt der Staat aus höchsten, niedrigsten und in der Mitte befindlichen Ständen wie aus Tönen in einer vernünftig bemessenen Proportion (*moderata ratio*) dank der Übereinstimmung der

---

[7] Auf diese gegenseitige Abhängigkeit von Konsuln, Senat und Volk arbeitet hingegen Polybios in seiner Analyse der römischen Verfassung v. a. in *Hist.* 6,15–17, wesentlich hin.

unterschiedlichsten Gruppen zusammen" (*Rep.* II, 69).[8] Das bereits für die Erklärung der Bestform der römischen *constitutio mixta* invozierte Leitmotiv der Mäßigung bzw. Ausgewogenheit klingt auch hier wieder an: Die staatliche *concordia* zwischen den verschiedenen gesellschaftlichen Ständen ebenso wie zwischen den unterschiedlichen Verfassungselementen ist wesentlich in deren *moderatio* fundiert, die hier in Analogie zur Selbstbeherrschung des Weisen (*Rep.* II, 67–69) charakterisiert wird.

4.5.3 Das Zusammenspiel von institutioneller und personaler Gerechtigkeit

Auch wenn es die primäre Stoßrichtung der Archäologie Scipios ist, die historische Genese der Staatseinrichtungen darzustellen, die Roms Verfassung zu einer gemäßigten *constitutio mixta* gemacht haben, kommt neben dieser ‚institutionalistischen' Perspektive dezidiert auch eine ‚personalistische' zum Tragen: Denn Scipio macht deutlich, dass diese Entwicklung wesentlich davon abhing, ob bzw. inwiefern einzelne Persönlichkeiten diesen institutionellen Rahmen durch ihr Handeln adäquat ausgefüllt haben.

Besonders instruktiv ist dabei das negative Beispiel des Tarquinius Superbus, der sich als König einer zutiefst ungerechten Machtausübung befleißigt und dadurch die freiheitsliebenden Kräfte gegen sich aufbringt (*Rep.* II, 44–48). Die so von der Monarchie zur Tyrannis degenerierte Alleinherrschaft wird dann abgelöst von einer aristokratischen Senatsherrschaft unter Führung von Lucius Brutus. Nach Scipios Darstellung birgt zwar die Machtkonzentration eines Königs grundsätzlich die Gefahr eines Missbrauchs mit sich, weshalb die Herrschaftsform der Monarchie strukturell anfällig für den Umschlag zu sein scheint: Denn es reicht ein einziger schlechter Herrscher aus, um dieses System entarten zu lassen (*Rep.* II, 47). Doch man gewinnt nicht den Eindruck, als ob dies im Falle von Tarquinius Superbus eine von vorneherein irgendwie determinierte Entwicklung gewesen wäre – es ist vielmehr seine persönliche Ungerechtigkeit, die das Geschehen in Gang setzt. „Tyrann" ist hier nichts anderes als der Name für den ungerechten König (*Rep.* II, 49). In ähnlicher Weise wird auch der Umschlag von der Aristokratie in die Oligarchie unter den Dezemvirn als Ergebnis einer zunehmend ungerechten Amtsführung gesehen (*Rep.* II, 62 f.).

---

8 Die Anklänge an die musikalische Harmonie der Sphären im späteren *Somnium Scipionis* sind hier schon unüberhörbar; vgl. *Rep.* VI, 18 (*et acuta cum gravibus temperans varios aequabiliter concentus efficit*).

Hier kommt somit die normative Leitkategorie der Gerechtigkeit ins Spiel, die von Scipio als unverzichtbar für die ausgewogene Mischung des Staatswesens im Sinne seiner harmonischen Eintracht dargestellt wird: Ohne *iustitia* gibt es auch keine *concordia* (*Rep.* II, 69). Scipio beendet die Diskussionen des ersten Tages dann auch konsequenterweise mit der Forderung, dass die Gerechtigkeit auf jeden Fall im weiteren Verlauf des Gesprächs als notwendige Basis der Regierung des Staates nachgewiesen werden müsse (*Rep.* II, 70).

Diese Akzentuierung der Gerechtigkeit zum Ende von *Rep.* II hin stellt einen erkennbaren inhaltlichen Anschluss an die platonische *Politeia* dar, in deren Zentrum ja die Analyse dieses Konzepts steht. Ähnlich wie bei Platon hat Gerechtigkeit nun auch für Cicero sowohl eine institutionelle (bzw. politische) als auch eine personelle Dimension, wobei letztere schrittweise in den Vordergrund gerückt wird: Denn Scipio leitet seine Archäologie schließlich über zu einer Analyse des „klugen Mannes" (*prudens*) und dessen seelischer Verfasstheit der Selbsterkenntnis und -beherrschung, die als Vorbild für die Mitbürger und das Staatswesen in toto dienen soll (vgl. *Rep.* II, 67–69). Dadurch wird eine Figur porträtiert, der Scipio eine eminente Bedeutung für den Bestand des römischen Staatswesens zuschreibt: der „gute und weise Mann, erfahren in dem, was der Bürgerschaft nützt und ihrer würdig ist", der so „ein Beschützer und Verwalter (*quasi tutor et procurator*) des Staates" bzw. „ein Lenker und Leiter der Bürgerschaft (*rector et gubernator civitatis*)." (*Rep.* II, 51) ist. Die Interpretation dieser Figur ist in der Forschung umstritten, v. a. mit Blick auf mögliche Aktualitätsbezüge zur Zeit der Abfassung von *Rep.*;[9] aber es erscheint plausibel, in diesem Porträt zugleich ein Exempel, also ein modellhaftes Vorbild zu sehen, dass die persönlichen Qualitäten vereint, welche die gerechten Herrscher und Politiker in der römischen Geschichte ausgezeichnet haben. Dieser weise Staatsmann ist dabei keineswegs ein bloßes Ideal (contra Pöschl 1936, 117 f.), sondern bereits in der römischen Geschichte manifestiert, z. B. in Gestalt des Tyrannenmörders und Begründers der Senatsherrschaft, Lucius Brutus. Eine zentrale Qualität Roms als Staatswesen liegt also offensichtlich darin, immer wieder solche Führungspersönlichkeiten hervorgebracht zu haben, die auf der Basis ihrer herausragenden moralischen Qualitäten auch die römische Politik im besten Sinne geordnet und gesteuert zu haben – gerade dafür liefert die Archäologie zahlreiche Beispiele.

---

[9] Als heißer zeitgeschichtlicher Kandidat wird v. a. Pompejus gehandelt, aber natürlich könnte Cicero sich auch selbst in dieser Rolle sehen.

Die Einheit und Kohärenz, der das römische Staatswesen seine historisch singuläre Stabilität verdankt, gründet somit in der Darstellung Scipios wesentlich auf zwei Aspekten:
(a) in institutioneller Sicht auf einem gerechten, und d.h.: ausgewogenen und maßvollen System der Umsetzung von Macht, Ansehen und Freiheit in der kooperativen Lenkung der Staatsgeschäfte im Rahmen der gemischten Verfassung;
(b) in personeller Hinsicht auf der weisen und gerechten Führung von Staatsmännern, die vorausschauend das Wohl der Bürger, und d.h. ihre Würde (*dignitas*) und ihren Nutzen (*utilitas*) im Blick haben und dabei die römische Verfassung entwickelt haben bzw. weiterhin in ihrer besten Form erhalten.

Das sind die zentralen Qualitäten, die nach Scipios Darstellung dem römischen Staatswesen seine absolute Vorrangstellung als *optimus status civitatis* sichern.

4.6 Zwischen Natur und Vernunft: Geschichte als Ressource der politischen Philosophie

Abschließend gilt es noch, dem Gesichtspunkt Rechnung zu tragen, dass Scipio (bzw. Cicero) seine staatsphilosophische These der Überlegenheit Roms in das Gewand einer historischen Narration kleidet. Hier drängen sich zwei Fragen auf: Warum tut er das? Und welches Bild von politischer Geschichte wird dabei sichtbar? Im Blick auf die zweite Frage ist erneut ein Vergleich mit seinem ‚Vorläufer' Polybios instruktiv.

4.6.1 Das Bild der politischen Geschichte bei Polybios

Auch wenn die ‚Archäologie' von Polybios selbst nicht überliefert ist, lassen sich aus der strukturellen Analyse der Verfassung der römischen Republik im erhaltenen VI. Buch seiner *Historien* einige grundlegende Züge seines Geschichtsverständnisses extrahieren, zu denen man Scipios Archäologie in Relation setzen kann. Dabei ist festzustellen, dass hier deutliche Kontraste anzutreffen sind, und zwar primär in zwei Bereichen (vgl. Perelli 1972, 296–298; Ferrary 1984, 90 f.; Frede 1989, 91–93):

(a) Polybios (*Hist.* 6,4,7–9,10) schildert die Abfolge der Verfassungen als eine Art „Kreislauf" (*anakyklôsis*), der einem festen Ablaufmuster folgt: Die Monarchie degeneriert zur Tyrannei; daraus entsteht dann eine Aristokratie, die zur Oligarchie entartet; diese wird abgelöst durch eine Demokratie, die dann in eine Pöbelherrschaft umschlägt – und daraus wird dann wieder die Herrschaft eines Einzelnen. Dieses zirkuläre bzw. zyklische Bild der Verfassungsgeschichte hinterlässt in der starren Abfolge den Eindruck eines „natürlich notwendigen" und damit nomologisch erfassbaren Geschehens.[10] Scipio geht bereits in *Rep.* I, 65–69 auf die Regierungsstürze und den Wechsel zwischen den Einzelverfassungen ein, um herauszuarbeiten, dass die gemischte Verfassung hier im Vergleich mit den Einzelformen eine größere Stabilität aufweist (*Rep.* I, 68 f.). Im Unterschied zu Polybios schildert er diese Wandlungen aber nicht als einen gesetzmäßigen Kreislauf, sondern verwendet stattdessen die Metapher eines Ballspiels, bei dem diese Wechsel in ganz verschiedene Richtungen stattfinden können. In der Tendenz schließt Cicero sich somit zumindest indirekt der Kritik von Aristoteles (*Politik* V 12, 1316a1–b27) an Platons ebenfalls etwas schematisch geratener Darstellung der *anakyklôsis* an.

Von einem ‚Determinismus' in der Abfolge der Verfassungen und somit von einer Art unabänderlichen Festlegung sowie Vorhersagbarkeit des historischen Geschehens geht Scipio also wohl nicht aus. Dennoch lassen sich in der Archäologie von *Rep.* II zumindest einige Bezüge zur *anakyklôsis*-Theorie finden. Denn mit dem zum Tyrannen degenerierenden Tarquinius Superbus „wird nun jene Kreisbewegung (*orbis*) einsetzen, deren natürlichen Gang und periodischen Umlauf (*naturalem motum atque circuitum*) ihr von Anfang an erkennen lernen sollt" (*Rep.* II, 45). Die Reminiszenzen an die polybianische *anakyklôsis* sind nicht nur rein sprachlicher Natur (vgl. auch *Rep.* I, 45); auch die Idee, dass es das zentrale Moment der Staatsklugheit (*civilis prudentia*) sei, „die Wege und Wandlungen der verschiedenen Staatsformen zu erkennen, damit ihr, wenn ihr wisst, wohin eine jede Staatsform neigt, die Möglichkeit habt, die Entwicklung aufzuhalten oder ihr von vornherein entgegenzusteuern" (*Rep.* II, 45), setzt zumindest voraus, dass geschichtliche Prozesse keine absolut singulären und kausal indeterminierten Ereignisse sind, die sich jeder rationalen Durchdringung komplett entziehen. Ansonsten wäre politisches Handeln auch ein reines Lotteriespiel.

Doch die Pointe in Scipios Archäologie ist, dass solche historischen Umschläge kein automatisches Produkt einer natürlichen Gesetzmäßigkeit sind, sondern in den Bereich menschlicher Handlungsverantwortung fallen: Dass die römische Monarchie zur Tyrannis umschlägt, ist, wie oben gesehen (Teil 4.5.3), den persönlichen Mängeln und Taten von Tarquinius Superbus geschuldet. Der Blick auf diesen historischen Einzelfall ist dabei durchaus auch über das parti-

---

10 Vgl. Polybios, *Hist.* 6,10,2 (*anagkaiôs kai physikôs*). Die *anakyklôsis* ist nichts anderes als die „Haushaltung der Natur" (*physeôs oikonomia*: 6,9,10).

kuläre Beispiel hinaus lehrreich, denn man kann daran ablesen, dass die Fragilität der Monarchie eben gerade in der Abhängigkeit von den Qualitäten eines einzelnen Mannes besteht (*Rep.* II, 43). Es geht Scipio (bzw. Cicero) also nicht darum, dass ein theoretisch erworbenes Wissen der politischen Philosophie (z. B. über die Abfolge in der *anakyklôsis*) dabei hilft, die Geschichte besser zu verstehen und historische Abläufe kausal restlos durchleuchten zu können. Die Blickrichtung in der Archäologie Scipios ist vielmehr umgekehrt: Die Beschäftigung mit der Geschichte schärft erst die Urteilskraft der Staatsklugheit für regelmäßig auftretende Muster. Hier bedarf es dann auch seitens des Politikers keiner streng nomologischen Gesetzeshypothesen, sondern eher der Fähigkeit zur Bildung von praktisch verwertbaren Faustregeln, die sich bewährt haben. Die Geschichte ist hier dann nicht unbedingt *magistra vitae*, aber eine wertvolle Ressource für den praktischen Staatsmann wie auch für eine an den realen Phänomenen orientierte politische Philosophie: Denn die Beschäftigung mit ihren Exempla ermöglicht der Urteilskraft erst eine Herausformung allgemeiner Modelle, die zwar nicht immer ausnahmslos in der Praxis zutreffen mögen, aber zumindest – um eine aristotelische Idee ins Spiel zu bringen – „in den meisten Fällen" (*hôs epi to poly*). Über diese Urteilskompetenz wird der Staatslenker und -schützer auf jeden Fall in hohem Maße verfügen (*Rep.* I, 45).

(b) Polybios bedient sich neben der Kreislaufmetapher auch noch einer klassischen biologischen Beschreibung für die Entwicklung der einzelnen Verfassungen: Sie haben jeweils eine Wachstumsphase, eine Blüte und einen Niedergang (*Hist.* 6,4,11–14). Dass er hierzu eine der lebendigen Natur entlehnte Analogie verwendet, spiegelt seine Tendenz wider, das Werden von Staaten und Verfassungen insgesamt als „natürlich" (*physikôs*) bzw. „der Natur gemäß" (*kata physin*) zu bezeichnen. Von der römischen Mischverfassung behauptet Polybios nun, dass sich diese politischen ‚Naturvorgänge' an ihr besonders deutlich zeigen lassen, „weil sie von Anfang an gemäß der Natur sich geformt hat und gewachsen ist" (*ebd.* 6,4,13). Das schließt dann aber auch eine „naturgemäße Wende zum Gegenteil" ein, und d. h.: ein Ende der römischen Mischverfassung ein (*ebd.* 6,9,12 f.). Die Rede von der Natürlichkeit des Untergangs erweckt auch hier wieder den Eindruck einer Unausweichlichkeit.

Dass der römische Staat als *constitutio mixta* notwendig zum Untergang verdammt ist, würde wohl kaum zum Duktus der Ausführungen Scipios passen. Ganz im Gegensatz dazu konstatiert er, dass ein Verfassungswandel in der Mischverfassung nur bei groben Fehlern der führenden Männer droht (*Rep.* I, 69). Wenn die römische Republik untergehen sollte, ist es somit nicht irgendeinem Mangel der *constitutio mixta* geschuldet, sondern einem persönlichen Versagen der Führungselite (vgl. *Rep.* V, 1). Würde Cicero diesen Umschlag hingegen als unausweichlich betrachten, wäre seine Hoffnung auf die Rettung und Erhaltung der Republik, die er in seinen Schriften der 50er Jahre programmatisch betreibt, in letzter Konsequenz kaum nachvollziehbar. Insofern erstaunt es nicht, wenn in *Rep.* III, 34 herausgestellt wird, dass es bei Staaten im Unterschied zu Menschen keinen natürlichen und notwendigen Tod gibt. Wenn Scipio in *Rep.* I – II Rom im emphatischen Sinne als bestmöglichen Staat charakterisiert, wäre das mit der Idee eines unausweichlichen Untergangs schwerlich kompatibel, denn für den *optimus status civitatis* gilt umso mehr die normative Forderung, dass „der Staat so eingerichtet sein muss, dass er ewig ist" (*Rep.* III, 34).

Man kann hieraus allerdings nicht so ohne weiteres den Umkehrschluss ziehen, dass aus der Nicht-Notwendigkeit des Untergangs der römischen Verfassung zwangsläufig ihre ewige Dauer resultiert. Die Dauerhaftigkeit einer Verfassung hängt jedenfalls ganz wesentlich von der Qualität der in ihr praktizierten Beratschlagung (*consilium*) ab, also von der praktischen Deliberation in staatlichen Angelegenheiten (*Rep.* I, 41). Ist diese Fähigkeit depraviert, wird auch eine institutionell stabile Mischverfassung wie die römische vom Untergang bedroht sein.

Oben in Teil 4.2 haben wir schon gesehen, dass es einige grundlegende Unterschiede zwischen Polybios und Cicero in der politischen Anthropologie gibt, die sich auch unmittelbar auf ihr Verständnis des institutionellen Charakters der *constitutio mixta* auswirken. Aus dem Vorangehenden wurde nun deutlich, dass sie ein ebenso differentes Bild der politischen Geschichte haben, und zwar nicht zuletzt mit Blick auf die Möglichkeiten kontingenter Entwicklungen. Diese Unterschiede lassen sich auch im Begriffspaar von Natur und Vernunft brennglasartig spiegeln, durch das auch noch einiges Licht auf das Geschichtsbild in Scipios Archäologie fällt.

4.6.2 Natur und Vernunft in der Archäologie

Im Vergleich zur schon fast abundanten Rede von der Natürlichkeit der Verfassungsentwicklung bei Polybios fällt ins Auge, dass der Begriff der *natura* (und kognate Formen) in Ciceros *Rep.* II eher rar gesät ist (zur Analyse vgl. Perelli 1972, 298 – 303). Besonders signifikant erscheint dabei der Hinweis Scipios auf den didaktischen Zweck seiner Präsentation der römischen Geschichte: Seine Gesprächspartner sollen sehen, „wie der Staat fortschreitet und in geradezu natürlichen Bahnen und organischer Entwicklung (*naturali quodam itinere et cursu*) zur besten Verfassung gelangt" (*Rep.* II, 30). Ist der *optimus status civitatis* also das abschließende Resultat einer teleologischen Entwicklung, in der die Natur den werthaften Abschluss einer prozessualen Entwicklung bezeichnet? Mit einem solchen aristotelisch (oder auch stoisch) imprägnierten Konzept von normativer

Naturfinalität, das Ciceros Äußerung an dieser Stelle teilweise unterlegt wird, könnte man natürlich die historische Narration Scipios mit Rom als ‚Eidos-Telos' (Pöschl 1936, 95 – 99) der Entwicklung plausibilisieren.

So attraktiv diese Deutung prima facie wirken mag, so groß sind die Schwierigkeiten, die sie textintern und in der systematischen Konstruktion aufwirft. Auf der Textebene stößt sich dieses Verständnis von *naturalis* bereits am nächsten Vorkommnis des Terminus in *Rep*. II, 45, wo *naturalis motus* mit Bezug auf die Verfassungsentwicklung eindeutig deren kreisförmigen Wechsel bezeichnet. Das passt nun kaum zu einem teleologischen Verständnis des natürlichen Wegs in *Rep*. II, 30, der ja einen zielgerichteten Prozess mit einem festen End- bzw. Höhepunkt beschreiben soll. Obwohl Scipio der ‚deterministischen' Interpretation der *anakyklôsis* à la Polybios nicht einfach folgt (vgl. oben, 4.6.1), würde auch seine alternative Rhetorik des Ballspiels zwischen den Verfassungen (*Rep*. I, 68), bei dem es wild hin- und hergeht, nicht mit dem Gedanken einer zielgerichteten natürlichen Teleologie harmonieren.

Aber auch aus systematischen Erwägungen heraus scheint die teleologische Interpretation von *natura* zumindest für *Rep*. II etwas metaphysisch überfrachtet. In der Staatsdefinition von *Rep*. I, 39 werden nämlich v. a. deren – für Aristoteles charakteristische – teleologische Aspekte eher unterschlagen. Ciceros Rezeption des aristotelischen Gedankenguts scheint sich somit gerade nicht bis zu deren metaphysischen Fundamenten des Staates als „natürlicher Sache" zu erstrecken (Frede 1989). Es wäre insgesamt auch schwer zu erklären, warum ein ‚natürliches' Ziel, auf das dann ja alle Staaten abzielen würden, letztlich nur von einem einzigen Gemeinwesen in Gestalt Roms erreicht wird. Politische Geschichte ist für Cicero kein Naturprozess.

Bezeichnenderweise wird an der oben zitierten Stelle in *Rep*. II, 30 direkt im Anschluss auch nicht ‚die Natur', sondern die „Weisheit der Vorfahren" (*sapientia maiorum*) als wesentlicher Entwicklungsmotor des Fortschritts hin zum *optimus status civitatis* beschrieben. Es bedarf also in besonderer Weise der menschlichen Vernunft als Hebamme zu einer zielgerichteten Entwicklung im geschichtlichen Prozess. Nun hatte schon Polybios (*Hist*. 6,10,14) zwei Wege beschrieben, auf denen eine Mischverfassung erreicht werden kann: Entweder auf dem Weg der logischen Erwägung ex ante, wie bei Lykurgs nomothetischer Tätigkeit in Sparta, oder durch eine Art historisch empiriegetränktes ‚trial and error'-Verfahren, wie es die Römer gerade in Katastrophen und Krisenzeiten praktiziert hätten.

Scipio betont seinerseits ebenfalls das Moment der historischen Erfahrung als Kennzeichen des römischen ‚Sonderwegs', und zwar in bewusster Abhebung von den rationalen Konstrukten griechischer Nomotheten (vgl. *Rep*. II, 2). Er akzentuiert allerdings nicht nur die krisenhaften Situationen, in denen sich die staatsmännische Erfahrung zu bewähren hat, sondern auch die Voraussicht (*provi-*

dentia) der historischen Figuren, die ihren Beitrag zur Entwicklung Roms geleistet haben. Ein besonders geeignetes Beispiel hierfür ist Romulus und dessen Weitsichtigkeit in der Auswahl der Lage der Stadt (s. o., Teil 4.1), die sich unter allen denkbaren Gesichtspunkten als ideal für Rom erwiesen hat. Die Beschreibung dieser Entscheidung durch Laelius ist nun vielsagend: Romulus selbst habe „zufällig oder notgedrungen (*casu aut necessitate*)" gehandelt, aber Scipio habe das auf die Vernunft (*ratio*) zurückgeführt (*Rep.* II, 22). Auch hier muss man nun keine metaphysischen Geschütze zum Verständnis auffahren (wie etwa Büchner 1984, 43 f.): Man braucht keine sich im konkreten Geschichtsprozess realisierende universale Vernunft à la Hegel anzunehmen, sondern ‚nur' eine Fähigkeit zu langfristig erfolgreicher Handlungsnormierung in der jeweiligen Situation. Der Begriff von *ratio*, der hier im Spiel ist, erinnert strukturell an die aristotelische Klugheit (*phronêsis*) als einer geschärften Urteils- und Entscheidungsfähigkeit in konkreten Situationen.[11] Diese *ratio* ist auch ohne den direkten Rückgang auf höhere ontologische oder normative Prinzipien zu einer situationsadäquaten Überlegung bzw. zu einem treffenden *consilium* in der Lage, wie Scipio es am Vorbild von Romulus exemplifiziert.

Dabei ist die menschliche Vernunft (*ratio*) in ihrem politischen Wirken jeweils auf den konkreten historischen Rahmen verwiesen, innerhalb dessen sie zu agieren hat. Nicht immer vermag sie es dabei, die Eigendynamik des geschichtlichen Geschehens zu beherrschen bzw. zu lenken. Das zeigt das Beispiel der Einrichtung des Volkstribunats in den römischen Standeskämpfen. Obwohl dieses Amt auf institutioneller Ebene durchaus als ein Beitrag zum Werden der römischen *constitutio mixta* beschrieben werden kann (vgl. oben, 4.5.2), steht Cicero ihm dennoch reserviert gegenüber, denn er meint, dass in dieser Entscheidung vielleicht doch die Vernunft gefehlt hätte (*defuit fortasse ratio: Rep.* II, 57): Für das Problem der Schuldenkrise, die das römische Volk zu diesem Schritt angetrieben hat, wäre möglicherweise doch noch eine andere bessere Situationsentscheidung verfügbar gewesen, „aber oft trägt die natürliche Eigengesetzlichkeit des politischen Lebens den Sieg über die Vernunft davon (*sed tamen vincit ipsa rerum publicarum natura saepe rationem*)" (*Rep.* II, 57). In diesem lakonisch anmutenden Kommentar zeigt sich die Maxime, dass *ratio* und *natura* eben nicht immer im Einklang miteinander sind (wie es ein teleologischer Naturbegriff im Kern vor-

---

[11] Gegen alternative Deutungen von *ratio* in der Literatur ist das der Begriffsgehalt, den Perelli 1972, 303 ff., für *Rep.* II herausarbeitet: „intelligenza dell'uomo politico". Dass Cicero in seinen staatspolitischen Schriften generell mit einem Verständnis von *ratio* als menschlichem Verstand arbeitet, der zu flexibler Handlungsgenerierung und -regulierung fähig ist und nicht auf einem starren Set unveränderlicher Prinzipien beruht, wird auch von Sauer 2016 überzeugend herausgestellt.

aussetzen würde), sondern gerade im Feld der Politik immer wieder Konflikte aufbrechen können, die eine wirklich rationale Lösung ggf. verhindern. Die Vernunft des einzelnen Staatsmanns vermag dem historischen Geschehen durchaus an bestimmten Stellen ihren Stempel aufzudrücken, aber in der historischen Kontingenz zeigen sich auch immer wieder die Limitationen für das Handeln des vernünftigen Individuums. Zur Charakterisierung des politischen *vir bonus et prudens* zum Ende des überlieferten Teils von *Rep.* II hin wählt Scipio ein in dieser Hinsicht äußerst aussagekräftiges Bild: das eines Elefantenführers, der sein Tier durch leichte Berührungen lenkt (*Rep.* II, 67). Diese Beherrschung der Natur durch die Vernunft ist letztlich der vom Staatslenker angestrebte Idealzustand – aber ein so kräftiges Tier kann eben unter normalen Umständen auch einmal aus der Kontrolle seines Führers ausbrechen und seiner eigenen Natur folgen. Deshalb fordert Scipio, dass der Staatslenker selbst den anderen Bürgern ein Vorbild in Sachen Selbstbeherrschung der eigenen Natur sein soll (*Rep.* II, 69).

Das Verständnis von politischer Geschichte, das sich in diesem Spannungsfeld von *natura* und *ratio* in Scipios Archäologie zeigt, ist somit von einiger Komplexität: Auf der einen Seite wird deutlich, dass die römische Verfassungshistorie weder ein kausal determiniertes Geschehen noch ein blindes und zielloses Treiben ist, das durch reinen Zufall im *optimus status civitatis* gelandet ist: In der archäologischen Narration Scipios sind durchaus rationale Kräfte am Werke, zwar nicht im Sinne einer alles umgreifenden Universalvernunft, aber doch in Form einer situationsbezogenen Urteilskraft, welche die reale Entwicklung bis zu einem gewissen Grade zu prägen vermag. Die Staatsklugheit (*civilis prudentia*) kann deshalb an solchen historischen Exempla geschult werden, und in diesem Sinne ist Geschichte auch eine Ressource für eine an den realen Phänomenen orientierte Wissenschaft der Politik. Zugleich werden in der Archäologie aber ebenso die Grenzen demonstriert, welche die historische Kontingenz der menschlichen Vernunft in ihrer politischen Verwirklichung setzt (vgl. Atkins 2013a, 5 u. 61) – aber auch dies ist dann eine erfahrungsgetränkte Einsicht, die in der politischen Philosophie nicht ignoriert, sondern ernst genommen werden sollte.

4.7 Fazit

Cicero lässt Scipio in seiner Archäologie der römischen Verfassung ein neuartiges Konzept staatsphilosophischer Betrachtung vorführen, mit dem er sich selbstbewusst von griechischen Vorläufern wie Platon und Polybios absetzt, und zwar sowohl in methodischen als auch in zentralen inhaltlichen Aspekten. Es geht ihm dabei nicht darum, die römische Geschichte im Spiegel der klassischen politischen Philosophie zu rekonstruieren, also die im griechischen Kontext entwickelten begrifflichen Kategorien der Verfassungslehre einfach auf die Genese der *constitutio mixta* in Rom zu applizieren (so Büchner 1984, 71). Die Blickrichtung ist tendenziell genau die umgekehrte: Er will nicht die vorhandene theoretische Begrifflichkeit in die römische Verfassungsgeschichte hineinlesen, sondern wesentliche Elemente einer politischen Philosophie aus letzterer herauslesen. Darin liegt die Pointe, Rom bewusst als *exemplum* zu stilisieren, und d. h.: als vorbildhaftes Modell zum Gegenstand der Darstellung zu machen: Insofern Rom den *optimus status civitatis* in historischer Realität darstellt, lassen sich daran in concreto die Qualitäten ablesen, die der Staat in seiner bestmöglichen, also gerechten und dauerhaften Gestalt, zu entwickeln hat.

Dabei werden über konstruktivistische Gedankenexperimente à la Platon und über einen klassifikatorischen Ansatz à la Peripatos hinaus viele zusätzliche begriffliche und normative Ressourcen für die politische Philosophie freigelegt, die genuin römisches Gepräge haben, wie etwa praktische Erfahrung, *mos maiorum* und *auctoritas*. Die römische Geschichte als wesentliche Ressource dieses Ansatzes ist dabei ebenso sehr Gegenstand der Analyse wie Quelle zentraler Einsichten in die *conditio humana* und das Wesen des Politischen. In dieser modellhaften Beschreibung und Analyse des historischen römischen ‚Sonderwegs' wird die griechische Staatsphilosophie bewusst überboten (Atkins 2013a, 8; Woolf 2015, 97 f.) und damit der Anspruch eines genuin römischen Philosophierens à a Cicero erhoben – dafür bildet diese Archäologie m. E. ihrerseits ein überzeugendes Exempel.

Das ist ein vom Anspruch her höchst ambitioniertes kulturpolitisches und philosophisches Programm. Vermag es auch philosophisch zu überzeugen? Dies hängt wesentlich von der Frage ab, ob in einem solchen Konzept der Spagat von Partikularität und Universalität gelingt, der im Modellbegriff angelegt ist. Anders gesagt: Lassen sich an der singulären Geschichte des römischen Staates wirklich die allgemeinen Einsichten festmachen, die sich Cicero offensichtlich davon verspricht?[12] Zweifelhaft erscheint v. a., ob die zentrale These Scipios, dass das historische Rom den *optimus status civitatis* im Sinne der absolut bestmöglichen (und nicht bloß der faktisch besten) Staatsverfassung darstellt, durch die Archäologie letztlich validiert werden kann, was der explizite Anspruch des ganzen Unternehmens ist. Denn wie die Betrachtungen in Teil 4.6 gezeigt haben, präsentiert Cicero in *Rep.* II ein komplexes und differenziertes Bild des historischen

---

[12] Zweifel am Ertrag dieses Unternehmens äußert interessanterweise auch Scipios Gesprächspartner Tubero direkt im Anschluss an die Archäologie: „Du scheinst mir unseren Staat gelobt zu haben, wo doch Laelius dich nicht nach unserem, sondern nach dem Staat überhaupt (*de omni re publica*) gefragt hat." (*Rep.* II, 64)

Prozesses im Spannungsfeld von *natura* und *ratio*, das sich schlecht in einen übergeordneten nomologischen Zusammenhang einfügen lässt: Hier sind zum Einen keine kausal notwendig wirkenden Naturgesetze am Werk, die bestimmte Resultate im Sinne einer *anakyklôsis* quasi zwangsläufig forcieren; zum Anderen ist aber auch kein metaphysischer bzw. geschichtsphilosophisch erfassbarer Rahmen konturiert, in den die Idee einer politischen Teleologie zum römischen Staat hin eingebettet wäre. Die Stärke der Analyse Ciceros, nämlich der erfahrungsgeschärfte Blick für historische Kontingenzen und den Einfluss der individuellen Persönlichkeit, der dem ganzen Projekt einer politischen *Philosophia Romana* seine charakteristische Bodenhaftung verleiht, erweist sich mit Blick auf die These Scipios eher als begründungstheoretische Schwachstelle: Woher Scipio aus seiner Archäologie die Zuversicht schöpft, dass es nicht besser werden kann, als es sich in der römischen Geschichte ereignet hat, und somit hier eine Art natürlicher ‚Endpunkt' erreicht wurde, bleibt tendenziell unklar.

Literatur:

Asmis, E., 2005: A New Kind of Model: Cicero's Roman Constitution in „De republica",
    in: The American Journal of Philology 126, 377–416.
Atkins, J. W., 2013a: Cicero on Politics and the Limits of Reason. The Republic and Laws,
    Cambridge.
Atkins, J. W., 2013b: Cicero on the Relationship between Plato's Republic and Laws,
    in: Anne Shepard (Hrsg.), Ancient Approaches to Plato's Republic, London, 15–34.
Büchner, K., 1984: M. Tullius Cicero, De re publica. Kommentar, Heidelberg.
Cornell, T. J., 2001: Cicero on the Origins of Rome, in: J.G.F. Powell/J.A. North (Hrsg.), Cicero's
    Republic, London, 41–56.
Dupont, F., 2013: Rom – Stadt ohne Ursprung. Gründungsmythos und römische Identität,
    Darmstadt (Orig. Paris 2011).
Ferrary, J., 1984: L'archéologie du De re publica (2, 2, 4–37, 63): Cicéron entre Polybe et
    Platon in: The Journal of Roman Studies 74, 87–98.
Frede, D., 1989: Constitution and Citizenship: Peripatetic Influence on Cicero's Political
    Conceptions in the De re publica, in: William Fortenbaugh / Peter Steinmetz (Hrsg.),
    Cicero's Knowledge of the Peripatos, New Brunswick, 77–100.
von Fritz, K., 1954: The Theory of the Mixed Constitution in Antiquity: A Critical Analysis of
    Polybius' Political Ideas, New York.
Hahm, D. E., 1995: Polybius' applied political theory, in: A. Laks/M. Schofield (Hrsg.), Justice
    and Generosity. Studies in Hellenistic Social and Political Philosophy, Cambridge, 7–47.
Hahm, D. E., 2009: The Mixed Constitution in Greek Thought, in: Ryan K. Balot (Hrsg.), A
    Companion to Greek and Roman Political Thought, Chichester / Malden, MA, 178–198.
Kierdorf, W., 1985, Catos 'Origines' und die Anfänge der römischen Geschichtsschreibung,
    in: Chiron 10, 205–224.

Lieberg, G., 1994: Das Methodenkapitel in Ciceros Staat (Rep 2, 11, 21–22), in: Mnemosyne 47, 12–32.
Perelli, L., 1972: Natura e ratio nel II libro del De re publica ciceroniano, in: Rivista di Filologia e di Istruzione Classica 100, 295–311.
Pöschl, V., 1936: Römischer Staat und griechisches Staatsdenken bei Cicero. Untersuchungen zu Ciceros Schrift De re publica, Berlin (repr. Darmstadt 1962).
Polybios, Die Verfassung der römischen Republik. Historien. VI. Buch (Griechisch/Deutsch), übers. v. K.F. Eisen, hrsg. v. K. Brodersen, Stuttgart 2012.
Powell, J.G.F., 2001: Were Cicero's Laws the Laws of Cicero's Republic? In: ders./J.A. North (Hrsg.), Cicero's Republic, London, 17–39.
Sauer, J., 2016: Philosophie im politischen Raum? Überlegungen zu Ciceros Philosophie der 50er Jahre, in: Hermes 145 (2017), im Druck.
Strasburger, H., 1966: Der 'Scipionenkreis', in: Hermes 94, 60–72.
Taeger, F., 1922: Die Archäologie des Polybios, Stuttgart.
Woolf, R., 2015: Cicero. The Philosophy of a Roman Sceptic, London / New York.
Zetzel, J.E.G., 1972: Cicero and the Scipionic Circle, in: Harvard Studies in Classical Philology 76, 173–179.

Otfried Höffe
5 *De re publica* III: Über Ungerechtigkeit und Gerechtigkeit

5.1 Zum Aufbau

Die Überlieferungen zum dritten Buch von *De re publica* sind zwar ähnlich umfangreich wie die zum zweiten Buch, obwohl deutlich geringer als zum ersten Buch. Es fehlen jedoch insgesamt so viele Seiten, dass der Text als besonders schlecht überliefert einzuschätzen ist. Die Ansprüche an die Komposition darf man daher nicht zu hoch stellen. Über den Inhalt des gesamten Buches III und insbesondere über den verlorenen Anteil informieren die drei christlichen Kirchenväter Augustinus (354–430), Ambrosius (340–397) und Laktanz (um 300). Es finden sich aber auch längere wörtlich überlieferte Passagen.

Die Grundgliederung ist klar und unstrittig, Kontroversen betreffen nur Feinheiten. *De re publica* gliedert sich in drei mal zwei Bücher, denen jeweils eine Vorrede, Proömnium, vorausgeht. Deshalb steht zu Beginn von Buch III die insgesamt zweite Vorrede. Auf sie folgt laut Augustinus' Inhaltsangabe ein „gewaltiger [Meinungs]Streit" (*magna conflictio*) zur Gerechtigkeit, den Cicero in drei Reden ausfechten und nach der ersten Rede von einem kurzen Zwischendialog unterbrechen lässt.

Der damalige Leiter der Platonischen Akademie, der Philosoph und Redner Karneades, hielt als Mitglied einer griechischen Gesandtschaft in Rom im Jahr 155 v.Chr. zwei nicht überlieferte Reden über die Gerechtigkeit, am ersten Tag eine für, am zweiten gegen die Gerechtigkeit. Als Vertreter der damals in der Akademie vorherrschenden Skepsis wollte er deren Denk- und Argumentationsweise, eine Darlegung des Für und des Wider, vorführen, bei der keiner der beiden Standpunkte das Übergewicht erhält, so dass er sich bewusst eines abschließenden Urteils enthält. Trotzdem konnte das damalige Publikum in Rom die Reihenfolge – erst pro, dann contra – als einen unausgesprochenen Vorrang der Gegenargumente verstehen, womit ein erfahrener Redner wie Karneades rechnen konnte. Vermutlich wollte er zunächst die Erwartungen seines Publikums erfüllen, um mit der zweiten Rede, einer geradezu extremen Enttäuschung der Erwartung, Nachdenklichkeit und einen Lernprozess herauszufordern. In der Tat dürfte, selbst wer von den Gegenargumenten nicht überzeugt wird, in seiner bisherigen Überzeugungssicherheit zumindest erschüttert werden, so dass die Unschuld einer selbstverständlichen, naiven Zustimmung zur verbreiteten These, die Gerechtigkeit sei die Grundlage des Gemeinwesens, verloren gegangen ging.

DOI 10.1515/9783110536225-005

Allerdings hätte man Karneades entgegenhalten können, dass schon das große Vorbild der antiken Staatsphilosophie, Platons *Politeia*, die eine Naivität erschütternde Nachdenklichkeit provoziert, dabei jedoch die genau entgegengesetzte Reihenfolge einschlägt: Platon beginnt mit einem Angriff auf die Gerechtigkeit, mit Trasymachos' vehementer Attacke, womit die Gegenposition zur Gerechtigkeit als sowohl in der politischen Praxis (Platon diagnostiziert für seine Zeit ein „Unheil der Staaten") als auch für deren Theorie als nicht bloß bekannt, sondern sogar als vorherrschend erscheint. Die Gegenposition, die Parteinahme für die Gerechtigkeit, wird dann zum provokativen Standpunkt, zu der ebenfalls in Theorie und Praxis richtigen Ansicht.

Ob Cicero den Aufbau von Platons *Politeia* im Hintergrund hat oder nicht, lässt sich schwerlich entscheiden. In Bezug auf die zweite, Laelius' Pro-Rede, fasst Albrecht in seiner *De re publica*-Ausgabe (2013, 382) die Forschungsdebatte prägnant zusammen. Ihm zufolge halten einige Interpreten die Rede für Platonisch, zusätzlich für Aristotelisch geprägt. Andere vermuten als Quelle den Stoiker Panaitios oder aber Ciceros Lehrer Antiochos von Askalon. Allein unstrittig sei hingegen hier und im ganzen Buch eine „römische Färbung", nach der das Staatsgenie Roms aller griechischen Theorie überlegen sei.

Auf die vermutlichen Quellen gehe ich im Verlauf meiner Kommentierung nicht ein, interessiere mich stattdessen für Bezüge zu jenen beiden Philosophen Platon und Aristoteles, gegen die sich Karneades' zweite Rede und in seinem Gefolge Philus vornehmlich richtet und auf die sich daher auch Laelius' und Scipios Gegenreden beziehen. Weil Cicero es ähnlich sieht, kehrt er Karneades' Abfolge um und beginnt nach der Vorrede mit den Argumenten *gegen* die Gerechtigkeit, die er von Lucius Furius Philus, einem Freund Scipios, entwickeln lässt. Auf einen nur in zwei Fragmenten überlieferten kurzen Zwischendialog folgen Argumente *für* die Gerechtigkeit, die Gaius Laelius, ebenfalls ein Scipio-Freund, vorträgt.

Aus der begeisterten Reaktion der Zuhörer, noch mehr seitens der Hauptperson Scipio darf man schließen, dass die Rede ein Glanzstück des Buches III, vielleicht sogar der gesamten Schrift war. Auch darin zeigt sich, dass Cicero den Pro-Argumenten das größere Gewicht gibt. Trotzdem gibt sich Cicero mit dieser Verteidigung nicht zufrieden, sondern erteilt zu einem abschließenden Vortrag Scipio das Wort.

Sieht man von dessen Sachargumenten ab und achtet lediglich auf die formale Argumentationsstrategie, so könnte man in dieser Dreiteilung eine Fortentwicklung der Argumentationstechnik sehen, die Cicero beim skeptischen Akademiker Philon von Larissa in Rom gelernt hat. Es ist die *disputatio in utramque partem*, die Erörterung eines Gegenstandes von zwei einander entgegengesetzten Standpunkten. Cicero lässt nämlich zuerst den einen Standpunkt, dann den Gegenstandpunkt zu Worte kommen. Wegen seiner skeptischen Grundhaltung würde ein traditioneller Akademiker hier enden. Indem Cicero im dritten Buch dabei nicht stehen bleibt, zeigt er sich trotz einer skeptischen Grundeinstellung, die sein philosophisches Werk durchzieht, methodisch als nicht reiner Skeptiker. Weil bei der bloßen Gegenüberstellung von Für- und Widerargumenten noch keine eindeutige Entscheidung zu treffen ist, führt er, so die Fortentwicklung, noch eine dritte, jetzt das Für und Wider gegeneinander abwägende Rede ein.

Allerdings werden in Laelius' Gegenrede nicht pedantisch die Gegenargumente gegen Philus' Dafür-Argumente aufgelistet, sondern schon deren argumentative Kraft geprüft und dabei als zu leicht, als zu schwach befunden. Infolgedessen könnte man bei der Komposition des dritten Buches an die philosophische Methode der Dialektik denken: Auf Philus' Rede folgt Laelius' Gegenrede als eine die These schon entkräftende Antithese, so dass von Scipio eine Synthese erwartet werden könnte. Ob dies zutrifft, zeigt freilich erst eine nähere Analyse der drei Reden.

5.2 Die Vorrede: Politische Anthropologie

Die Vorrede von Buch III umfasst in der Handschrift 30 Seiten, von denen nur ein knappes Viertel, acht Seiten aus dem Mittelteil und Referate des Eingangs, überliefert sind.

Viele der vorgetragenen Argumente sind entweder griechisch oder von römischen Autoren bekannt, so dass, könnte man meinen, Cicero sich hier weniger als origineller Denker denn als umfassender Kenner überlieferter Bildung, sogar Gelehrsamkeit erweist. Überdies zeigt er sich als brillanter Rhetor, der unterschiedliche Bausteine der Tradition zu einer überzeugenden Einheit zusammenzuflechten versteht. Als genuin Ciceronisch können die vorgetragenen Einschätzungen und Wertschätzungen gelten.

Gemäß den Inhaltsangaben von Augustinus, Ambrosius und Laktanz beginnt Cicero mit einer seit Platons *Protagoras* (321c–d) bekannten philosophischen Anthropologie, die zunächst noch nicht auf die Politik hin konkretisiert wird, also den Charakter einer generellen, nicht den einer spezifisch politischen Anthropologie hat. Der Mensch erscheint als Mängelwesen – körperlich schwach, emotional ängstlich und kleinmütig, gegen Strapazen nicht gewappnet, aber anfällig für Ausschweifungen –, dem zur Kompensation ein göttliches Feuer des Geistes und des Verstandes bzw. der Vernunft (*ingenium et mens*) innewohnt. Seinetwegen ist der Mensch allen physisch und emotional stärkeren Wesen überlegen, wofür Platon der Natur gedankt haben soll.

Im Anschluss daran erläutert Cicero, jetzt in einem erhaltenen Textstück (*Rep.* III, 3) die Leistungen von Verstand/Vernunft: die technische Erfindungskraft, bestimmt als die exemplarisch an Fahrzeugen gezeigte Fähigkeit, Werkzeuge herzustellen, und als die Fähigkeit, sowohl Dinge zu benennen als auch mittels des Gesprächs die zuvor getrennt lebenden Menschen untereinander zu verbinden. Das aus Aristoteles' politischer Anthropologie (*Politik* I, 2) bekannte Ineinandergreifen von Sprach- und Sozialbegabung (bei Aristoteles freilich: Polisbegabung) findet sich hier wieder.

Eigens wird als Leistung der Sprache erwähnt, Gespräche mit Abwesenden führen zu können, den (eigenen) Willen zu bekunden und vergangene Ereignisse festzuhalten. Als Ausdruck der Verstandeskraft kommt die Zahl hinzu, die nicht bloß als lebensnotwendig gilt, sondern sich noch darüber hinausgehend durch zwei Eigenschaften Platonischer Ideen auszeichnet, durch Unveränderlichkeit und Ewigkeit. Unplatonisch ist freilich, dass die Eigenschaften hier „einzig" auf die Zahl zutreffen sollen. Gemäß einer weiteren Besonderheit der Zahl ermöglicht diese die Himmelsbeobachtungen, also die Astronomie, und die Gliederung der Zeitläufte.

Nach einer weiteren größeren Lücke stellt Cicero drei wünschenswerte Lebensformen vor, die trotz einer gewissen Anlehnung an Aristotelische Ansichten (vgl. *Nikomachische Ethik*, I, 3 und 6 – 9) diesen weder in ihrer Dreizahl noch in der näheren Bestimmung entsprechen. Cicero beginnt mit den Menschen, die „über die rechte Art des Lebens sprechen" („*de ratione dicere*", m. E. treffender als Albrechts Übersetzung „welche die vernünftige Lebensweise erörtern"). Da Cicero sie als „gelehrt" („*eruditi*", also stärker als Albrechts „gebildet") und als „Lehrmeister der Wahrheit und der Tugend" bezeichnet, spricht er hier nicht etwa über Aristoteles' *bios theoretikos*, das theoretische oder kontemplative Leben, sondern eher über den Theoretiker im heutigen, nämlich dem sogenannten Praktiker entgegengesetzten Verständnis. In Ciceros Sinn „gelehrt" ist, wer sich entweder aus eigener Lebenserfahrung oder aber aufgrund literarischer Bildung in der Sache auskennt, sie aber nicht praktizieren muss. Jedenfalls betrifft sie nicht jene „göttlichen Dinge" etwa der Metaphysik und der theoretischen Naturforschung, auf die es Aristoteles ankommt. Als „*ratio civilis et disciplina populorum*" richtet sie sich auf den Gegenstand der gesamten Schrift, das Politische. Im wörtlichen Verständnis kommt es auf die Art und Weise des Politischen (*ratio civilis*) und die Ordnung der Völker (*disciplina populorum*) an, mit Albrecht frei und interpretierend übersetzt: auf das Zusammenleben der Bürger und die sittliche Lebensordnung der Völker.

Sowohl in diesem als auch dem nächsten Gedankengang wird eine zweite Lebensform nur angedeutet: dass man dank praktischer Bewältigung hoher politischer Aufgaben in den öffentlichen Angelegenheiten erfahren, aber auch lediglich erfahren, dass man also bloß praktizierender Politiker ist. Cicero legt hier nicht auf irgendein politisches Tätigsein wert. Vor allem gibt er sich nicht mit einer sogenannten machiavellistischen, von sittlichen Skrupeln freien Kunst des Machterwerbs und Machterhalts zufrieden. Wesentlich ist ihm, in der heimischen Sitte der römischen Vorfahren zu Hause zu sein.

Die dritte, laut Cicero rangmäßig höchste Lebensform wird gelegentlich als „Mischform" gedeutet, worin eine gewisse Abwertung anklingt. Tatsächlich handelt es sich um eine Einheit der beiden anderen Lebensformen, die als nicht mehr überbietbar vorbildlich gilt. Sie verbindet das Eigene, genuin Römische, die sittlich-politische Tradition, mit der von außen kommenden, auf Sokrates zurückgehenden Lehre (*doctrina*). In dieser Verbindung eigener politischer Leistungen mit gründlichen „theoretischen" Kenntnissen liegt nach Cicero die nicht mehr zu steigernde Vollkommenheit eines Menschen.

In systematischer Hinsicht darf man sich fragen, welche Steigerung vorliegt: Was gewinnt der praktizierende Politiker, wenn er die einschlägige Lehre, also Theorie der Politik, kennt? Wird er, falls die Theorie in „machiavellistischen" Ratschlägen besteht, raffinierter und, falls er nicht-machiavellistischen, vielmehr rechtschaffenen Ratschlägen folgt, erfolgreicher? Dafür würde der Blick auf erfolgreiche Politiker, verbunden mit einem Verankertsein in der Sitte der Vorfahren, genügen. Oder wird er dank einer Theorie der guten und gerechten Staatslenkung ein besserer, gerechterer Politiker? Zweifellos gebietet die Klugheit, sich kundig zu machen. Dass aber die gesuchten Einsichten eine Theorie im Sinne Sokrates' *doctrina* sein müssen, überzeugt nicht.

Wirft man diese Rückfragen auf, so dürfte Aristoteles eher Recht haben, wenn er eine die Ethik und die Politik umfassende politische Theorie nur bei denjenigen Menschen für hilfreich hält, die schon über den angemessenen Charakter verfügen (*Nikomachische Ethik* I, 1, 1095a 2ff.). Philosophie macht nicht gut, wohl aber schon gute Menschen noch besser (vgl. Höffe ³2008, bes. Kap. I, 5). Folgerichtig ist Aristoteles' Vorbild für einen vortrefflichen Politiker eine Person, die zwar für seine umsichtige Politik gerühmt wird, ohne dass man ihm eine überragende Bildung in politischer Theorie zuspricht, nämlich Perikles (*Nikomachische Ethik* VI 5, 1140b 8). Vermutlich hat Cicero, abgesehen von den Scipionen, sein eigenes Lebensideal vor Augen, bei dem sich zweifellos politische Erfahrung mit hoher Bildung verbindet. Ob ihm die Bildung nicht bloß zu einem besseren Redner macht, sondern auch zu einem besseren oder erfolgreicheren Politiker verholfen hat, lässt sich aber schwerlich entscheiden.

Nach Cicero erfüllen seine drei Dialogpartner Scipio, Gaius Laelius und Lucius Philus – hier in der umgekehrten Reihenfolge, in der sie als Redner auftreten – die Kriterien der höchsten Lebensform uneingeschränkt. Unausgesprochen denkt Cicero aber an sich selber, womit er auch nicht Unrecht hat, denn er war ohne

Zweifel beides: über weite Strecken ein im Sinne der republikanischen Tradition erfolgreicher Politiker und noch mehr eine in der Philosophie, namentlich im politischen Denken höchst gebildete Persönlichkeit.

Der Autor räumt ein, dass manche die ruhige Lebensweise edler Studien für glücklicher (*beatior*) als ein politisches Leben halten. An welche Studien aber denkt er? Albrecht (380) spricht von der kontemplativen Lebensform des Philosophen. Vielleicht erlaubt die betreffende Stelle für sich genommen diese Interpretation, der Zusammenhang erlaubt aber kaum. Denn die vorher genannte Lehre richtet sich auf die Politik, nicht auf die Gegenstände des in Aristoteles' Sinn theoretischen Philosophen. In Bezug auf ihn erscheint die von Cicero als rühmlicher und glanzvoller eingeschätzte politische Lebensweise schwerlich als Steigerung, eher als Alternative. Nach der Cicero eventuell bekannten Aristoteles-Stelle ist die theoretische der sittlich-politischen Lebensform zwar vorzuziehen (*Nikomachische Ethik* X, 6 – 9), was Cicero hier verwerfen könnte. Wenn aber Cicero mit einer Umkehrung von Aristoteles' Priorität den Leser überzeugen wollte, hätte er sich auf Aristoteles' Theorie der Eudaimonia und den Vorrang der Sophia vor der Phronesis eingelassen.

Im letzten noch erhaltenen Textteil setzt die Vorrede das Loblied Roms fort. Um die von der Natur gegebenen Anlagen durch Erziehung fortzuentwickeln, unterscheidet Cicero zwei Arten, eine – hier unausgesprochen den Griechen, letztlich Sokrates zu verdankende – Erziehung durch Worte und Wissenschaften (Albrecht setzt nicht unbedenklich interpretierend „theoretische" hinzu) und die für Rom typische Art der Erziehung durch Institutionen und Gesetze. Der schließliche Vergleich dieser zwei Arten fällt eindeutig zugunsten von Rom aus. Denn es hat laut Cicero weit mehr Männer hervorgebracht, denen die lobenswerte Aufgabe gelungen ist, einen dauerhaften Staat einzurichten (*Rep.* III, 7). Blickt man aber auf Drakon, Solon, Kleisthenes, Themistokles, Miltiades und Perikles, auch auf Ephialtes, so ist in Athen die Zahl bedeutender Gesetzgeber und Politiker ohne Zweifel nicht gering.

5.3 Apologie der Ungerechtigkeit

Die erste Rede nimmt gemäß ihrem Einleitungssatz die Verteidigung der *improbitas* vor, also nicht die der Ungerechtigkeit selber, auch wenn dieser Ausdruck im Verlauf der überlieferten Rede und des Berichts von Laktanz eine Rolle spielt. Während die Ausdrücke der Gerechtigkeit und der Ungerechtigkeit den moralischen Charakter sowohl von Personen als auch von Staatsformen bezeichnen – ich spreche von personaler und politischer Gerechtigkeit –, zeichnet die *improbitas*

Personen aus, durch ihre zur personalen Gerechtigkeit konträre Haltung der Rücksichtslosigkeit, sogar Ruchlosigkeit.

Deren Apologie wird einem der Dialogpartner, Lucius Furius Philus, übertragen, einem Freund der beiden anderen Vortragenden, Scipio und Laelius. Entscheidend ist, dass sie nicht wie von Thrasymachos in Platons einschlägigem Dialog, der *Politeia*, die eigene Ansicht wiedergibt, die dann mit innerer Leidenschaft vorgetragen wird. Philus vertritt vielmehr, hier ähnlich wie Glaukon bei Platon, eine ihm fremde, sogar zutiefst widersprechende Ansicht, für die er wie in einem modernen Debattierwettstreit keine innere Überzeugung braucht. Philus wird nämlich als Muster der gegenteiligen Persönlichkeit, der alten Rechtschaffenheit (*probitas*) und Vertrauenswürdigkeit (*fides*), gepriesen. Er steht also nicht für die in der *Politeia* vorherrschende Einheit von Wort und Charakter, schlüpft vielmehr in eine ihm fremde Rolle. Seine Rede ist eine „Art rhetorischer Übung" (*Rep.* III, 9) in intellektueller Kreativität und rhetorischem Scharfsinn. Sofern Philus als Vertreter griechischer Bildung gilt, repräsentiert er sowohl das einschlägige Wissen – er kennt die zuständigen Argumente – als auch die Fähigkeit der akademischen Skeptiker, je nach der übertragenen Rolle die Pro- oder aber Contra-Argumente auszuwählen und dann stark zu machen.

Das Vorbild gibt der erwähnte, für Beredsamkeit und Scharfsinn gerühmte Karneades ab, der, heißt es zu Beginn, das repräsentierte, was man landläufig einen Wortverdreher nennt. Denn er „war gewohnt, was ihm gerade passte, in Worte zu fassen" (*Rep.* III, 8). Im Fall seiner Reden in Rom hatte er freilich laut Laktanz die dezidierte Absicht, „Aristoteles und Platon" – man beachte die chronologische Umstellung –, die „Fürsprecher der Gerechtigkeit (iustitiae patrones) zu widerlegen" (*Rep.* III, 9). Von Karneades sind keine Texte überliefert, so dass man nicht sagen kann, wie weit Philus dem Karneades folgt (siehe dazu Glucker 2001) und wie weit Cicero die Gegenargumente gegen die Gerechtigkeit selbständig formuliert und anordnet. Zumindest dort, wo Philus ein römisches Beispiel und Roms Imperialismus anführt, geht er über Karneades hinaus.

Als von Platon und Aristoteles – jetzt diese Abfolge – vertretenes Gerechtigkeitskriterium nennt Laktanz zwei, einmal „jedem das Seine" zuzuteilen, wobei er nicht Platons ungewöhnliches Verständnis dieses Kriteriums anführt, zum anderen die Unparteilichkeit, die jedoch weder bei Platon noch Aristoteles einen prominenten Rang einnimmt. Weiterhin wird für die Gerechtigkeit als spezifisches, sich von allen anderen Tugenden absetzendes Wesen, ihr Gerichtetsein nach außen genannt. Man trachte nämlich „nach dem, was anderen zum Vorteil" gereiche. Dies erinnert sowohl an Platons Bestimmung vom „Nutzen der Beherrschten" (*Politeia*, 459c – d) als auch an Aristoteles' „*allotrion agathon*" (*Nikomachische Ethik* V 3, 1130a3, auch V 10, 1134b5).

Immer noch nach Laktanz' Bericht liegt dem geradezu üppigen Bankett von Argumenten eine *summa* zugrunde, eine Bilanz, zugleich ein Leitgedanke: dass die Menschen ihre *iura*, Rechtssatzungen, aus Nützlichkeitserwägungen (*pro utilitate*) erlassen. In dieser These, das darf man nicht übersehen, steht nicht mehr die personale, sondern die politische (Un-)Gerechtigkeit zur Diskussion. Weil es auf den Nutzen ankomme, falle das Recht je nach den Sitten und Zeitumständen unterschiedlich aus. Damit kommt das klassische Argument von Aufklärern ins Spiel, die im Griechischen spätestens seit Herodot – hier nicht erwähnt – bekannte Beobachtung: „Andere Länder, andere Sitten und Gesetze", hier noch erweitert, zugleich verschärft zur These: „Andere Umstände, andere Gesetze".

In Laktanz' Bericht geht der systematische Leitgedanke – Prinzip Nutzen – in die ethnologische Beobachtung – „andere Länder ..." – nahtlos über, weshalb sich der Schluss ziehen lässt: Es gibt kein Naturrecht, folglich keine politische Gerechtigkeit. Aus diesem Grund, wegen der beobachtbaren Unterschiede, kann es nach Karneades/Philus keine Gerechtigkeit geben, denn es fehlt an der für sie notwendigen Eigenart, gewiss (*certus*) und beständig, unumstösslich (*firmus*) zu sein. Ähnlich heißt es später: „Aber Tugend duldet keine Unbeständigkeit und die Natur keine Veränderung" (*Rep.* III, 18).

Nun trifft es zwar zu, dass aus dem Prinzip Nutzen staats- und zeitspezifische Besonderheiten folgen. Diese Folgerung kann sich aber auch aus Gerechtigkeitskriterien ergeben. Da sie in der Regel allgemeiner Natur sind, halten sie sich nämlich für unterschiedliche Anwendungen offen, so dass die beobachtbare Verschiedenheit konkreter Sitten und Gesetze keinen Rückschluss erlaubt, weder einen auf unterschiedliche Kriterien, folglich auf kein wahres, weil beständiges Naturrecht noch einen Rückschluss auf den Nutzen statt der Gerechtigkeit. Die richtige Beobachtung gibt also für die These, Gerechtigkeit liegt nicht vor, keinen zureichenden Grund ab. Hinzukommt, dass Philus' Apologie der Ungerechtigkeit, soweit sie überliefert ist, sich nicht die Mühe macht, einschlägige Texte der beiden klassischen Fürsprecher der Gerechtigkeit, Platon und Aristoteles, heranzuziehen, deren Begriffe zu klären und deren Argumente zunächst vorzustellen, um sie danach zu widerlegen.

Wenn als Kriterium der Gerechtigkeit das „*suum cuique tribuere*" („jedem das Seine zuteilen") (*Rep.* III, 18 und *Leg.*, I, 19) gilt, müsste man in Bezug auf Platon die vom gewöhnlichen Verständnis abweichende Bestimmung der *Politeia* heranziehen: Im gerechten Staatswesen haben die drei Berufsgruppen („Stände") die ihnen eigentümlichen Aufgaben, eben das Seine/Ihre, zu erfüllen: Die Bauern, Handwerker und Kaufleute sollen für die notwendigen Güter und Dienstleistungen, die Wächter für äußere und innere Sicherheit, die Philosophenkönige schließlich für die Regierung des Gemeinwesens sorgen.

Zum Naturrecht müsste man, sofern Cicero den Stagiriten gelesen hat, auf Aristoteles' einschlägige Passage eingehen (*Nikomachische Ethik* V, 9, 1134b18–1135a5; vgl. *Rhetorik* I, 13), dabei mindestens zweierlei beachten. Erstens wird dort nicht das gesamte Recht als Naturrecht (*physikon* bzw. *physei dikaion*) qualifiziert, sondern nur ein kleiner Teil. Und der andere, wohl größere Teil ist gesetztes Recht (*nomikon*), bei dem Unterschiede zu erwarten sind. Deren Bestehen spricht aber nicht gegen die Möglichkeit eines Naturrechts, da sie zum anderen, positiven Recht gehören. Zweitens erkennt Aristoteles selbst für das Naturrecht Veränderlichkeit an, zwar nicht bei den Göttern, wohl aber bei den Menschen. Ebenso vermisst man die vielzitierte, auch von Aristoteles (*Rhetorik* I, 13, 1373b9 ff.; vgl. I, 15, 1375a33 ff.; III, 1417a29 ff.) als Beispiel für Naturrecht erwähnte Berufung Antigones auf die unveräußerlichen göttlichen Gebote (z. B. Sophokles, *Antigone*, Vers 456 f.).

Dem als nichtexistent behaupteten Naturrecht stellt Karneades/Philus eine andere, die für ihn vermutlich wahre Natur des Rechts entgegen: dass sich alle Menschen und alle anderen Lebewesen auf den eigenen Nutzen ausrichten. Seinetwegen stehen angeblich nur zwei Optionen offen: Entweder gibt es keine Gerechtigkeit, oder sie gibt es doch, dann aber ist sie der Gipfel der Torheit (*stultitia*). Während nach Aristoteles die Klugheit qua *phronēsis* als dianoetische Tugend die notwendige Ergänzung aller ethischen Tugenden, also auch der Gerechtigkeit bildet, steht sie laut Philus im Gegensatz zur Gerechtigkeit. Damit dürfte sie Aristoteles' Begriff der *panourgia*, der Gerissenheit oder Verschlagenheit, also der sogenannten Klugheit der Schlange, entsprechen.

Es ist nicht sinnvoll, hier die Fülle der von Philus vorgetragenen Beobachtungen und Argumente auszubreiten. Einige exemplarische mögen genügen: Die Ägypter halten einen gewissen Stier für einen Gott, in Griechenland und Rom sind die Heiligtümer menschlichen Gestalten geweiht, was die Perser für frevelhaft halten.

Gegen die Annahme, das Recht (*ius*) habe etwa Natürliches an sich, spricht laut Philus auch, dass die Gesetze (*leges*) nur wegen angedrohter Strafen, nicht freiwillig, aus personaler Gerechtigkeit anerkannt werden. Obwohl ein zweiteiliger Einwand nahe liegt, wird er aber nicht erörtert: Zum Wesen von Gesetzen gehört die Strafbefugnis, diese kann folglich als ein Element des Naturrechts gelten. Trotzdem ist es nicht notwendig, dass die Strafandrohung eine Rolle spielt, denn die Gesetze werden von vielen Menschen häufig von Innen, also von einer personalen Gerechtigkeit heraus, befolgt.

In einem Bericht von Laktanz (*Rep.* III, 30) taucht das seither viel erörterte Beispiel von zwei Schiffbrüchigen auf. Für Karneades illustriert es die Konkurrenz von Klugheit und Gerechtigkeit: Wenn es für zwei Schiffbrüchige zwar eine rettende Planke gibt, diese aber nur eine Person zu tragen vermag, wird dann nicht, lautet die hier rhetorisch gemeinte Frage, selbst ein Gerechter, wenn er nur der Stärkere ist, den Schwächeren von der Planke herunterstoßen? Würde er somit den beiden Gerechtigkeitsüberzeugungen zuwiderhandeln, man dürfe keinen Menschen töten und Freunde nicht antasten? Die naheliegende, positive Antwort unterstellt, was wahrhaft rechtschaffene Personen wie Sokrates aber bestreiten, mit unrechtem Handeln könne man glücklich werden. Denn in der Tat liegt ein Unrecht vor, weil andernfalls Karneades nicht hervorheben müsste, dass es, weil es „mitten im Meer" geschieht, „keinen Zeugen gibt" (ebd.).

Das rabiate Verhalten des skizzierten Schiffbrüchigen fällt also unter die nach Philus beste der drei Möglichkeiten, die sich angesichts der Alternative von Unrechttun und Unrechterleiden denken lassen: Entweder man kann ein Unrecht verüben oder es tun *und* erleiden oder schließlich keines von beiden tun. Während der hier nicht erwähnte Sokrates eine vierte Option vertritt, lieber Unrecht zu erleiden, als es zu verüben, plädiert Philus für das Unrechttun, sofern es ungestraft bleibt. Wer anders agiert, muss sich vorhalten lassen, töricht oder, wie es in derselben Passage heisst, schwach zu sein, „denn nicht Natur oder Wille, sondern Schwäche ist die Mutter der Gerechtigkeit" (*Rep.* III, 23).

Zuvor spottet Philus über die verbreitete Unterscheidung von drei legitimen – Königtum, Aristokratie, freiheitliche Volksherrschaft (bei Aristoteles: Politie) – und den drei illegitimen Staatsformen: Tyrannis, Oligarchie und Willkürherrschaft des Volkes. In Wahrheit seien nämlich alle, die als Alleinherrscher Gewalt über Leben und Tod haben, Tyrannen, nennen sich aber lieber Könige. Dort, wo aufgrund von Reichtum oder Herkunft geherrscht werde, gebe es einen Klüngel (*factio*), man nenne sich aber Beste (*opimates*). Und bei einer Volksherrschaft spreche man von Freiheit, obwohl Willkür vorliege (ebd.).

Später, in *De re publica* nur fragmentarisch erhalten, führt Philus die seit Augustinus' *De civitate dei* (*Vom Gottesstaat* IV, 4) berühmte Anekdote über einen Seeräuber an, der auf die Frage von Alexander, „welcher Frevelmut ihn antreibe, mit einem einzigen Kapernschiff das Meer unsicher zu machen", antwortete: „dasselbe, mit dem du den ganzen Erdkreis unsicher machst" (Rep. IV, 24). Diese Antwort folgt jener Klugheits- statt Gerechtigkeitsmaxime, die sich laut Philus aus den Denkmälern für die größten Herren erschließen lässt. Weil es auf „Reichtum, Macht, Einfluss, Ehren, Befehlsgewalt und königliche Gewalt für einzelne oder für Völker" ankommt, gebietet die Klugheit „die Macht zu vergrößern, den Reichtum zu mehren, das Gebiet zu erweitern" (*Rep.* III, 24).

Philus spart nicht mit Moralkritik: Das Muster eines vortrefflichen Menschen, den (im stoischen Sinn) Weisen, entlarvt er als nur scheinbar vortrefflich. Denn nicht deshalb sei er ein guter Mann (*vir bonus*), weil er (gemäß stoischer Ansicht) das Gutsein und die Gerechtigkeit um ihrer selbst willen verfolge, sondern, hier Epikur nahe, um „frei von Furcht, Sorge, Aufregung und Gefahr zu sein". Pointiert gesagt: Altruismus entpuppt sich als versteckter Egoismus. Man kann hier an Nietzsches Gegensatz von Herren- und Sklavenmoral denken: Starke Menschen können klug und ungerecht, schwache müssen gerecht leben.

Gegen Schluss trägt Philus ein Gedankenexperiment vor: Will man lieber ein ruchloser Mensch sein, den seine Bürger aber für vortrefflich halten, deshalb lieben, oder ein vorbildlich gerechter Mensch, den man jedoch als böse einschätzt, daher quält und mit Schimpf und Schande aus dem Lande jagt? Philus hält die Frage für rhetorisch, da niemand so verrückt (*demens*), mithin noch weit mehr als nur töricht ist, auch unter diesen Bedingungen noch rechtschaffen zu sein. Sokrates würde dem widersprechen, aber griechische Sophisten dem zustimmen, ohnehin später Machiavelli der im *Principe* (*Der Fürst*, Kap. 18) erklärt, es ist „nicht erforderlich, alle guten Eigenschaften zu besitzen, wohl aber den Anschein zu erwecken, sie zu besitzen".

Die Zuhörer reagieren auf Philus' Rede mit Entsetzen (*Rep.* III, nach 28), freilich nicht mit dem blanken Entsetzen, das man gegen mehr als nur Worte, nämlich gegen Taten wie den Terror der Jakobiner empfindet. Die Zuhörerreaktion bedeutet zweierlei. Zum einen nimmt man die Rede nicht bloß als Pflichtpart in einem intellektuellen Spiel wahr, denn andernfalls müsste man über die argumentative und rhetorische Qualität der Rede sich äußern und Philus je nach Einschätzung loben oder tadeln. Zum anderen erscheinen die Argumente gegen die Gerechtigkeit als so hochüberzeugend, dass man über diese Überzeugungskraft erschrocken ist. Unausgesprochen fürchtet man, diese Kraft nicht brechen zu können, womit das Leitziel, eine Ehrenerklärung der Gerechtigkeit, nicht erreicht würde: Muss man sich, da die Gerechtigkeit zu scheitern scheint, der Ungerechtigkeit beugen?

5.4 Plädoyer für die Gerechtigkeit

Die dem Laelius übertragene Gegenrede, die Apologie der Gerechtigkeit, ist in sehr geringen Umfang überliefert. Die Fragmente und Zeugnisse sind zusammen nur etwa halb so lang wie Philus' Rede. Wenn die überlieferten Stücke für die Gegenrede repräsentativ sind, muss sie als argumentativ und rhetorisch schwach, sogar als misslungen und Scipios Lob (*Rep.* III, 42) als unverständlich gelten. Denn Laelius nimmt sich nicht vor, was eine Gegenrede zu leisten hätte, Philus' Hauptargumente zu nennen und dann Stück für Stück zu entkräften. Nach Heck (1966, 264–267) und Büchner (1984, 311–329) soll Laelius zwar auf Philus' einzelne Argumente eingegangen sein. Schon Laktanz vermisst aber die Widerlegung einzelner Argumente (hier nach Albrecht 383), was nach den vorliegenden Fragmenten als plausibler erscheint.

Laelius bringt auch keine nennenswerten von Philus/Karneades unabhängige Argumente ein. Stattdessen diskreditiert er gewisse Personen wie den assyrischen König Sardanapal (Assurbanipal, 7. Jh. v. Chr.) und die Punier (Karthager) durch Qualifikationen wie „Laster" und „unersättliche Gier". Vermutlich hält er sie für offensichtliche Gegenbelege gegen die These des Gerechtigkeitsheitsskeptikers, einem erfolgreichen Gemeinwesen genügten Nutzen- und Klugheitserwägungen. Nun kann man zwar sowohl Sardanapal als auch den Puniern schlechte Staatsführung vorwerfen, obwohl bei den Puniern wegen der Konkurrenz um die Vorherrschaft im Mittelmeer unser Autor, Cicero, als römischer Patriot kaum als uneingeschränkt unparteiisch anzusehen ist. Die von Cicero genannten Qualifikationen Laster und Gier tragen zwar den Charakter des Unmoralischen oder Ungerechten an sich. Sie können aber vom Gegner des Gerechtigkeitserfordernisses, den Apologeten der Ungerechtigkeit, anders, nämlich in Begriffen von Klugheit oder aber Torheit, verstanden werden. Von einem veritablen Gegenargument kann also keine Rede sein.

Laelius' konstruktive These ist nicht mehr als ein trockenes Versichern: „Das (1) wahre Gesetz (*vera lex*) ist die (2) rechte Vernunft (*recta ratio*), die (3) mit der Natur im Einklang steht (*naturae congruens*), die (4) allen (Menschen) zuteilgeworden ist (*diffusa in omnis*), (5) beständig (*constans*) und (6) ewig (*sempiterna*) gültig". Wenige Zeilen später setzt Cicero drei weitere Elemente hinzu: (7) Keine Instanz, weder der Senat noch das Volk, können die Menschen von dem Gesetz entbinden; (8) es bedarf weder eines gemeinsamen Lehrers und Gebieters noch eines Interpreten (*explanatur aut interpres*, Rep. III, 33.). Schließlich können (9) diese gerafften Bestimmungen als klassische Formulierung des Naturrechts im Sinne einer bestimmten Art von Vernunftrecht gelten.

Der in Philus' Rede präsente Gerechtigkeitsgegner stellt aber alle Bestandteile entweder infrage oder gibt ihnen eine andere Bedeutung: (1' – 2') Das wahre Gesetz folgt dem Prinzip Nutzen; (3') es besteht in der Klugheit; (4') die allen Menschen zuteilgewordene Natur achtet auf den eigenen Vorteil; (5' – 6') gemäß dem durch Beobachtungen gestützten Prinzip der Aufklärung sind die angeblichen Naturgesetze unbeständig und wechselhaft. (7') Weil Nutzen und Klugheit zählen, sind durchaus entsprechende Überlegungen von seiten der entscheidungsbefugten politischen Instanzen, sei es einem Senat, sei es einem Volk, gefragt, die (8') nicht a priori wissen, was im Namen von Nutzen und Klugheit richtig ist. Vielmehr achten sie auf die jeweilige Lage und die eigenen Möglichkeiten, ihre nutzenorientierte Klugheit ist situations- und fallsensibel; (9') benötigen sie eine überpositive Autorität.

Statt derartige Gegenargumente aufzuführen und danach zu entkräften, wird die Gegenposition zum Naturgesetz als Frevel (*fas*) etikettiert, worin der römische Denkhorizont angedeutet sein könnte: Von der bewährten Väter Sitte abzuweichen, ist schlechthin verwerflich. Trotzdem spitzt nur wenig zu, wer behauptet: Eine (patriotische) Moralisierung ersetzt hier die philosophische Argumentation.

Auch eine weitere These, dass zwar Individuen sterben, aber Staaten auf Ewigkeit eingerichtet werden sollen, wird nur behauptet, nicht begründet und ist keineswegs überzeugend. Plausibel ist lediglich die bescheidenere These, dass Gemeinwesen, schon weil sie Generationen überwiegende Einheiten sind, länger als ein Menschenleben Bestand haben. Eine Ewigkeitsgarantie brauchen sie aber nicht. Wer sie trotzdem erwartet, wird durch die Geschichte eines Besseren belehrt.

Danach skizziert Cicero sehr knapp drei Bausteine zu einer „Theorie" des gerechten Krieges, die über Augustinus ins christliche Naturrecht von Thomas von Aquin eingehen (*Summa theologiae* II^a II^{ae}, quaestio 40, articulus 1) und weit in die Neuzeit hineinwirkt. Nach Cicero muss der Krieg angekündigt, er muss erklärt werden und darf nur die Rückgabe von Eigentum fordern, was jede Form von Bestrafung ausschließt (*Rep.* III, 35).

Diese Theorie des gerechten Krieges schlägt offensichtlich auf die Legitimität der römischen Weltherrschaft durch. Im Gegensatz zu Roms Selbstverständnis, nur gerechte Kriege geführt zu haben, erklärte Karneades, Roms Weltherrschaft gehe auf nichts anderes als reine Machtentfaltung zurück, die selbst formale Minimalbedingungen eines gerechten Krieges nicht erfüllt habe. Als selbstbewusster Römer hingegen hält Cicero die durch kriegerische Expansion erworbene Herrschaft für gerechtfertigt. Eines seiner Argumente erinnert an Aristoteles' Legitimation der Sklaverei „von Natur aus" (*Politik* I, 6): Weil „von der Natur selbst immer dem Tüchtigsten die Herrschaft zum größten Nutzen der Schwachen gegeben ist" (*Rep.* III, 36), können die Unterworfenen froh sein, Untertanen im Römischen Reich zu sein.

Ebenfalls en passant wird eine Art von Naturgesetz aufgestellt, dessen methodischer Status freilich unklar bleibt: „den Besten ist von Natur die Herrschaft zum größten Nutzen des Schwachen gegeben". (*Rep.* III, 36): Ist der Satz empirisch zu verstehen – „so ist die Welt" – oder eher normativ: „so sollte" die Welt sein? Ohnehin bildet den Gegensatz zur Schwäche die Stärke, nicht das (im moralischen Sinn?) Bessersein, was zur tautologienahen These führt: Der Stärkere ist gegenüber dem Schwächeren der Stärkere, mithin de facto sein Herrscher.

Der behauptete Vorteil, den Schwachen zu nützen, ist auch nicht zu erwarten, viel eher, dass der Stärkere sich selber nützt, indem er die Schwachen unterdrückt und ausbeutet. Hier findet also der vom Gerechtigkeitsskeptiker kritisierte Übergang vom Klüngel einer Oligarchie zur Selbststilisierung als Herrschaft der Besten, zu einer Aristokratie, statt (*Rep.* III, 23). Kommt es aber tatsächlich auf die Besten an, so kann man zwar mit ihrer Selbstverpflichtung auf das Gemeinwohl rechnen, folglich auch mit einem Nutzen für den Schwachen. Dass sie zur Herrschaft gelangen, ist aber nicht ausgemacht.

Schön ist der an Aristoteles' einschlägiges Kapitel (*Politik* I, 1, 5 und 9) erinnernde Hinweis auf Unterschiede im Herrschen (*imperare*) und Dienen (*Rep.* III, 37). Denn über seine Mitbürger herrsche man anders als über seine Diener bzw. Sklaven. Folglich ist es ungerecht, über Freie bzw. gleichberechtigte Rechtsgenossen („sein eigener Herr sein") wie über Diener (Sklaven) zu herrschen. Aristoteles legt in *Politik* I, 1 auf vier Arten von *archê*, Herrschaft, wert: auf die eines Staatsmannes *(archiê politikês)*, eines Königs *(basilikês)*, eines Hausvorstandes *(oikonomikês)* und eines Herrn *(despotikês)*. Gemäß seiner Analogie von psychischer und politischer Herrschaft kommt es Cicero nur auf die Opposition der königlichen oder väterlichen Herrschaft der Seele mit ihrem besten Teil, der Weisheit, über den Körper und über die Begierden, Zornausbrüche und andere Affekte an. (Hierzu ist Aristoteles' *Politik* I, 5 und I, 9 zu vergleichen.) Nur in Klammern: In der Übersetzung von Albrecht geht der sprachliche Zusammenhang von servire, servus und servitudo verloren, da der erste Ausdruck mit „Dienen", der zweite mit „Sklave" und der dritte mit „Knechtschaft" übersetzt wird.

In seiner Schrift *De finibus bonorum et malorum* (*Über die Grenzen im Guten und im Bösen*, II, 18, 59) sagt Cicero, in *De re publica* habe Laelius von Unparteilichkeit, Verlässlichkeit, Gerechtigkeit gesagt, wenn sie nicht von der Natur herleitbar seien, gäbe es keinen guten Mann. Nach dem Gerechtigkeitsgegner liegt darin aber kein Argument, das ihn bedrängen würde, da er, wie gesagt (*Rep.* III, 26), keinen wirklich guten Mann anerkennt.

In den üblichen Editionen von *De re publica* wird eine Stelle aus Ciceros Brief an Atticus, einen hochgebildeten Zeitgenossen, zitiert (*Rep.* III, 39). Danach ist die Liebe zu den Kindern – für Cicero zu seiner leider früh verstorbenen Tochter – etwas Naturgegebenes (hier auf griechisch: *physikon*). Wahr ist, dass sich diese Liebe bei allen uns bekannten Kulturen findet und dort eine menschliche Lebensgemeinschaft ermöglicht. Sie erfüllt also ein Kriterium Ciceronischen Naturrechts, dass alle Völker zu allen Zeiten davon zusammengehalten werden (*Rep.* III, 33). Ein Gerechtigkeitsskeptiker könnte freilich einwenden: Die interkulturelle Anerkennung gründe in Klugheitserwägungen.

Laelius selbst hebt eine anerkennenswerte Eigenschaft der Tugend (*virtus*: Mannhaftigkeit) hervor, von der er stillschweigend annimmt, dass sie auch für die Gerechtigkeit gilt: Die Tugend ist auf ehrenvolle Anerkennung gerichtet (*Rep.* III, 40), was erneut zwei Interpretationen zulässt. Entweder kommt es auf die letztlich doch äußere soziale Anerkennung an, oder die Tugend sucht den Lohn in sich selbst. Der wahrhaft Gerechte gibt sich erst mit der zweiten Lesart zufrieden, während einem Römer, wie übrigens vielen Menschen, die erste Lesart genügen dürfte.

Auf eine große Textlücke folgt ein kurzes Fragment, das die Frage an Laelius beantwortet, warum er nicht als politischer Redner aufgetreten sei. Weder diese

Frage noch die Antwort – es fehlten ihm Selbstvertrauen und Stimme – trägt aber zu den Argumenten für die Gerechtigkeit bei, es sei denn, man sieht hier eine Anspielung auf die der Verteidigung der Gerechtigkeit fehlende Kraft. Eine derartige Interpretation widerspräche aber sowohl dem Lob, das Laelius gespendet wird, als auch der Komposition des dritten Buches, das auf die Ehrenrettung der Gerechtigkeit zuläuft. Allerdings erhält wie gesagt noch ein dritter Redner das Wort, womit Laelius' Apologie als nicht hinreichend erscheint.

5.5 Die Abschlussrede

Als dritter und letzter Redner ergreift die Hauptgestalt von *De re publica*, Publius Cornelius Scipio, das Wort. Seine Rede ist ebenfalls nur in wenigen Bruchstücken erhalten. Diese sind aber weit aussagekräftiger als die zu Laelius' Rede überlieferten Fragmente, denn Scipios Hauptthese wird deutlich genug. Sie beläuft sich auf einen so stark normativen Begriff des Staates, dass ein Staatsnormativismus vorliegt. Aus der Rechtstheorie kennt man die Alternative von Rechtspositivismus (Recht und Moral sind voneinander zu trennen) und Naturrecht oder Rechtsmoralismus (ein in hohem Maß ungerechtes Gesetz ist kein Gesetz; zur vielschichtigen Debatte s. Höffe [4]2003, Teil I). Analog kann man einen Staatspositivismus von einem Staatsmoralismus unterscheiden.

Philus vertrat einen pragmatischen Rechts- und Staatspositivismus. Die klare Gegenposition besteht in einem Staatsmoralismus, der in zwei Gestalten auftreten kann. Nach dem bescheidenen Staatsmoralismus ist die Gerechtigkeit für ein Gemeinwesen unabdingbar staatsnormierend: Die Vortrefflichkeit eines Staates bemisst sich am Maß an Gerechtigkeit, das er erfüllt. Nach dem anspruchsvolleren Staatsmoralismus hat die Gerechtigkeit staatsdefinierenden Charakter: Wo keine (hinreichende) Gerechtigkeit herrscht, dort gibt es gar keinen Staat qua Gemeinwesen.

Eine dieser zwei Positionen erwartet man von Laelius' Gegenrede. Soweit sie überliefert ist, findet man dort aber keine der beiden. Vielleicht hat Cicero das sogar beabsichtigt, um sie einer dritten Rede überlassen zu können. Bevor Scipio spricht, sieht der Wettstreit unentschieden aus. Getreu skeptischer Urteilsenthaltung (*Isosthenie:* Gleichgewichtigkeit) gibt es in der Konkurrenz von contra und pro Gerechtigkeit keinen Sieger. Wegen der ausstehenden dritten Rede muss man jedoch einschränkend ergänzen: *noch* keinen Sieger. Insofern wird die Frage, ob es für ein Gemeinwesen die Gerechtigkeit braucht, im Verlauf von Buch III in drei Schritten beantwortet, was sich auf eine spezielle Form von Dialektik beläuft: Auf Philus' These, Gerechtigkeit ist für ein Gemeinwesen überflüssig, folgt Laelius'

Antithese, Gerechtigkeit ist unverzichtbar, worauf Scipio Laelius' Position im Überbieten zugleich überflüssig macht.

Die genannte Frage erledigt sich, da die Gerechtigkeit zum Staat nicht irgendwie hinzukommt; sie ist dem Staat nicht äußerlich, sondern bildet seinen Kern. Ohne Gerechtigkeit ist der Staat nicht etwa illegitim, sondern überhaupt kein Staat. Weil der Staat seinem Wesen nach ein Gemein-Wesen, eine gemeinsame Sache des Volkes ist, ist die Gerechtigkeit nichts weniger als ein Definitionselement des Staates. Dort, wo gewisse Gerechtigkeitsanforderungen nicht erfüllt werden, gibt es keine *res publica*, kein Gemein-Wesen, das diesen Namen verdient. Die Anforderungen bestehen in vier Bedingungen: Das Volk darf nicht unterdrückt werden, es muss ein gemeinsames Band des Rechts, also eine Rechtsgemeinschaft, geben, ferner ein Einverständnis im Volk und schließlich eine Verbundenheit der Gemeinschaft.

Man kann in den ersten zwei Bedingungen Kriterien der Gerechtigkeit sehen und in den nächsten zwei Kriterien für jene Quasitugend, die Freundschaft (*philia*), die nach Aristoteles die Staaten zusammenhält, daher für Gesetzgeber noch wichtiger als die Gerechtigkeit sei (*Nikomachische Ethik* VIII, 1, 1155a 22ff.). In diesem Sinn zeichnet ein wahres Gemeinwesen sich nach Scipio durch zweierlei aus, durch Gerechtigkeit – bescheiden als Nichtunterdrückung und als Rechtsgemeinschaft bestimmt, andernorts noch bescheidener als Nicht-Eigennutz und durch politische Eintracht, eine Art von (staats)bürgerlicher Freundschaft, die im Englischen „civic friendship" heißt.

Mit der ersten Eigenart vertritt Scipio einen bescheidenen, mit der zweiten einen anspruchsvollen Staatsnormativismus oder Staatsmoralismus. Nach der klassischen Staatsform bzw. Verfassungslehre gibt es nämlich wie gesagt drei Fehl- oder Verfallsformen: die Tyrannis, die Oligarchie und die Demokratie im Sinne von Willkürherrschaft der Menge (s. unter anderem Aristoteles, *Politik* III, 8). Unter Hinweis auf griechische und römische Beispiele (Syrakus, Athen, Rom unter den Zehnmännern usw.) geht Scipio die drei Formen durch, qualifiziert sie nicht als illegitime Staatsformen, sondern als Un-staaten: Sie sind „überhaupt kein Staat" (*Rep.* III, 43).

Der Redner nennt jeweils Besonderheiten, die die genannten politischen Einheiten schmücken, vor allem großartige Bauten und Hafenanlagen. Solange jedoch das Volk „nur einem Mann gehört" (Tyrannis) oder wenigen (Oligarchie) oder, was als noch abscheulicher (*taetrior*: *Rep.* III, 45) gilt, zwar dem Volk, das jedoch eine willkürliche Gewaltherrschaft ausübt – was dem Leitmotiv von J. S. Mills *Essay On Liberty*, die Warnung vor einer „Tyrannei der Mehrheit" erinnert – kann von einem Staat qua Gemein-Wesen keine Rede sein.

In der Kritik der Demokratie (im genannten Verständnis) scheinen Scipio und Laelius einer Meinung zu sein, nicht aber in der vergleichenden Einschätzung der

Aristokratie, hier „Optimatenherrschaft" genannt. Nach Laelius ist die Aristokratie/Optimatenherrschaft besser als ein gerechter König, was Scipio auf ein Missverständnis zurückführt. Man erliege nämlich den Bezeichungen. Während man bei „Optimates" denkt, etwas Besseres als das Beste könne es nicht geben, denke man beim König spontan an einen ungerechten König. In Wahrheit zeichne sich ein gerechter Herrscher durch eine Haltung und Kompetenz aus, die im dritten Buch bislang kaum mehr als nur beiläufig eine Rolle spielte, durch Weisheit (*sapientia*). Diese hat man hier wohl nicht bloß als eine kognitive, sondern auch als eine charakterliche Tugend zu verstehen. Ist nun diese lebenspraktische Weisheit gegeben, so bliebe es sich nach Scipio gleich, ob sie sich bei einem einzelnen (Königtum) oder bei mehreren (Optimatenherrschaft) findet.

Das Argument dürfte überzeugen, zu beachten ist jedoch der stillschweigende Perspektivenwechsel. Vorher, bei der Kritik der Tyrannis, Aristokratie und Demokratie, kam es auf rechtliche (keine Unterdrückung, keine Rechtsgemeinschaft) und soziale Verhältnisse (Bürgerfreundschaft) an, jetzt auf die charakterliche und kognitive Qualität des Herrschers. Scipio wandert also von der politischen zur personalen Perspektive.

Zum Schluss wird Rhodos als Beispiel für eine Demokratie angeführt, die ein wirklicher Staat sei. Die dann angeführten Kriterien dürften Aristoteles' Definition der Politik, den Wechsel von Regieren und Regiertwerden, erfüllen. Denn alle Bürger sind nach einem gewissen Turnus bald Mitglieder der Volksversammlung, bald Senatoren, bald Richter, dieses selbst bei Kapitalprozessen. Um diese Aufgabe erfüllen zu können, erhalten sie Sitzungsgelder.

Literatur:

Büchner, K. [4]1984: Marcus Tullius Cicero. De re publica. Kommentar, Heidelberg.
Cicero, M. T. 2013: De re publica / Vom Staat, übers. u. hrsg. v. M. v. Albrecht, Stuttgart.
Glucker, J. 2001: Carneades in Rome – some Unsolved Problems, in: J. G. F. Powell/J. A. North (Hrsg.), Cicero's Republik, London, 57–82.
Heck, E. 1966: Die Bezeugung von Ciceros Schrift De re publica, Hildesheim.
Höffe, O. [3]2008: Praktische Philosophie. Das Modell des Aristoteles, Berlin.
Höffe, O. [4]2003: Politische Gerechtigkeit. Grundlegung einer kritischen Philosophie von Recht und Staat, Frankfurt/M.
Mill, J. St.: On Liberty, in: ders., Three Essays, hrsg. v. R. Wollheim, Oxford 1975, 1–141; dt. Über die Freiheit, übers. u. hrsg. v. A. Grabowski [4]1973, Darmstadt.

Philipp Brüllmann
6 Die Einrichtung des besten Staates: *De re publica*, Buch IV

6.1 Einführung

Gegen Ende des zweiten Buches von *De re publica* (*Rep.* II, 64), nachdem Scipio seine Ausführungen über die beste Verfassung und die Geschichte Roms abgeschlossen hat, fordert Tubero ihn auf zu erläutern, wie man einen Staat einrichten muss, wenn er Bestand haben soll.[1] In dieser Aufforderung wird nicht nur nach den Gesetzen (*leges*) des Gemeinwesens gefragt, sondern auch, und allgemeiner, nach dessen „Lebensordnung" (*disciplina*) sowie den „Sitten" (*mores*). Es geht darum, wie die Gesellschaft des besten Staates strukturiert sein sollte und wie das Leben der Bürger konkret zu regeln ist. Scipio verspricht auch über diese Themen noch zu reden (*Rep.* II, 65); und nach allem, was wir wissen, ist Buch IV der Ort, an dem dieses Versprechen eingelöst wird (vgl. Büchner 1984, 252).

Bedauerlicherweise beginnt die Textgrundlage mit Buch IV äußerst schwierig zu werden. Nicht nur ist viel weniger erhalten als im Fall der Bücher I und II sowie des *Somnium Scipionis* (der Palimpsest bietet nur noch zwei Blätter). Es fehlt auch eine Inhaltsangabe, wie sie für Buch III durch die Schriften des Augustinus und Laktanz geboten wird. Darüber hinaus haben wir es nun mit einer anderen Art von Quelle zu tun. Ein großer Teil der überlieferten Zitate zum vierten Buch stammt aus Nonius Marcellus' *De compendiosa doctrina*, einem Wörterbuch aus dem 4. oder 5. Jh. n.Chr. Da die Zitate hier als Beispielsätze zur Erläuterung einzelner Begriffe dienen,[2] verdankt sich ihre Auswahl einem lexikographischen Interesse und sagt nichts über die Bedeutung der Passagen im Kontext von *Rep.* IV. Wir können keineswegs sicher sein, dass uns die wesentlichen Inhalte des Buches überliefert sind. Außerdem werden die Aussagen von Nonius aus ihrem argumentativen Zusammenhang gerissen, so dass wir es bei den Fragmenten zu Buch IV über weite Strecken mit einer Sammlung von Thesen zu tun haben.

---

[1] Für Anmerkungen und Kritik danke ich allen Teilnehmerinnen und Teilnehmern des Tübinger Symposiums sowie insbesondere Rolf Geiger, Moritz Hildt und Ernst A. Schmidt.
[2] So ist z. B. das Zitat *non modo ut Spartae, rapere ubi pueri et clepere discunt* (IIb) als Beispielsatz zum Verb *clepere* überliefert (Nonius 20,12). Über die Vorgehensweise des Nonius informiert Lindsay (1901).

Es ist üblich, diese Thesen nach Themen zu gruppieren, wobei diese durch römische Ziffern markierte Gruppierung nicht zwangsläufig der Disposition des Buches entsprechen muss (vgl. Büchner 1984, 345–352):

[I] Das Verhältnis von Körper und Seele; die Stellung des Menschen im Kosmos.
[II] Die Erziehung der freigeborenen Knaben; Nacktheit und Sexualität; Kritik an griechischen Auffassungen.
[III] Angemessenes, sittliches Verhalten von Frauen und Männern; Scham (*verecundia*) und andere Emotionen; die Rolle des Zensors.
[IV] Was soll in Komödien erlaubt sein? Die Wirkung der Musik; Kritik an griechischen Auffassungen.

Bei dem Versuch, mehr über Inhalt und Funktion des Buches zu sagen, stützt sich die (spärliche) Literatur zu *Rep.* IV auf folgende, übergeordnete Aspekte (vgl. Zetzel 2001): (i) Buch IV hat die Aufgabe, über die „Einrichtungen" zu sprechen, die im Staat vorhanden sein müssen und die, wie erwähnt, die allgemeine Gesellschaftsordnung betreffen. (ii) Insofern diese Einrichtungen das Verhalten der Menschen prägen und regulieren, dient Buch IV als eine Art Scharnier zwischen der Besprechung der besten Verfassung in den Büchern I und II und der des besten Bürgers bzw. Staatsmannes in den Büchern V und VI. (iii) Die Bücher III und IV bilden zudem ein Paar (sie markieren den zweiten Tag des Dialogs und werden durch ein gemeinsames Proömium eingeleitet), und sie gehören auf die eine oder andere Weise auch inhaltlich zusammen (diesen Aspekt betont Zetzel 2001). (iv) Cicero setzt sich auch in Buch IV mit dem Vorbild der Platonischen *Politeia* auseinander (dazu Pöschl 1936, 133–162, der in seinem Vergleich allerdings sehr weit geht).

Die folgenden Ausführungen haben zwei Ziele. Erstens soll die gerade genannte Aufgabe etwas genauer bestimmt werden: Was versteht Cicero unter diesen Einrichtungen, und warum sind sie so wichtig? (6.2) Für die Beantwortung dieser Fragen spielt, wie ich zeigen werde, Buch III eine entscheidende Rolle, womit auch etwas über den Zusammenhang der beiden Bücher gesagt wäre (6.3). Zweitens sollen einige Thesen, die in den Fragmenten zum vierten Buch auftauchen, erläutert und mit gebotener Vorsicht auf die Aufgabe bezogen werden (6.4). Auf diese Weise dürften zumindest Grundzüge jener Gesellschaft deutlich werden, die Cicero in *De re publica* vorschwebt. Abschließend werden einige weiterführende Rückfragen an den Text gestellt (6.5).

6.2 Die Aufgabe

Beginnen wir mit einigen Beobachtungen, die dabei helfen können, die an Buch IV gerichtete Aufgabe etwas besser zu verstehen. Wenn Cicero in *De re publica* über die Einrichtung des Staates spricht, dann verwendet er für gewöhnlich die Ausdrücke *instituta* („Institutionen", „Einrichtungen"), *mores* („Sitten", „Gewohnheiten") und *disciplina* („Erziehung", „Ordnung"). Diese Ausdrücke treten oft gemeinsam auf und sollen offenbar dazu dienen, einen bestimmten Bereich des Projekts von *De re publica* zu kennzeichnen. Um diesen Bereich zu charakterisieren, bedient sich Cicero einer Reihe von Abgrenzungen, die allerdings nie völlig trennscharf sind.

Erstens geht es bei der Einrichtung des Staates um Festlegungen, die über die Frage nach der „planvollen Leitung" (*consilium*) (*Rep.* I, 41) hinausgehen. Wenn in Buch I von der „Verfassung" (*status, constitutio*) des Gemeinwesens die Rede ist, so ist damit vor allem gemeint, wem die Regierung zukommen soll: einem hervorragenden Einzelnen, einer ausgewählten Minderheit oder der Gesamtheit aller Bürger (*Rep.* I, 41 f.). Die von Scipio gepriesene Mischverfassung zeichnet sich dadurch aus, dass alle diese Gruppen in gewisser Weise an der Regierung beteiligt sind (*Rep.* I, 69). Da die Frage nach der Einrichtung des Staates am Ende von *Rep.* II als noch offen behandelt wird (s. o.), muss es dabei um Regelungen gehen, die jenseits einer bloßen Zuteilung von Regierungsverantwortung liegen.

Zweitens verbindet sich mit der Einrichtung des Staates ein eminent praktisches Anliegen. Insbesondere die Kenntnis der *instituta* wird als Kontrast zu einer bloß „theoretischen" Beschäftigung mit der Politik eingeführt, so etwa in der Vorrede zu den Büchern III und IV. Die Behandlung der dort aufgeworfenen Frage, in welcher Tätigkeit die natürlichen Anlagen des Menschen zur Vollendung kommen, ist geprägt durch eine Gegenüberstellung von Theorie und Praxis.[3] Und eine der vielen Formen, in denen diese Gegenüberstellung auftritt, ist der Gegensatz zwischen der politischen Wissenschaft (*doctrina*) der Griechen auf der einen Seite und den römischen Institutionen auf der anderen. Dieser Gegensatz wird zum einen genutzt, um die griechische Erziehung von der römischen abzugrenzen (*Rep.* III, 7), zum anderen, um die Verbindung von Theorie und Praxis zu kennzeichnen, die vortreffliche Männer – wie etwa die Teilnehmer des Gesprächs – auszeichnen soll. Diese sind nämlich durch die *instituta* das geworden, was sie sind (sie haben eine römische Erziehung genossen); und sie kennen als vorbildliche Staatsmänner sowohl die politische Wissenschaft als auch die Einrichtungen des Staates (*Rep.* III, 5 f.).

---

[3] Vgl. zu dieser Gegenüberstellung den Beitrag von Therese Fuhrer im vorliegenden Band.

Drittens geht es bei der Einrichtung des Staates um mehr als die Formulierung geeigneter Gesetze, was insbesondere durch den Verweis auf Gewohnheiten und Sitten (*mores*) deutlich wird. Der Ausdruck *mos* kennzeichnet üblicherweise eine sozial etablierte Norm, die gerade nicht den Status eines Gesetzes hat – *mores* sind von *leges* zu unterscheiden (vgl. z. B. *Rep.* I, 2) – und deren Bruch dementsprechend nicht durch staatliche Strafen belegt ist, sondern mit sozialer Ächtung einhergeht. Die Erwähnung der *mores* lässt überdies an das Konzept des *mos maiorum* denken, der für das römische Selbstverständnis eine so wichtige Rolle spielte und dessen Verbindlichkeit eben nicht auf positiver Gesetzgebung, sondern auf einer zu bewahrenden Tradition der „Vorfahren" (*maiores*) beruhte (dazu einführend Bleicken [7]1995, 59–65). In Buch IV sollte demnach nicht (oder nicht nur) von den „juristischen" Mitteln zur Ordnung des Gemeinwesens die Rede sein.

Die an Buch IV gerichtete Aufgabe lautet also, konkrete Maßnahmen zur Etablierung einer bestimmten Gesellschaftsordnung zu benennen, und zwar Maßnahmen, die über eine effiziente Gesetzgebung hinausgehen. Worauf aber beruht die Bedeutung dieser Aufgabe?

Sie beruht primär auf der Einsicht, dass es für die Stabilität eines Staates mehr bedarf als der richtigen Zuteilung von Regierungsverantwortung (auch wenn dieser Faktor natürlich eine wichtige Rolle spielt [vgl. *Rep.* I, 69]; die Abgrenzung ist, wie gesagt, nicht völlig trennscharf). Es muss auch, und vor allem, sichergestellt sein, dass sich die Mitglieder der staatlichen Gemeinschaft auf eine bestimmte Weise verhalten, nämlich so, dass sie die Verfassung stützen, anstatt sie zu unterwandern. Selbst eine Mischverfassung ist nach Cicero instabil, wenn „die führenden Männer grobe Fehler machen" (ebd.). Um den Erhalt des Gemeinwesens zu gewährleisten, muss die Gesellschaft durch geeignete Institutionen, Sitten und Erziehung geprägt sein.

Die Gefährdung des Staates durch das Fehlverhalten einzelner ist sicher ein Leitmotiv in Ciceros politischem Denken. Sie kennzeichnet seine Perspektive auf die eigene Gegenwart; und sie ist auch in *De re publica*, als Problem und Gefahr, von Beginn an präsent. So geschieht zum Beispiel der Umschlag der akzeptablen Verfassungen Monarchie, Aristokratie und Demokratie in ihre verfehlten Gegenstücke Tyrannis, Oligarchie und radikale Demokratie laut Cicero stets durch *Ungerechtigkeit:* dadurch, dass ein Einzelner oder eine Gruppe versucht, die eigenen Interessen durchzusetzen. Ein Tyrann ist nichts anderes als ein ungerechter Monarch (*Rep.* I, 65); und so überrascht es nicht, dass auch der Untergang der Römischen Monarchie durch die legendäre Ungerechtigkeit des letzten Königs Tarquinius Superbus erklärt wird (*Rep.* II, 44–49).[4]

---

4 Tatsächlich vermittelt die Argumentation der Bücher I und II den Eindruck, dass es nach Cicero

Die Einsicht, dass für die Stabilität eines Staates mehr nötig ist als Festlegungen darüber, wer regiert und wer regiert wird, ist freilich nicht neu. Sie hat vielmehr schon in der griechischen politischen Philosophie ihren festen Platz (man denke etwa an die Bücher IV bis VI der *Politik* des Aristoteles). Und wir wissen, zum Beispiel aus dem zweiten Buch von Aristoteles' *Politik*, dass Einrichtungen wie gemeinsame Mahlzeiten oder eine bestimmte Verteilung des Besitzes in griechischen Verfassungsentwürfen eine wichtige Rolle gespielt haben. Sie sollten dabei helfen, Unruhen (*staseis*) und den Wandel der Verfassungen (*metabolê politeiôn*) zu verhindern.

Auch in dem wohl wichtigsten Vorbild für Ciceros *De re publica*, Platons *Politeia*, sind solche Einrichtungen durchaus ein Thema. Denn Platon versucht nicht nur eine Definition der gerechten Polis zu formulieren. Er spricht auch über Maßnahmen zu deren Verwirklichung – Maßnahmen, die insbesondere die Erziehung der so genannten Wächter (*phylakes*) und ihre „Lebensordnung" (um diesen Begriff einmal aufzugreifen) betreffen. Dazu gehören insbesondere die Abschaffung des Privatbesitzes sowie die Frauen- und Kindergemeinschaft. Aus den erhaltenen Fragmenten zu *Rep.* IV wird deutlich, dass Cicero sich mit diesen Vorschlägen Platons kritisch auseinandersetzt. Darauf wird weiter unten zurückzukommen sein. Zunächst sollten wir aber noch einen weiteren Aspekt in den Blick nehmen.

Welche Einrichtungen für die Stabilität eines Staates nötig sind, hängt entscheidend vom zugrunde gelegten Bild der menschlichen Natur ab. Bevor festgelegt werden kann, wie man die Bürger dazu bringt, den Staat zu unterstützen, muss überlegt werden, was Menschen überhaupt veranlasst, bestimmte Dinge zu tun und andere zu unterlassen. Die Einrichtung des Staates ruht auf einer psychologischen Grundlage. Am Beispiel von Platon lässt sich dies sehr gut illustrieren. Die in der *Politeia* diskutierten Maßnahmen zur Erziehung gehen insgesamt von der These aus, dass menschliches Handeln durch irrationale Strebungen, durch Begierden und Affekte, beeinflusst werden kann. Da diese Strebungen rationaler Argumentation nicht ohne Weiteres zugänglich sind, müssen sie auf andere Weise, insbesondere durch Lust und Schmerz, „geformt" werden. Erst dann können die richtigen Auffassungen und Argumente Wirkung zeigen. Erziehung ist somit mehr als die bloße Vermittlung von Wissen. Wäre Platon in der *Politeia* noch sokratischer „Intellektualist", das heißt würde er

---

zweitrangig ist, ob ein Einzelner, eine Minderheit oder die Menge regiert – solange sie nur gerecht sind. Die Rolle persönlicher Verfehlungen für den Verfassungswandel betont auch Jörn Müller in seinem Beitrag zum vorliegenden Band.

Wissen als hinreichend für richtiges Handeln begreifen, dann würde die staatliche Erziehung ganz anders aussehen und auch andere Einrichtungen erfordern.[5]

Wie verhält es sich nun in *De re publica?* Von welchem Bild der menschlichen Psychologie geht Cicero bei seinen Ausführungen über die Einrichtung des besten Staates aus? Für die Beantwortung dieser Frage spielt nach meiner Auffassung Buch III eine wesentliche Rolle. Die Auseinandersetzung über die Gerechtigkeit im dritten Buch enthält entscheidende Hinweise zu den moralpsychologischen Annahmen, mit denen Cicero in *De re publica* arbeitet. Und die Komplexität jener Auseinandersetzung hat auch mit der Komplexität dieser Annahmen zu tun. Hierin liegt, wie ich zeigen möchte, ein wesentlicher Zusammenhang zwischen den Büchern III und IV.

Es lohnt sich, noch einmal (und in Ergänzung zu Kapitel 5 des vorliegenden Bandes) einen Blick auf Buch III unter dieser Perspektive zu werfen.

6.3 Moralpsychologie in *De re publica* III

Ausgangspunkt für die Diskussion über die Gerechtigkeit in Buch III ist ein Einwand, der am Ende des zweiten Buches erhoben wird (*Rep.* II, 69): Ohne Ungerechtigkeit (*iniuria*) – was in etwa heißen soll: ohne die Bereitschaft, sich auf Kosten anderer einen Vorteil zu verschaffen – lässt sich ein Staat überhaupt nicht regieren. Dieser Einwand wird so ernst genommen, dass er den Fortgang des Gesprächs gefährdet. Um die Diskussion fortsetzen zu können, hält Scipio es nicht nur für nötig, den Einwand zurückzuweisen, das heißt zu zeigen, dass sich Staaten ohne Ungerechtigkeit regieren lassen. Vielmehr müsse die These verteidigt werden, dass „höchste Gerechtigkeit" (*summa iustitia*) eine notwendige Bedingung für die Regierung eines Staates ist. Genau dies ist die Aufgabe, die am Ende von Buch II formuliert wird (*Rep.* II, 70).

Buch III bietet die „Lösung" (oder zumindest einen wichtigen Schritt zur Lösung) dieser Aufgabe. Dies geschieht in Form einer *disputatio in utramque partem*, also einer Auseinandersetzung, die, dem Verfahren der Akademischen Skepsis folgend, das Für und Wider einer Sache erörtert, wobei Philus sich gegen und Laelius für die Gerechtigkeit ausspricht. Beide greifen auf traditionelle Ar-

---

5 Ein weiteres gutes Beispiel bietet Polybios, dessen Erläuterungen zur Entstehung von Staaten, zum Wandel der Verfassungen sowie zur Stabilität der Mischverfassung im sechsten Buch der *Historien* auf einer eigennutzzentrierten Psychologie basieren. Vgl. dazu grundlegend Hahm (1995) sowie Atkins (2013, Kap. 3) über die Unterschiede zwischen Polybios und Cicero sowie deren psychologische Grundlage.

gumente zurück, die sie – wo angebracht – auf die römische Gegenwart beziehen, ein für Cicero durchaus typisches Verfahren.

Es ist an dieser Stelle nicht nötig, die Einzelheiten der Argumentation zu wiederholen. Und auch auf die Debatten um die formalen Vorbilder von Buch III (insbesondere die beiden Reden des Karneades in Rom, 155 v.Chr.) sowie die Interpretationsprobleme soll hier nicht eingegangen werden. Stattdessen möchte ich von einer einfachen Beobachtung ausgehen: Die Argumentation in *Rep.* III scheint auf den ersten Blick viel weiter auszuholen, als es für die gerade umrissene Aufgabe nötig erscheint.

Natürlich spricht Philus in seiner Rede gegen die Gerechtigkeit darüber, dass politischer Erfolg, insbesondere der politische Erfolg Roms, nicht auf Gerechtigkeit, sondern auf einer überlegenen Stärke beruht (*Rep.* III, 16 f., 21–24). Laelius hält dagegen, dass eine Herrschaft des Stärkeren nicht zwangsläufig ungerecht sein muss, etwa wenn sie auf einer natürlichen Hierarchie beruht und für den Beherrschten selbst von Vorteil ist (*Rep.* III, 35–37). Passagen wie diese lassen sich unmittelbar auf die in II, 70 gestellte Aufgabe beziehen.

Meistens geht es aber um Grundsätzlicheres. Philus präsentiert in seiner Rede Argumente gegen die Existenz eines überpositiven Naturrechts, die von der Verschiedenheit bestehender Normen ausgehen (*Rep.* III, 13–17). Er versucht darzulegen, dass gerecht zu sein uns schadet und dass niemand bei Verstand die Gerechtigkeit etwa dem eigenen Überleben vorziehen würde (*Rep.* III, 27–30). Und er äußert die These, dass positives Recht stets ungerecht sei, weil es dem Herrschenden nützt (*Rep.* III, 31). Diese Thesen und Argumente stammen bekanntlich aus dem Repertoire des so genannten „Amoralisten", den vor allem Platon in Figuren wie Kallikles (*Gorgias*), Thrasymachos (*Politeia* I) und Glaukon (*Politeia* II) – letzterer wie Philus ein *advocatus diaboli* – auftreten lässt und der die Frage stellt, warum wir überhaupt gerecht sein sollten. Gibt es, abgesehen von den Vorteilen eines guten Rufs und den Nachteilen möglicher Bestrafungen, einen Grund, warum wir jedem das Seine zugestehen sollten, anstatt uns selbst immer das meiste zu nehmen? Dass diese Frage radikaler ist als der Einwand aus *Rep.* II, ist leicht zu sehen. Denn man muss gewiss kein Amoralist sein, um zu überlegen, ob sich *Staaten* ohne Ungerechtigkeit *regieren* lassen. (Und, um diesen Gedanken weiterzuspinnen, man benötigt auch nicht unbedingt eine Naturrechtskonzeption, um Gerechtigkeit als Bedingung der Regierung eines Staates zu erweisen.)

In der Rede des Philus – dies ist der Kern unserer einfachen Beobachtung – verlagert sich der Einwand aus Buch II auf eine grundsätzlichere Ebene. Es geht nicht nur darum, dass Staaten, um Erfolg zu haben, die eigenen Interessen wahren müssen (darum geht es auch). Es geht darum, ob Menschen überhaupt einen Grund haben, gerecht zu sein. Schießt Cicero in Buch III also über das Ziel hinaus?

Ich denke, dass dies nicht der Fall ist. Ein Blick auf die Definition des Staates, die Cicero in *Rep.* I entwickelt, kann erklären, warum der Einwand des Amoralisten für die Argumentation von *De re publica* tatsächlich äußerst relevant ist, auch wenn er vielleicht nicht sehr geschickt eingeführt wird. Der Staat (*res publica*), sagt Scipio in *Rep.* I, 39, ist „Sache des Volkes" (*res populi*). Das Volk zeichnet sich, als besondere Art der Gemeinschaft, durch die Übereinstimmung hinsichtlich des Rechts (*consensus iuris*) und den gemeinsamen Nutzen (*communio utilitatis*) aus. Da der Ungerechte jedoch seinen eigenen Nutzen verfolgt – er ist eben nicht bereit, jedem das Seine zuzugestehen (vgl. *Rep.* III, 18) –, kann er gar kein Teil des Volkes sein und hat dementsprechend auch keinen Anteil an dessen „Sache". Daher überrascht es auch nicht, dass nach dem Fazit des Scipio ein Staat ohne Gerechtigkeit nicht etwa ein schlechter, sondern überhaupt kein Staat ist (*Rep.* III, 43–45). Ein solcher „Staat" hätte streng genommen keine Bürger.[6]

Wir sehen: Ciceros Definition der *res publica* scheint vorauszusetzen, dass die Mitglieder des Gemeinwesens *gerecht* sind, was heißt, dass sie einander nicht übervorteilen und den gemeinsamen Nutzen fördern. Die Details dieser Voraussetzung sind alles andere als leicht zu bestimmen. Klar scheint aber zu sein, dass Cicero erstens verlangt, die Bürger sollten den Nutzen des Gemeinwesens stets *über* das persönliche Interesse stellen (vgl. z. B. *Off.* I, 22; I, 57; *Leg.* I, 42; *Fin.* III, 64: hier als Referat einer stoischen Konzeption), und dass er zweitens Angst vor Strafe für keine ausreichende Grundlage hält, um dieses Verhalten zu gewährleisten (*Rep.* III, 18; *Leg.* I, 40 f.) – was kaum verwundert; denn einer solchen Grundlage könnte, wie angedeutet, auch ein Amoralist zustimmen. Es ist in unserem eigenen Interesse, Strafen zu vermeiden. Statt bloßer Legalität fordert Cicero von den Bürgern der *res publica* also ein gewisses Maß an Tugend.

Außerdem dürfte jetzt klar sein, warum die Rede des Philus ins Herz von Scipios Konzeption des Staates zielt. Sie beruht nämlich auf der anthropologischen Annahme, dass Menschen von Natur aus *stets* eigennützig handeln (*Rep.* III, 21). Es ist diese psychologische These, die den Angriff gegen die Gerechtigkeit befeuert und die sonst eher heterogenen Argumente der Philus-Rede zusammenhält.[7] (Diese Anthropologie ist seit den Sophisten eng mit der Ableh-

---

[6] In seinen Ausführungen zur Bedeutung der Gerechtigkeit scheint Cicero zwischen den folgenden Bereichen hin und her zu wechseln: (i) der Gerechtigkeit des Herrschers gegenüber den Beherrschten, (ii) der Gerechtigkeit Roms gegenüber den Provinzen, (iii) der Gerechtigkeit des Einzelnen gegenüber der Gemeinschaft. Auf die damit verbundenen Schwierigkeiten kann im vorliegenden Kontext aber nicht eingegangen werden.

[7] Die These von der eigennützigen Naur des Menschen ist (i) die Naturkonzeption, die der Annahme eines Naturrechts entgegengestellt wird. Sie bietet (ii) die Basis für die These, dass keiner

nung eines „von Natur aus Gerechten", *physei dikaion*, verknüpft, das heißt mit dem Rechtspositivismus, den ja auch Philus widerwillig vertritt. Dies sollte aber nicht darüber hinwegtäuschen, dass es keinen begrifflichen Zusammenhang zwischen Rechtspositivismus und eigennutzbasierter Anthropologie gibt. Wie Cicero in *Leg.* I, 42 herausstellt, sind es einfach „dieselben Leute", die zum einen Gerechtigkeit als „Gehorsam gegenüber geschriebenen Gesetzen" definieren und zum anderen „alles an seinem Nutzen messen".)

Wenn der Amoralist Recht hat und die Menschen radikal eigennützig sind, dann können sie überhaupt nicht so handeln, wie es die Definition der *res publica* vorsieht. Sie sind dann nicht in der Lage, den gemeinsamen Nutzen „über" das persönliche Interesse zu stellen. Hinzu kommt, dass dann die in Buch II vorgebrachte These, der frühe Senat (die *patres*) hätte aufgrund der *auctoritas* geherrscht (*Rep.* II, 4, 14, 56), so nicht zutreffen kann. Eine Herrschaft allein aufgrund des Ansehens ist mit einem eigennutzbasierten Modell der menschlichen Psychologie kaum zu vereinbaren. Scipio hätte eine völlig andere Geschichte erzählen müssen.

Aus diesem Bild ergibt sich nun folgende Minimalanforderung an die Verteidigung der Gerechtigkeit durch Laelius: Sie muss zumindest zeigen, dass die These von der radikal eigennützigen Natur des Menschen falsch ist. Auch wenn von der Rede des Laelius nur sehr wenig überliefert ist, wird klar, dass sie tatsächlich bemüht ist, diesen Nachweis zu erbringen. Dies geschieht auf mindestens zwei Weisen.

Erstens präsentiert Laelius eine Reihe von Belegen. So wird in *Rep.* III, 39 (aus einem Brief an Atticus) betont, dass es Beziehungen zwischen Menschen gibt, die nicht auf Eigeninteresse, sondern auf einer natürlichen und emotionalen Verbindung beruhen. Diese natürliche Verbindung, deren Ursprung in der Liebe der Eltern zu ihren Kindern liegt, sei die Grundlage jeder Lebensgemeinschaft (Cicero greift hier offensichtlich auf die stoische Konzeption der sozialen *oikeiôsis* zurück; vgl. *Fin.* III, 62–68). Die in *Rep.* III, 40 versammelten Fragmente nennen Beispiele von tugendhaften Menschen, die unter Vernachlässigung des Eigennutzes ihre Pflicht getan haben und deren Lohn allein in der Ehre bestand (solche Beispiele finden sich in Ciceros Schriften häufiger; sie dienen oft einer Kritik epikureischer Auffassungen, wie etwa in *Fin.* II, 57–63). Andere Passagen stellen gewinnsüchtiges, lustorientiertes Verhalten, wie das von Sardanapal und den Puniern, als abstoßend dar (Rep. III, IA). Auch hierin kann ein Versuch gesehen werden, der Anthropologie der Philus-Rede etwas entgegenzusetzen.

---

von uns die Gerechtigkeit dem Nutzen vorziehen würde. Und sie erklärt (iii), warum das positive Recht stets dem Nutzen der Mächtigen dient.

Zweitens skizziert die Naturrechtskonzeption im viel zitierten Abschnitt *Rep.* III, 33 die theoretischen Grundlagen dieser anderen Anthropologie und Psychologie. Denn Laelius sagt hier nicht nur etwas über den Inhalt des natürlichen Gesetzes (es ist ein Gesetz, das der Natur entspricht und auf eine näher zu bestimmende Weise vernünftig ist). Er sagt auch etwas über dessen Autorität.[8] Auch diese soll auf der Vernunft (*ratio*) beruhen, durch deren Besitz sich der Mensch vor allen anderen Lebewesen auszeichnet. Die „richtige Vernunft" (*recta ratio*) ruft, so Laelius, „durch Befehle (*iubendo*) zur Pflicht und schreckt durch Verbote (*vetando*) von Arglist ab. Rechtschaffenen erteilt sie Befehl und Verbot nicht vergeblich, Ruchlose kann sie weder durch Gebieten noch durch Verbieten bewegen".

In diesem Satz wird eine Psychologie angedeutet, die nicht von einer basalen Motivation durch Eigennutz ausgeht, sondern sich primär an den Begriffen des Befehlens (*iubere*) und Verbietens (*vetare*) orientiert, die ihrerseits eng mit dem Konzept eines Gesetzes in Verbindung stehen (vgl. *Leg.* I, 33, wo das Gesetz als „richtige Vernunft auf dem Gebiet des Befehlens und Verbietens" bezeichnet wird). Manche Menschen werden offenbar dadurch zum Handeln bewegt, dass sie den Befehlen und Verboten der richtigen Vernunft (und damit des Gesetzes) *gehorchen*. Natürlich ist diese Skizze weit davon entfernt, eine ausreichende Bestimmung der Psychologie zu geben, die mit dem Naturrecht einhergehen soll. Man wüsste zum Beispiel gerne, welche Rolle die später in § 33 erwähnten „schwersten Strafen" (*maximae poenae*) auf der einen Seite und die Ehre als „Lohn" der Tugend (s. o.) auf der anderen Seite spielen. Lehnt Cicero eine Sanktionentheorie der Gerechtigkeit grundsätzlich ab, oder geht es ihm nur darum, eine andere Art der Sanktion einzuführen? Außerdem fragt sich, ob das Ziel darin besteht, vom eigenen Nutzen völlig abzusehen, oder darin, zu begreifen, worin unser Nutzen wirklich liegt. Entsprechend ihrem programmatischen Charakter wirft die Passage also mehr Fragen auf, als sie beantwortet. Dennoch ist es für das Verständnis von *Rep.* III wichtig, die Verbindung zwischen Naturrecht und Psychologie überhaupt zu sehen; und wieder gilt, dass hier kein begrifflicher Zusammenhang besteht, sondern es offenbar „dieselben Leute" sind, die die Vorstellung des natürlichen Gesetzes mit der Ablehnung einer eigennutzzentrierten Psychologie verknüpfen.

Rep. III, 33 enthält aber noch eine weitere für uns aufschlussreiche Information. Der Abschnitt macht deutlich, dass nicht alle Menschen den Gesetzen der Vernunft gehorchen, sondern nur die „Rechtschaffenen" (*probi*). Den „Ruchlosen"

---

8 Den Zusammenhang zwischen Naturrecht und Motivation betont auch Christoph Horn in seinem Beitrag zum vorliegenden Band.

(*improbi*) gebietet die Vernunft vergeblich. Diese These, die auch im ersten Buch von *De legibus* (*Leg.* I, 37) wieder auftaucht, spielt für die Debatte im dritten Buch von *De re publica* eine wichtige Rolle. Sie spiegelt sich sogar in der Situation des dort vorgeführten Gesprächs.

Die erste Reaktion auf die Rede des Philus ist nicht, dass sie als falsch gekennzeichnet wird, was im dialektischen Kontext einer *disputatio in utramque partem* auch problematisch wäre. Vielmehr wird vor allem auf ihre Gefährlichkeit hingewiesen (*Rep.* III, 32). Offenbar gehen die Teilnehmer des Gesprächs davon aus, dass sich viele, insbesondere junge Menschen von einer auf Eigennutz rekurrierenden Argumentation überzeugen lassen dürften, was dafür spricht, dass sie bei diesen Menschen eine Orientierung am eigenen Vorteil voraussetzen. Ähnlich verhält es sich bei der Rede des Laelius, die zwar gelobt wird (*Rep.* III, 42), aber nicht das Ende der Argumentation bedeutet (vgl. Atkins 2013, 33–42). Natürlich müssen die Anwesenden von dieser Rede hinreichend überzeugt sein, um das Gespräch fortzuführen; am Ende von Buch II stand schließlich dessen Scheitern im Raum. Aber wie Cicero nicht müde wird zu betonen, sind diese Anwesenden auch ganz besondere Menschen. Nach der Vorrede zu *Rep.* III und IV zu urteilen, gehören sie zweifellos zu den Rechtschaffenen. Und diese Vorrede verrät uns auch, woran das liegt: Sie haben eine römische Erziehung genossen, eine Erziehung, die durch vorbildliche *instituta* und *mores* geprägt gewesen ist.

In den Reden des Philus und des Laelius geht es also nicht nur um das Für und Wider der Gerechtigkeit. Es werden auch zwei psychologische Modelle einander gegenübergestellt: ein eigennutzzentriertes Modell auf der einen Seite und ein Modell, das die Fähigkeit vorsieht, der „richtigen Vernunft" zu gehorchen, auf der anderen. Aus der Situation des Gesprächs wird deutlich, wie diese Modelle eingeschätzt werden und auf wen sie zutreffen sollen.

Fassen wir das Bisherige kurz zusammen!
Wir sind von der einfachen These ausgegangen, dass Maßnahmen zur Stabilisierung eines Staats zwangsläufig mit bestimmten psychologischen Annahmen operieren. Nun hat sich gezeigt, dass dies für Ciceros Konzeption der *res publica* in besonderem Maße gilt. Denn diese Konzeption geht selbst mit psychologischen Anforderungen einher. Sie verlangt von den Bürgern, das gemeinsame Interesse über den persönlichen Nutzen zu stellen. Die Radikalität der Rede des Philus gegen die Gerechtigkeit liegt darin, dass sie die Möglichkeit eines solchen Verhaltens – und implizit auch die Möglichkeit einer Herrschaft durch *auctoritas* – in Abrede stellt. Die Antwort des Laelius macht deutlich, dass Menschen durchaus in der Lage sind, vom persönlichen Vorteil abzusehen, dies aber Rechtschaffenheit (*probitas*) voraussetzt, die ihrerseits eine bestimmte Erziehung erfordert. Buch III gibt also nicht nur Aufschluss über die psychologischen Annahmen, mit denen

Cicero in *De re publica* arbeitet. Es führt auch die Bedeutung der Lebensordnung, der Einrichtungen und Sitten, eindringlich vor Augen.

6.4 Erziehung und angemessenes Verhalten in *De re publica* IV

Wer einen Staat einzurichten hat, der steht laut Cicero vor der Aufgabe, ein Gemeinwesen zu schaffen, dessen Bürger *gerecht* sind. Diese Aufgabe ist unter anderem deshalb schwierig, weil es ohne geeignete Erziehung eine Neigung zu eigennützigem Verhalten gibt, eine auf Eigennutz basierende Regulierung des Verhaltens (etwa mithilfe von Strafsanktionen) aber kritisch gesehen wird. So wenig von Buch IV auch erhalten ist, der überlieferte Text lässt sich sehr gut auf diese Aufgabe beziehen. Denn er nimmt nicht nur die kosmologischen und psychologischen Grundlagen der Laelius-Rede wieder auf (6.4.1), sondern propagiert auch eine Reihe von Verhaltensweisen, die sich allesamt unter das Stichwort der „Selbstbeschränkung", der Zurücknahme der eigenen Person, bringen lassen (6.4.2). Außerdem deutet der Text an, mit welchen Maßnahmen diese Verhaltensweisen gestützt werden sollen; und diese Maßnahmen unterscheiden sich deutlich vom Prinzip der Strafandrohung (6.4.3 und 4).

Angesichts der problematischen Textgrundlage kann es nicht darum gehen, den Inhalt von Buch IV zu „rekonstruieren" (vgl. Büchner 1984, 351). Es lohnt sich aber, die erwähnten Aspekte etwas genauer zu betrachten und ihrer Verbindung zur genannten Aufgabe nachzugehen.

6.4.1 Körper und Seele

Zu den Abschnitten, die unter [I] zusammengefasst und üblicherweise am Beginn des Buches platziert werden, gehören zunächst zwei Fragmente, die über die geordnete Einrichtung der Natur sprechen: den Wechsel von Tag und Nacht sowie die Abfolge der Jahreszeiten. Dabei wird das natürliche Geschehen nicht nur als regelmäßig, sondern auch als nützlich für den Menschen bezeichnet. Die Nacht „dient" zum Ausruhen von der Arbeit.

Beobachtungen dieser Art sind uns aus dem zweiten Buch von Ciceros *De natura deorum* vertraut, in dem die Kosmologie bzw. Theologie der Stoa präsentiert wird. Dort bilden sie die Basis eines so genannten „argument from design" (zu dessen Rolle grundlegend Sedley 2007), nach dem die einzige Erklärung für die Ordnung und Zweckmäßigkeit der Natur darin liegt, dass diese durch ein rationales Prinzip *gesteuert* wird. Dieses rationale Prinzip (Gott) ist die „richtige Vernunft" (*orthos logos*, *recta ratio*), die nach stoischer Auffassung im gesamten Kosmos wirkt und von der, wie wir gesehen haben, auch in der Rede des Laelius (*Rep.* III, 33) gesprochen wird (vgl. *Rep.* I, 56; *Leg.* I, 21–23). Unabhängig davon, wie stoisch die Naturrechtskonzeption aus *Rep.* III tatsächlich ist – diese Frage ist in der Forschung umstritten –, dürfte klar sein, dass Buch IV noch einmal auf die Kosmologie des Naturrechts verweist.

Außerdem gibt es Hinweise darauf, dass in Buch IV von dem Verhältnis zwischen Körper und Seele die Rede gewesen ist. Ob dies tatsächlich zu oberflächlich geschieht, wie Laktanz behauptet (*Rep.* IV, 1), lässt sich nicht mehr nachprüfen. In den erhaltenen Fragmenten geht es jedenfalls primär darum, den besonderen Wert der spezifisch menschlichen Seele (womit sicher die vernünftige Seele gemeint ist) zu betonen: Es wäre schon schlimm, mit menschlichem Bewusstsein im Körper eines Tiers zu leben. Aber noch schlimmer wäre es, eine tierische Seele in einem menschlichen Körper zu haben. Das Gute für einen Widder ist nicht dasselbe wie das Gute für Publius Africanus.

Auch diese Hinweise passen gut zur Perspektive der Laelius-Rede, in der die Vernunft als entscheidende Eigenschaft des Menschen identifiziert und die Missachtung des natürlichen Gesetzes als ein Handeln wider die menschliche Natur bezeichnet wird (*Rep.* III, 33). Das ganz an den Begierden ausgerichtete Verhalten Sardanapals und der Punier ist in gewisser Weise nicht „menschlich". (Zur menschlichen Natur als Grundlage des angemessenen Verhaltens, vgl. *Off.* I, 96 sowie I, 105; zur Abgrenzung von den Tieren, vgl. *Off.* I, 11, wo die menschliche Vernunft wie in *Rep.* IV mit der Fähigkeit, Vergangenheit und Zukunft zu erfassen, verknüpft wird: Da Tiere nur über Wahrnehmung verfügen, leben sie ausschließlich in der Gegenwart.) Buch IV ist durch die gleiche anthropologische Perspektive gekennzeichnet, die schon in der Vorrede zu Buch III eingenommen wird.

6.4.2 Eigenschaften und Verhaltensweisen

In vielen Fragmenten aus Buch IV (insbesondere in Abschnitt [III]) ist von den Eigenschaften und Verhaltensweisen die Rede, die die Bürger des besten Staates an den Tag legen sollten. Wie zu Beginn dieses Beitrags erwähnt, ist aufgrund der besonderen Überlieferung der argumentative Zusammenhang fast vollständig verloren gegangen. Die erhaltenen Zitate ermöglichen es aber immerhin, eine Sammlung oder Liste solcher Eigenschaften und Verhaltensweisen aufzustellen.

Empfohlen werden unter anderem: Selbstbeherrschung (*continentia*) beim Mann, Keuschheit (*pudicitia*) bei der Frau, eheliche Liebe (*amor coniugalis*), persönliche Zuneigung (*proprius affectus*), Respekt (*pietas*) vor dem Vater, Liebe zu den Kindern (*Rep.* IV, 5), Treue bzw. Zuverlässigkeit (*fides*), Anstand (*decus*) und Würde (*dignitas*) sowie Bescheidenheit (*frugalitas*) und Sparsamkeit (*parsimonia*) (IIIa, b). Wir erfahren, dass die Frauen keinen Wein trinken und dass Frauen mit schlechtem Ruf von ihren Verwandten nicht geküsst werden (IIIe). Abgelehnt werden dagegen: Bitten (*petere*) und Fordern (*procare*) (IIIe), Schmeichelei (*blanditia*), Prahlerei (*ostentatio*) und Liebedienerei (*ambitio*) sowie der Versuch, sich durch Bewirtung oder Trinkgelage die Hochschätzung der Menschen zu erkaufen (IIIa); außerdem das Verfassen entwürdigender Spottlieder oder Gedichte (*Rep.* IV, 12).

Im vorliegenden Kontext sind zwei Beobachtungen zu dieser Liste besonders interessant. Erstens haben fast alle hier gepriesenen Verhaltensweisen oder Eigenschaften etwas mit „Selbstbeschränkung" zu tun. Es geht darum, die eigenen Begierden zu kontrollieren und im Verhältnis zu den Mitmenschen gewisse Grenzen zu beachten (die Bürger des besten Staates streiten auch nicht wie Feinde; sie führen vielmehr eine Auseinandersetzung unter Wohlwollenden: IIIb). Die bezeichnende Ausnahme: In der Sorge um das Vaterland soll es keine solche Beschränkung geben (IIIa).

Insgesamt erinnert die Liste damit an die „vierte Tugend" aus dem ersten Buch von *De officiis* (so auch Powell 2012, 32–34), die der griechischen *sôphronsynê* (Besonnenheit) entsprechen soll und für die Beherrschung der Leidenschaften sowie das „rechte Maß" zuständig ist (*Off.* I, 93; Cicero spricht von *moderatio* und *temperantia*, später vom „Schicklichen" [*decorum*]; dazu Schofield 2012). Tatsächlich gibt eine Reihe auffälliger Parallelen zwischen der vierten Tugend und den in *Rep.* IV beschriebenen Verhaltensweisen. Dazu gehören die anthropologische Grundlage (*Off.* I, 96, 101–103), die Bedeutung der Scham (*verecundia*) (*Off.* I, 99), die Vorstellung, dass diese Tugend für die Regelung zwischenmenschlicher Beziehungen essentiell ist (*Off.* I, 98f.), sowie die These, dass der mit der Besonnenheit verbundene „Anstand" (*decus*) letztlich in allen Tugenden zum Tragen kommt (*Off.* I, 94): Auch der Gerechte folgt schließlich nicht seinen Leidenschaften.

Im vorliegenden Kontext können diese Gemeinsamkeiten nicht näher ausgeführt werden. Offensichtlich ist jedenfalls, dass unsere Liste zu *Rep.* IV das Gegenteil jener Eigenschaften und Verhaltensweisen markiert, die nach *Rep.* I und II zur Instabilität von Staaten führen. Die Menschen im besten Staat sind eben keine Nutzenmaximierer, die alles dafür tun, die eigenen Interessen durchzusetzen. Vielmehr besitzen sie jene „Verlässlichkeit in Zusagen und Übereinkünften" (*Off.* I, 23), jene *fides*, die die Grundlage echter Gerechtigkeit darstellt. Die Menschen im besten Staat sind völlig anders als die Menschen der Philus-Rede aus Buch III.

Zweitens deutet sich an, dass die empfohlenen Verhaltensweisen auf einer emotionalen Grundlage beruhen. Diese Grundlage liegt zum einen in familiären Bindungen, was wieder an das oben erwähnte Konzept der sozialen *oikeiôsis* denken lässt, nach der die Liebe der Eltern zu ihren Kindern die Keimzelle der Gerechtigkeit darstellt. Es ist nicht der wechselseitige Nutzen, es sind persönliche Bindungen, die die Gemeinschaft zusammenhalten. Zum anderen wird wiederholt die Rolle der *verecundia* betont, einer Tugend oder Emotion, die das Gefühl der Scham mit einer gewissen Zurückhaltung gegenüber den Mitmenschen verbindet (*Off.* I, 99) und die insgesamt darauf beruht, dass man seinen Platz im sozialen Gefüge kennt. Es scheint diese *verecundia* zu sein, die dafür sorgt, dass die genannten Grenzen im Umgang der Menschen miteinander beachtet werden. (Über die Funktion der *verecundia* für die Regulierung des Sozialverhaltens der römischen Oberschicht informiert Kaster 2005, Kap. 1; zum Verhältnis zwischen *verecundia* und stoischer „Scham" [*aidôs*], vgl. Zetzel 2001, 91.)

6.4.3 Maßnahmen

Die erhaltenen, spärlichen Hinweise zu den Maßnahmen und Einrichtungen, mit deren Hilfe das Leben der Menschen geregelt werden soll (v. a. in Abschnitt [II]), sind geprägt durch eine Kritik an der griechischen Erziehung im Allgemeinen und an Thesen aus Platons *Politeia* im Besonderen. Wie sieht diese Kritik aus?

Offensichtlich ist zunächst, dass Cicero alle Maßnahmen ablehnt, durch die ein Verhalten gefördert werden könnte, das dem in 6.4.2 genannten widerspricht. So äußert er sich zum Beispiel kritisch über die spartanische Erziehung, nach der die Jungen rauben und stehlen lernen (IIb); und er weist sowohl die Praxis, nackt zu trainieren, als auch die Erlaubnis sexueller Beziehungen unter Knaben zurück (*Rep.* IV, 4). Dahinter steht ganz offensichtlich die Befürchtung, dass eine solche Erziehung die Begierden, die eigentlich gezügelt werden sollen, stärken und dafür das so wichtige Schamgefühl schwächen (*Rep.* IV, 4; vgl. *Off.* I, 126–129, dort mit Bezug auf die Natur des Menschen). Mit Blick auf Platons *Politeia* kritisiert Cicero zum einen die Abschaffung des Privatbesitzes, die zwar erträglich, aber ungerecht sei (genau genommen steht sie Ciceros Auffassung der Gerechtigkeit sogar diametral entgegen: wer gerecht ist, achtet den Besitz des anderen; vgl. *Off.* I, 20 ff.). Zum anderen kritisiert er die Abschaffung der Familie, also den Gedanken einer Frauen- und Kindergemeinschaft. Gerade dieser Aspekt kann dabei helfen, das Bild des Gemeinwesens in Ciceros Staat noch etwas genauer auszumalen.

Bei Platon steht hinter der Maßnahme einer Frauen- und Kindergemeinschaft das Ziel, eine größtmögliche Einheit des Staates zu verwirklichen. Wenn die Wächter nicht mehr zwischen Verwandten und Fremden unterscheiden (können), so die Idee, dann werden sie nicht nur alle anderen *gleichermaßen* als Wächter ansehen, sie werden auch zu allen Wächtern jene Beziehungen haben, die man sonst zu Eltern, Geschwistern oder Kindern hat (Platon *Rep.* IV, 462e ff.).

Auch wenn Cicero ein ähnliches Ziel verfolgt (zu verhindern, dass persönliche Interessen den Bestand des Staates gefährden), lehnt er die Frauen- und Kindergemeinschaft ab. Anders als Platon hält er familiäre und soziale Differenzierungen für wichtig, was in Buch IV immer wieder zum Ausdruck kommt, so etwa im Lob der Ständeordnung (*Rep.* IV, 2), in der Kritik der Gleichberechtigung der Frau (*Rep.* IV, 5) sowie insgesamt in der Betonung der Bedeutung der Familie (vgl. *Rep.* IV, 3 zur Ablehnung einer staatlich geregelten Erziehung; IIIb zum staatlichen und häuslichen Frieden). Ein Grund, der in den Fragmenten zu Buch IV genannt wird, liegt in der bereits erwähnten emotionalen Bindung sowie in den Verhaltensweisen, die mit den unterschiedlichen familiären Beziehungen einhergehen (*Rep.* IV, 5). Eine solche Bindung kann es laut Cicero bei einer Frauen- und Kindergemeinschaft nicht geben. Cicero scheint demnach sowohl den Gedanken einer Einheit durch Vereinheitlichung als auch die psychologischen Annahmen, die Platons Maßnahmen zugrunde liegen, für falsch zu halten. Sein Ideal ist nicht das einer Nivellierung, sondern das eines angemessenen Verhaltens in unterschiedlichen sozialen Beziehungen. (Hier liegt der Vergleich zur Theorie der vier *personae* aus *De officiis* nahe. Nach dieser an den Stoiker Panaitios angelehnten Theorie richtet sich das angemessene Verhalten eines Menschen nach den vier „Rollen" [*personae*], die sein Leben bestimmen. Dies sind (i) die menschliche Natur, (ii) die individuellen Anlagen und Begabungen, (iii) die gesellschaftliche Position, in die man hineingeboren wird, sowie (iv) die selbstgesetzten Ziele; für differenzierte Beispiele, vgl. *Off.* I, 122 ff.; vgl. außerdem I, 149.)

Ein weiteres Merkmal der erhaltenen Textstücke liegt in dem Gedanken einer sozialen Kontrolle, die im Amt des Zensors (also des Aufsehers über die öffentliche Moral) institutionalisiert ist und deren Werkzeuge Ausgrenzung und Beschämung sind. Frauen mit schlechtem Ruf sollen, wie bereits erwähnt, von ihren Verwandten nicht geküsst werden (IIIe). Das Urteil des Zensors, zu dessen wichtigsten Maßnahmen der Ausschluss aus dem Senat gehörte (dazu Bleicken [7]1995, 65–67), bringt in erster Linie Beschämung (*rubor*) ein (IIIb). Diese Hinweise passen nicht nur gut zu den erwähnten emotionalen Grundlagen, sondern auch zu der Beobachtung, dass *instituta* und *mores* von Gesetzen unterschieden werden müssen, deren Autorität auf Strafandrohung beruht. (Allerdings stellt sich wieder die Frage, ob hier nicht einfach ein anderer „Sanktionstyp" eingeführt wird, dessen Wirkung auf ähnlichen psychologischen Mechanismen beruht.)

6.4.4 Komödie und Musik

Einige Passagen aus Buch IV befassen sich mit der Frage, was in Komödien erlaubt sein soll und welche Rolle Musik und Schauspiel im besten Staat spielen dürfen. Dies lässt an Platons Überlegungen zur *mousikê* als Erziehungsmittel sowie an seine Kritik der Dichtung denken. Es ist allerdings umstritten, ob diesen Themen in *Rep.* IV ein ähnliches Gewicht zukommt (skeptisch: Zetzel 2001, 89). Die erhaltenen Hinweise lassen sich in folgende Thesen zusammenfassen: (i) Anders als in Griechenland haben die Schauspieler in Rom, und damit wohl auch in der idealen *res publica*, keinen hohen sozialen Status. Die Ehre der übrigen Bürger wird ihnen vielmehr vorenthalten (*Rep.* IV, 10; vgl. IVb). (ii) Das Problem der Dichtkunst liegt darin, dass sie die Macht besitzt, Ängste und Begierden zu erwecken (*Rep.* IV, 9), was noch einmal an Ciceros Vorbehalte gegen die griechische Erziehung erinnert. Jede Art von Exzess soll offenbar vermieden werden. (Nach dem Urteil des Aristides Quintilianus kommt in Ciceros Kritik jedoch eine sehr verkürzte Auffassung von der erzieherischen Wirkung der Musik zum Ausdruck: *Rep.* IV, 14.) (iii) Die griechische Praxis, nach der Personen in den Komödien verspottet werden dürfen, ist abzulehnen, da sie sich im Fall ehrenwerter Personen nicht gehört und es im Fall unehrenwerter Personen nicht Aufgabe der Dichter, sondern von Zensoren, Amtspersonen und richterlichen Entscheidungen ist, diese zu tadeln (*Rep.* IV, 11).

6.5 Fazit

Trotz der spärlichen Überlieferung zu Buch IV sind einige Grundzüge der Lebensordnung in Ciceros bestem Staat deutlich geworden. Führen wir uns die wichtigsten Merkmale noch einmal kurz vor Augen! (i) In Abgrenzung zu Platons *Politeia* spricht sich Cicero gegen eine Nivellierung gesellschaftlicher Unterschiede durch die Abschaffung des Privateigentums und der Familie aus. Die Gesellschaft der *res publica* ist sozial differenziert. Familiäre Bindungen spielen eine entscheidende Rolle. (ii) Die Mitglieder des Gemeinwesens verhalten sich in den unterschiedlichen sozialen Beziehungen, die diese Gesellschaft mit sich bringt, richtig. Richtiges Verhalten bedeutet, verallgemeinert gesprochen, „Selbstbeschränkung". Es beinhaltet ein Wissen um die eigene Stellung im sozialen Gefüge. (iii) Damit bietet die Gesellschaft der *res publica* nicht nur das Gegenmodell zu den radikalen Nutzenmaximierern der Philus-Rede und erfüllt so die Voraussetzungen für das Bestehen echter Gerechtigkeit (vgl. oben, 6.3). Sie weist auch die Tugend der Besonnenheit auf, wie sie im ersten Buch von *De officiis* charakterisiert wird. Überhaupt scheint *De officiis* die wertvollste Quelle, um das in

Rep. IV umrissene Bild weiter auszumalen. (iv) In Bezug auf die Steuerung des Verhaltens der Bürger betonen die erhaltenen Fragmente die Rolle der Scham (*verecundia*) und die Bedeutung der natürlichen Bindungen der Zuneigung. Die wenigen in Buch IV erwähnten Maßnahmen betreffen die (nicht staatlich geregelte) Erziehung und das Zensoramt.

Außerdem sind wir nun in der Lage, einige Rückfragen an den Text zu stellen. Für ein genaueres Verständnis von Ciceros Konzeption dürfte die Klärung der folgenden Aspekte besonders hilfreich sein: (i) Wie in 6.2 erwähnt, sind die von Cicero vorgenommenen Abgrenzungen der unterschiedlichen Aufgaben und Herangehensweisen nicht völlig trennscharf. Man wüsste gerne noch genauer, wie sich die in *Rep.* IV behandelten Maßnahmen in ihrer Funktion und Wirkweise von der Etablierung einer gemischten Verfassung und geeigneter Gesetze unterscheiden. (ii) Während Cicero in Buch III die Tugend als eine Art Einsicht in das natürliche Gesetz bestimmt, betont er in Buch IV, wie wichtig es ist, die überlieferten Sitten zu kennen und sich in konkreten Situationen den jeweiligen Personen gegenüber richtig zu verhalten. In welcher Beziehung diese beiden Thesen zueinander stehen, wird aber nicht ganz deutlich. Welche Rolle spielt die Natur als Grundlage der Einrichtung eines besten Staates? (Vgl. zu diesem Problem generell Atkins 2013.) (iii) Schließlich wäre es wichtig zu wissen, welche Anforderungen genau an die Bürger des Gemeinwesens gerichtet werden. Auf der einen Seite sprechen die Definition der *res publica* sowie die Skepsis gegenüber einer auf bloßer Strafandrohung beruhenden Gesellschaftsordnung dafür, dass von den Bürgern mehr als Legalität verlangt wird. Sie müssen vielmehr auf die eine oder andere Weise gerecht *sein*. Auf der anderen Seite ist kaum anzunehmen, dass die *res publica* ohne Strafen auskommt. Welche Funktion kommt ihnen also genau zu? Und inwiefern stellt der Gedanke sozialer Ächtung eine grundsätzliche Alternative zu staatlichen Sanktionen dar? Nicht zuletzt muss es einen Spielraum geben, um das von der Gesellschaft insgesamt geforderte Verhalten von den Ansprüchen an den besten Staatsmann abzusetzen, von dem in Buch V die Rede ist. Leider ist die Überlieferung zum fünften Buch noch spärlicher als die zum vierten. Die überlieferten Fragmente machen aber deutlich, dass die Tugenden dort eine herausragende Rolle spielen. Die Bürger des besten Staates müssen bezüglich ihrer Psychologie also irgendwo zwischen den Nutzenmaximierern der Philus-Rede aus *Rep.* III und dem tugendhaften Staatsmann aus *Rep.* V stehen. Wo und wie sie dort genau zu verorten sind, ist aber alles andere als leicht zu sagen.

Literatur

Atkins, J.W. 2013: Cicero on Politics and the Limits of Reason. The Republic and Laws, Cambridge.
Bleicken, J. [7]1995: Die Verfassung der römischen Republik. Grundlagen und Entwicklung, München etc.
Büchner, K. 1984: M. Tullius Cicero: De Re Publica. Kommentar, Heidelberg.
Hahm, D.E. 1995: Polybius' applied political theory, in: A. Laks/M. Schofield (Hrsg), Justice and Generosity: Studies in Hellenistic Social and Political Philosophy, Cambridge, 7–47.
Kaster, R.A. 2005: Emotion, Restraint, and Community in Ancient Rome, Oxford.
Lindsay, W.M. 1901: Nonius Marcellus' Dictionary of Republican Latin, Oxford.
Pöschl, V. 1936: Römischer Staat und griechisches Staatsdenken bei Cicero. Untersuchungen zu Ciceros Schrift De re publica, Berlin.
Powell, J.G.F. 2012: Cicero's De Re Publica and the Virtues of the Statesman, in: W. Nicgorski (Hrsg.), Cicero's Practical Philosophy, Notre Dame, 14–42.
Schofield, M. 2012: The Fourth Virtue, in: W. Nicgorski (Hrsg.), Cicero's Practical Philosophy, Notre Dame, 43–57.
Sedley, D. 2007: Creationism and Its Critics in Antiquity, Berkeley.
Zetzel, J.E.G. 2001: Citizen and Commonwealth in De re publica Book 4, in: J.G.F. Powell/J.A. North (Hrsg.), Cicero's Republic, London, 83–97.

W. Schmidt-Biggemann
7 *De legibus* III

7.1 Der geschichtliche und verfassungsrechtliche Rahmen

Ciceros *De Legibus* bezieht sich, wie der Name sagt, auf die römische Rechtsordnung. Die Argumentation beginnt mit der naturrechtlichen Rahmung allen Rechts und geht über die Darstellung der religiösen Sitten und Rechte bis zur Skizze der Verfassung der römischen Republik. Zumal Ciceros Darstellungen des Sakral- und Verfassungsrechts können ohne die historischen Rahmenbedingungen, unter denen sie formuliert worden sind, nicht verstanden werden.

7.1.1 Umrisse der republikanischen Verfassung Roms

Es ist oft festgestellt worden, dass Cicero mit seiner politischen Theorie aus seiner Zeit fiel. Das stimmt gewiss, denn im Laufe seines gesamten Lebens wandelte sich die alte Römische Republik in einer ununterbrochenen Reihe von Kriegen und Bürgerkriegen zu einer militärgestützten Alleinherrschaft. Die Militärmachthaber waren Sulla, Pompeius, Caesar und Augustus. Ciceros republikanische Idealwelt war schon zu seinen Lebzeiten vorbei, wenn sie überhaupt je existiert hat. Aber Cicero hat selbst versucht, diese Welt der römischen Verfassung als Politiker beispielhaft mit Leben zu füllen – und im zähen Streit um die Geltung und Wirklichkeit der Verfassung ist er zerrieben worden und umgekommen.
Worin bestand die Struktur der Verfassung?
Es war eine gemischte Verfassung, die Elemente der Aristokratie, der Demokratie und der Monarchie verband. Die Entstehung dieser Mischverfassung ist wesentlich dem Kampf der Plebejer zu verdanken – das hat die römische Republik für alle Demokratien des Westens attraktiv gemacht, vor allem in der Amerikanischen und Französischen Revolution.

Die Hauptschritte der Verfassungsentwicklung: 510 v. Chr. angeblich Vertreibung der Könige, Zulassung der Plebejer zu politischen Ämtern, Eheschließung mit Patriziern, Schuldenstreichung, Beteiligung an der Verteilung des Staatslandes, Aufzeichnung der Gesetze. Die Plebejer erreichen: 494 Einsetzung von Volkstribunen, 451 Aufzeichnung des Zwölftafelgesetzes, 445 Erlaubnis des Connubiums (Einheirat von Plebejern in den Adel; die Mischgeschlechter zwischen Patriziern und Plebejern sind die „Nobiles", der untere Adel, aus dem auch Cicero stammt.) 366 ist der erste Konsul plebejischer Herkunft aufgezeichnet. Im Jahre 300 werden auch Plebejer zu den Priesterkollegien zugelassen (die sind ausgesprochen wichtig; wegen der Auguren und des Versammlungs- und Beschlussrechts).

Das demokratisch-plebejische Element steht in ständiger Spannung mit der aristokratisch strukturierten Verfassung. Die Staatsverwaltung bleibt nämlich trotz aller Plebejeraufstände Vorrecht der Nobilität.

7.1.2 Die verfassungsmäßigen Institutionen und Ämter

Cicero wird sie in Buch III von „De legibus" noch einmal vorstellen – aber er variiert die überkommene Verfassung. Deshalb seien hier die Ämter der republikanischen Verfassung knapp skizziert.

Die *Zenturienversammlung* (Comitia centuriata), die eigentliche souveräne Volksversammlung, war nach militärischen Einheiten geordnet. Es gab 193 Zenturien – 18 für Reiter, 175 fürs Fußvolk. Jede Zenturie wurde einer Vermögensklasse zugeordnet. Die 1. Klasse hatte 80 Zenturien, die Klassen 2–4 je 20 Zenturien, die 5. Klasse umfasste das arme, ungerüstete Volk, das ungefähr so viele Männer zählte wie die anderen vier Klassen zusammen. Jede Zenturie hatte eine Stimme. Die Zenturienversammlung, die wesentlich die Interessen der reichen Plebejer vertrat, wählte die Konsuln, die Zensoren und Praetoren, bestimmte über Krieg und Frieden und fällte Todesurteile.

Die *Tribusversammlung* (Comitia tributa, geordnet nach Tribus – lokalen Bezirken der Stadt und des Reichs; ursprünglich 20, später 35) wurde von Beamten, die Augurenrecht hatten, einberufen: Konsuln, Diktator, Prätoren. Sie wählte den Obersten Priester (Pontifex maximus). Jede Tribus hatte eine Stimme.

Der Senat (Optimaten, etwa 300–600 Mitglieder) erlässt, idealerweise gemeinsam mit der Volksversammlung, Gesetze und beschließt über den Krieg mit äußeren Mächten; er ernennt militärische Befehlshaber. Seine Beschlüsse sind bindend, sofern die Volksversammlung nicht dagegen spricht. Das Verhältnis von Volk und Senat bestimmt Cicero mit der Formel: Die Macht liegt beim Volk, die Autorität hat der Senat (*Leg.* III, 28 *Potestas in populo, auctoritas in senatu*).

Die *Leitungsämter* (Magistrat) der Republik sind nach dem Annuitäts- und Kollegialprinzip organisiert; sie werden in jedem Jahr neu mit mehreren Männern besetzt. Frauen spielen in dieser Verfassung keine Rolle.

Die Leitung der Republik obliegt zwei *Consuln*, sie werden auf ein Jahr gewählt, haben königliche Gewalt, sind Oberbefehlshaber des Heeres, haben die oberste Gerichtsbarkeit. Eine Wiederwahl ist erst nach 10 Jahren möglich. Einer von ihnen kann für ein halbes Jahr bei Staatsnotstand (Krieg oder Bürgerkrieg) Diktator sein.

Praetoren (bis zu achtzehn) sind Schützer des Zivilrechts und Schiedsrichter in Rechtsangelegenheiten. Sie sind nicht selbst Richter, sondern organisieren die Zivilprozesse.

Quaestoren (bis zu zwanzig) werden durchs Volk gewählt. Sie sind Verwalter der Steuern, zuständig für die ordnungsgemäße Kassen- und Flottenverwaltung.

Aedile (vier) verwalten die Tempelordnungen und die Getreideverteilung, sorgen für die öffentliche Sauberkeit (Kloaken) und organisieren die öffentlichen Spiele.

Zensoren (zwei) führen Listen der Wehrfähigen, definieren die Vermögensaufstellungen, überwachen die Lebensführung der Senatoren. Sie werden in der Regel auf fünf Jahre gewählt. Dieses Amt fällt mithin aus dem Annuitätsprinzip heraus. (Zensoren wurden seit Sulla nicht mehr gewählt.)

Die *Priester* führen die traditionell vorgeschriebenen Kulthandlungen aus. An der Spitze der Priesterschaft steht der *Pontifex maximus,* der von der Volksversammlung gewählt wird. Er verwaltet auch die Staatsarchive.

Auguren (Zeichen: Krummstab) sind für das gute Verhältnis der Götter zum Paterfamilias und zum Staat zuständig.

Die zehn *Volkstribune* vertreten ursprünglich die Interessen der Plebejer gegen den Senat; später werden sie eine eigenständige politische Institution, die zwischen Volksversammlung und Senat changiert.

7.1.3 Verfall der Republik und Bürgerkriege

Wesentlich für den Verfall der republikanischen Verfassungsautorität war die ständige Vergrößerung des römischen Herrschaftsgebietes.

Bis 282 waren alle Völker *Italiens,* ausgenommen die Gallier in der Poebene, unterworfen; ihr Gebiet wurde zwischen dem ersten und zweiten punischen Krieg 224/22 Teil der römischen Herrschaft.

Nordafrika und Spanien wurden in den drei punischen Kriegen unterworfen. (1. punischer Krieg 264–241 Erwerb Siziliens, Korsikas und Sardiniens. 2. punischer Krieg gegen Hannibal 218–201 vernichtet Karthagos Vormachtstellung im westlichen Mittelmeer, 3. punischer Krieg 149–146, Zerstörung Karthagos.)

Griechenland wurde in einer Serie von Kriegen zwischen 148 und 62 v. Chr. erobert. (148 wird Mazedonien römische Provinz, 146 werden Epirus und Griechenland angeschlossen, *Spanien* wird 133 römisch, 129 wird die Provinz *Asia* in Besitz genommen. Mithridates von Pontus bekämpft die römische Herrschaft in Asia in drei Kriegen: 88–85, 83–81, er wird schließlich 66–62 besiegt.)

Die republikanische Verfassung erwies sich als zunehmend ungeeignet, die neuen Erwerbungen zu verwalten. Vor allem war die Frage des Verhältnisses von militärischer und ziviler Macht heikel. Je größer die militärischen Erfolge waren, desto weniger konnten die Armeen aus römischen Ackerbürgern zusammengestellt werden. Der Heeresdienst machte eine regelmäßige Feldbestellung unmöglich; die Folge war, dass die Ackerbürger verarmten und die Landwirtschaft sich zunehmend auf Latifundien mit Sklavenwirtschaft verlagerte. Die verarmten Bauern zogen als Plebs in die Stadt. Die Brüder *Tiberius* und *Gajus Gracchus* versuchten zwischen 133–121, das Landproblem zu lösen, indem sie eine großzügige bäuerliche Siedlungspolitik und die Teilenteignung der Großgrundbesitzer vorschlugen – ihre Reformen scheiterten.

Entscheidend für den Geltungsverlust der Verfassung war der Bürgerkrieg, der aus der Rivalität von *Marius* (156–86), und *Sulla* (138–78) entstand. Beide waren Militärs. Marius, ein Vertreter der plebejischen Partei, hatte in einer Reihe von Kriegen (Jugurthinischer Krieg 111–105; Krieg gegen die Kimbern und Teutonen; entscheidende Schlacht 101) gesiegt. Er hatte das eroberte Land an die Soldaten und Plebejer verteilt und das Heer als Berufsheer reformiert. Das Heer war dadurch an einen Führer, nicht mehr an die Volksvertretung gebunden. Sulla, der unter Marius gedient hatte, aber Vertreter der Aristokraten (Optimaten) war, führte die ersten beiden Feldzüge gegen Mithridates siegreich zu Ende. Während der Optimat Sulla als Konsul im ersten Krieg gegen Mithridates stand, setzte der Volkstribun Publius Sulpicius Rufus einen Volksbeschluss durch, der den Plebejer Marius mit dem Kommando beauftragte. Sulla marschierte daraufhin an der Spitze des Heeres, das gegen Mithridates aufgestellt worden war, von Kampanien (Süditalien) nach Rom, eroberte es, verjagte und tötete seine Gegner; Marius konnte nach Afrika fliehen. Sulla zog anschließend gegen Mithridates; in dieser Zeit kommen Marius und die Marianer nach Rom zurück, übernehmen die Herrschaft und rächen sich in einem Schreckensregiment (unter dem Konsul Cinna) an den sullanischen Optimaten. Marius stirbt 86. Sulla kehrt 85 nach seinem ersten Sieg gegen Mithridates zurück. Den anschließenden Bürgerkrieg gegen die Marianer gewinnt Sulla; ab Ende 82 beginnt die sullanische Alleinherrschaft, die bis 70 dauert. Dann setzen die Konsuln des Jahres 70, Crassus und Pompeius, das Volkstribunat wieder in Kraft.

Mit dem Krieg der beiden Heerführer wird unübersehbar, dass die alte Verfassung ihre politische Gestaltungskraft verloren hat. Es folgt nun die Zeit der Triumvirate und der Aufstieg Caesars. *Pompeius* (106–48) schlägt 73–71 gemeinsam mit *Crassus* (115/114–53), den Sklavenaufstand nieder. Er beendet den Seeräuberkrieg (67) siegreich und unterwirft Mithridates in einem dritten Krieg (66–62) endgültig. Er ist zwar kein Anhänger der Militärdiktatur, aber er wird im Jahre 60 doch Mitglied des *ersten Triumvirats*, das sich aus *Caesar, Pompeius* und

Crassus zusammensetzt. Während der gemeinsamen Herrschaft verfeinden sich Pompeius und Caesar. Pompeius wird als Feldherr der Senatspartei von Caesar in der Schlacht bei Pharsalus (48) geschlagen und ermordet. In den Jahren 58–50 erobert Caesar Gallien, 49 überquert er den Rubicon und erobert mit seinem Heer den römischen Staat. Er verleiht allen Reichsangehörigen die römischen Bürgerrechte. Im März 44 wird er ermordet.

Im folgenden Jahr siegen die Feldherren des *2. Triumvirats Antonius, Octavian* (Augustus) und *Lepidus* bei Philippi gegen die Republikaner. Nach diesem Sieg wird Cicero als Vertreter der Republikaner ermordet.

7.2 Cicero (3. Jan. 106 – 7. Dez. 43)

Das ist die politische Situation, in der Cicero lebte – es war in gewissem Sinn ein anachronistisches Leben; er kämpfte zeitlebens einen literarischen und politischen Kampf um eine Republik, die es aufgrund der Macht und Größe Roms nicht mehr geben konnte.

Geboren in Arpinum wurde er in der Gedankenwelt des Scipionenkreises erzogen: die Scipionen waren Consuln und Feldherren in den punischen Kriegen, als die Republik noch verfassungsgemäß funktionierte. Von 90 an studierte Cicero Rhetorik und Rechtswissenschaft bei dem führenden Juristen Roms *Q. Mucius Scaevola*, dem Verfasser der ersten grundlegenden Darstellung des gesamten römischen Zivilrechts *(Libri XVIII iuris civilis)*.

Philosophie hörte er in Rom bei dem aus Athen geflohenen Neuakademiker *Philon von Larisa* und bei dem Stoiker *Diodot*, der ihn vermutlich mit den Lehren des *Panaitios* bekannt machte. So kommt die für Cicero charakteristische Kombination von erkenntnistheoretischer Skepsis und stoischer Ethik zustande.

Nach Sullas Sieg (81) hält Cicero die ersten öffentlichen Reden – seine Sprachbegabung ist eindrucksvoll. 78/77 reist er aus Gesundheitsgründen, aber auch, um den Gefahren des Bürgerkriegs zu entkommen, nach Griechenland. In Athen hört er *Antiochos von Askalon*, einen Akademiker, in Rhodos den bedeutenden Stoiker *Poseidonios*.

Nach der Rückkehr beginnt seine politische Karriere als Redner. Er greift in aufsehenerregenden Polemiken gegen seinen Rivalen *Hortensius* die Ausplünderung der Provinzen in Asien und Afrika an. Ciceros Ämterlaufbahn fängt im Jahr 69 an: Er wird Aedil – zuständig für Straßen- und Marktverkehr, Bäder und Bordelle sowie für die öffentlichen Spiele. Drei Jahre später wird er als Praetor verantwortlich für die Obergerichtsbarkeit in der Provinzverwaltung – es gab Pro-Praetoren für die Provinzen – wieder drei Jahre später, 63, wird er Consul; das Konsulat ist der Höhepunkt seiner Karriere. In den Jahren danach versucht er vergeblich, die alte republikanische Verfassung in Geltung zu halten und wehrt sich gegen Caesars Putschversuche, kann sich aber nicht durchsetzen.

Im *ersten Triumvirat* Caesars, Pompeius' und Crassus' setzt Cicero auf Pompeius, der den alten Senat wiederherstellen und die Herrschaft der *boni* ermöglichen soll. (*Leg.* I, 8; II, 6; III, 22,26) Er schätzt Caesars mangelnde Verfassungstreue offensichtlich richtig ein und wird je länger, desto entschiedener zum Gegner Caesars. Im Jahre 58 wird er verbannt, kehrt aber ein Jahr später triumphal zurück.

Mit der Erneuerung des *Triumvirats* Caesars, Pompeius', Crassus' wird Cicero politisch zunächst kaltgestellt. In dieser Zeit entwickelt er seinen ersten enzyklopädischen Wissenschaftsplan in den Schriften *De oratore* (55), *De republica* (54–51), *De legibus*. (52/51)

Im Jahr 52 kehrt er allmählich in die Politik zurück: er wird *Augur*. Von 51–49 ist er Gouverneur der asiatischen Provinz Kilikien – er verwaltet die Provinz offensichtlich musterhaft und besiegt die dortigen „Räuberbanden". Nach seiner Rückkehr nach Rom setzt er sich für den Frieden zwischen Pompeius und Caesar ein. Eine Vermittlung erweist sich als unmöglich; Cicero wird, sicherlich nicht zu Unrecht, von Caesar als Gegner seiner Alleinherrschaftspläne betrachtet. Im Januar 49 hatte Caesar den Rubicon überschritten.

Die folgenden Jahre sind für Cicero zunächst eine traurige, resignative Zeit; er lässt sich im Jahr 46 von seiner Gattin Terentia scheiden, ein Jahr später verliert er seine Tochter Tullia. Er kompensiert die persönliche Trauer und politische Bedeutungslosigkeit mit Schriftstellerei und verfasst seine bedeutendsten philosophischen Werke: *Hortensius* (45), *Academici Libri* (letzte Fassung 45), *De finibus bonorum et malorum* (45), *Tusculanae disputationes* (46) *De natura deorum* (45) *Cato maior de senectute* (45), *De officiis* (44).

Aber nach der Ermordung Caesars im März 44 entfaltet er noch einmal eine kometenhafte politische Aktivität zur Rettung der republikanischen Verfassung. Er scheitert, als sich Antonius, Octavian und Lepidus gegen die Senatspartei verbünden. Auf Drängen von Antonius wird Cicero geächtet und am 7. Dez. 43 von Antonius' Häschern ermordet.

7.3 De legibus

De Legibus ist die letzte der drei Schriften, die Cicero in der ersten Periode seiner politischen Kaltstellung von 55–52 geschrieben hat. Das Ziel dieser Schrift war, die Grundlagen einer erhofften Staatsreform zu legen. In *Leg.* I, 37 schreibt er: „Auf die Stärkung der Staaten, die Festigung des Rechts und das Wohl der Völker zielt unsere Rede ab". Das Werk ist nicht vollständig auf uns gekommen; das III. Buch ist unvollständig, die Bücher IV–VI sind verloren. Es ist bemerkenswert, dass

Cicero *De legibus*, anders als *De oratore* und *De republica,* in seinen folgenden Werken nicht erwähnt. Die plausibelste Erklärung dafür scheint zu sein, dass er *De legibus* unvollendet liegen ließ, weil er in die Politik zurückkehrte. Sein Nachlassverwalter Tiro hat sie dann nach Ciceros Tod ediert.

Das Werk ist in dem uns bekannten fragmentarischen Zustand immer bekannt gewesen – zuerst wurde es um 1470 gedruckt. Es dient oft als Kommentar zu *De officiis*.

Von *De legibus* sind Buch I zum Naturrecht, Buch II zum Sakralrecht und Buch III zum Staats – und Verfassungsrecht erhalten (Buch IV ist verloren, behandelte vor allem die Rechtsprechung).

Aus Buch V ein Zitat bei Makrobius (Fragment V). Das ganze Buch V behandelte vielleicht das Familienrecht.

Vielleicht gab es noch ein VI. Buch, sofern Cicero die Schrift, wie erwähnt, überhaupt vollendet hat, rechtssystematisch hätte es dann das Vermögensrecht behandeln müssen.

Um den Duktus auch des dritten Buches zu begreifen, werden zunächst die Bücher 1 und 2 stichwortartig vorgestellt.

7.3.1 Erstes Buch: Naturrecht

Der Ort des Gesprächs ist der Hain von Arpinum, Teilnehmer sind Marcus (Tullius Cicero selbst), sein Bruder Quintus und sein Freund Atticus.

Das einleitende *Gespräch* handelt über Dichtung, Geschichtsschreibung, Rhetorik, Jurisprudenz und Philosophie (*Leg.* I, 1–18). Cicero konzentriert sich auf das *ius civitatis*, das für ihn *ius universum* ist. Es geht ihm um den Ursprung der Gesetze und des Rechts. Er findet dieses erste Rechtsprinzip nicht im Edikt des Praetors und nicht im Zwölftafelgesetz, sondern im Wesen des Menschen (*Leg.* I, 16–17). Das ist griechisch-stoischer Einfluss und für Römer Neuland. Von der naturrechtlichen Grundlage aus will Cicero das *ius civitatis* und das *ius civile* behandeln (*Leg.* I, 17). Literarisch schließt er an Platons *Nomoi* an (*Leg.* I, 15).

Zunächst geht es um die anthropologische Grundlegung des Rechts durch Rückführung auf die Natur des Menschen (*Leg.* I, 18–34). Cicero will das Thema nach der Methode der älteren Philosophen behandeln. Etymologisch leitet er ab: Nomos von nemein, verteilen, weiden, und Lex von legere, auswählen, ius von iubere- wahrscheinlich aber davon, dass es vorgelesen werden sollte (*Leg.* I, 19). Insgesamt ist das Gesetz eine „Wirkung der Natur, es ist der Verstand und die Vernunft des Klugen, die Richtschnur für Recht und Unrecht." (*Leg.* I, 19) Dieses höchste Gesetz (lex) gab es, ehe ein Gesetz aufgeschrieben oder überhaupt ein Staat gegründet war.

Dieses höchste Gesetz ist in einer stoisch-theologischen Anthropologie begründet (*Leg.* I, 21–28). Cicero bestimmt den Menschen als „umsichtig, klug, vielseitig, scharfsinnig, erinnerungsfähig, voll Vernunft und Einsicht, ... mit einer ganz hervorragenden Ausstattung vom höchsten Gott geschaffen". Was gibt es Göttlicheres als die Vernunft? (*Leg.* I, 22) Die Vernunft ist das Gesetz, das den Menschen mit den Göttern verbindet. Insofern sind die Menschen mit den Göttern verwandt (*Leg.* I, 24); die Tugend im Menschen und in Gott ist die gleiche (*Leg.* I, 25). Selbst die Sinne des Menschen als Gehilfen und Boten sind Hilfsmittel und Ausdruck des göttlichen Geistes, wie man an der Sprache sieht. (*Leg.* I, 27)

Die Menschen werden als Gemeinschaft durch die gemeinsame Vernunft zusammengehalten (*Leg.* I, 28–34). Vernunft ist ein Gattungsmerkmal des Menschen; und sie umfasst das Rechtsgefühl. Ehrenhaftigkeit und Ruhm erwecken ähnliche Emotionen – aber auch Missbehagen, Freude und Begierde und Furcht sind bei allen Menschen dieselben. Daraus folgt, das wir dazu geschaffen sind, uns gegenseitig das Recht mitzuteilen (*Leg.* I, 33). Unsere Vernunft- und Tugendbegabung entspricht der Ordnung des Kosmos– Freundschaft ist deshalb eine natürliche Selbstverständlichkeit (*Leg.* I, 34).

Das Recht ist Teil dieser kosmischen Ordnung. Es hat deshalb von Natur eine innere Werthaftigkeit (*Leg.* I, 40–52). Ein nicht im Naturrecht begründeter Rechtspositivismus ist deshalb inakzeptabel (*Leg.* I, 40–44). Weder sind es allein positive Gesetze, die die Menschen zu rechtem Handeln nötigen, noch ist die Gerechtigkeit um *des Nutzens* (propter utilitatem) willen eingerichtet. Auch die Meinung der Meisten macht noch kein Recht. Cicero lehnt folglich einen ethischen Subjektivismus ab und betont gegen die „varietas opinionum" (*Leg.* I, 47) die natürliche Normativität des Guten. „*Ipsum enim bonum non est opinionibus, sed natura*" (*Leg.* I, 46). Entsprechend sind Recht und alles Gute um ihrer selbst willen zu erstreben und zu pflegen. Eine utilitaristisch-pragmatische Ethik ist folglich unbegründet (*Leg.* I, 48–52).

In einem Exkurs zum Schulstreit über das Problem des höchsten Gutes (*Leg.* I, 52–57) kommt Cicero schließlich zum Ergebnis: „ex natura vivere summum bonum est" (*Leg.* I, 56).

7.3.2 Zweites Buch: Sakralrecht

Nach einem einleitenden Landschafts- und Villenlob von Ciceros Heimat (germana patria, *Leg.* II, 3), wobei Cicero seinen Lieblings-Landsitz Tusculum

(*Leg.* II, 5) besonders hervorhebt, wird das göttliche Naturgesetz als Grundlage der geschriebenen Gesetze (*Leg.* II, 8–15) bestimmt. Den Namen Lex verdienen nur die Gesetze, die dieser Norm entsprechen – so bekommen sie „vim et sententiam iusti et veri" (*Leg.* II, 11); sie befolgen als gerechte „illam antiquissimam et rerum omnium principem expressam naturam" (*Leg.* II, 13).

In diesem naturrechtlichen Rahmen sieht Cicero die religiösen Grundlagen des Staats (*Leg.* II, 15–18): Es sei allgemeine Überzeugung „dominos esse omnium rerum ac moderatores deos". Diese Natürliche Theologie lasse sich aus der Ordnung des Kosmos erkennen. (Siehe auch das *Somnium Scipionis* aus *De re publica*)

Cicero stellt nun einzelne Religionsgesetze vor (*Leg.* II, 19–22): Da die Götter über allem walten, sollen die alten Familienbräuche der Götterverehrung gewahrt werden. Diese Achtung vor der sakralen Tradition gilt auch für die res publica. Also sollen die Feiertage friedlich eingehalten und der Kult unterschiedlicher Götter von besonders bestellten Priestern verwaltet werden. Es gibt unterschiedliche Klassen von Priestern: solche, die für Zeremonien und Opfer zuständig sind, Sprüchedeuter, Auguren und Vogelflugschauer. Für Verträge und Krieg und Frieden ist die Priesterklasse der Fetialen zuständig. Wunderzeichen und Missgeburten sind vor das Urteil der etruskischen Haruspicen zu stellen.

Überhaupt wachen die Priester über alle religiösen Gebräuche und Sitten: über nächtliche Opferfeiern und Mysterienbräuche (*Leg.* II, 34–37), wobei nächtliche Bacchanale verboten sind. Bei nächtlichen Opferfeiern sind Frauen ausgeschlossen. Die Priester entsühnen Sündige (*Leg.* II, 37). Für die Religion sind die öffentlichen Tugenden Pietas und Probitas gefordert (*Leg.* II, 25); deshalb sind Privatkulte verboten. Kulte konzentrieren sich um öffentliche Tempel und Heiligtümer. (*Leg.* II, 26–27). An öffentlichen Festtagen ist die Arbeit aus religiösen Erwägungen verboten – das gilt auch für die Sklaven.

Priester geben generell Auskunft über das Recht (*Leg.* II, 29–30). Die Auguren haben darüber hinaus eine besondere Rechtsstellung: Sie haben die Befugnis, die von der höchsten militärischen und zivilen Gewalt einberufenen Versammlungen aufzulösen und vergangene für ungültig zu erklären. (*Leg.* II, 31). Den Weissagungen wird großer Wert zugemessen, sie sollen die Übereinstimmung der Politik mit den Göttern garantieren (*Leg.* II, 32–34). Die Mantik kennt: Vogelflug, Eingeweideschau und andere Prodigien. Die Prodigien spielen zumal im Krieg eine Hauptrolle, deshalb wachen die Priester über Kriegsführung, Kriegsrecht und Vertragstreue (*Leg.* II, 34). Darüber hinaus organisieren die Priester öffentliche Belustigungen: Wagenrennen und Wettläufe, Faust- und Ringkämpfe im Zirkus, im Theater dagegen Gesang Saiten- und Flötenspiel (*Leg.* II, 38–41).

7.3.3 Drittes Buch: Staats- und Verfassungsrecht

Die **Staatsverfassung** (magistratus) ist für Cicero Teil des göttlich sanktionierten Naturrechts, wie es sich in der Tradition des römischen Staats entfaltet hat. Cicero stellt deshalb die Grundlagen des überkommenen römischen Verfassungsrechts dar. Sachlich enthält der Text gegenüber den alten Rechtsvorschriften wenig Neues – am ehesten ist er als der Versuch zu werten, die Verfassung angesichts ihrer offensichtlichen Wirkungslosigkeit erneut zu stärken. Ein großer Teil dieses Werks ist verloren – und/oder nie fertig gestellt worden. Es zeigt in dieser unfertigen Form aber, wie Cicero gearbeitet hat. Er hat zunächst die Haupttopoi seines Konzepts zusammengestellt – hier also die Liste der entscheidenden Staatsämter – und sie dann in Dialogform einzeln erklärt.

Das dritte Buch ist eine Darstellung der römischen Verfassung, wie Cicero sie sich vorstellt. Sie ist keineswegs utopisch, sondern durchaus auch an den historischen Gegebenheiten der krisengeschüttelten späten Römischen Republik orientiert. Die Diktatur Sullas und der Optimaten, gegen die Cicero keine entscheidenden Aversionen hat, stehen im Hintergrund; die Politik Caesars und des Triumvirats, die eher demokratisch-demagogisch funktionierte, ist die Gegenfolie. Vor allem spielen Ciceros eigene positive Amtserfahrungen von der Quästur bis zum Konsulat sowie das Trauma seiner einjährigen Verbannung eine wichtige Rolle. Insgesamt ist das Buch III, das, wie gesagt, wohl nicht zu Ende geschrieben wurde, weil Cicero zurück in die Politik ging, der Versuch, die alte Verfassung der römischen Republik, wie er sie für die Zeiten vor den Gracchischen Reformversuchen und den folgenden Bürgerkriegen idealisiert, auch für seine eigene Zeit noch einmal zu verwirklichen. Gerade weil Cicero den Staat als einen Rechtsstaat darstellt, der die Interessen der Aristokraten und des Volks ausgleicht, ist dieser Text in der abendländischen Tradition der „gemischten Verfassungen" und für das Zweikammersystem der parlamentarischen Demokratien wirksam geworden.

(*Leg.* III, 1) Den Anfang macht *Ciceros Lobrede auf Platon*, den unübertrefflichen, und auf seinen Freund Atticus, seine feine Bildung (elegantia) sowie die Verbindung von Würde (gravitas) und Freundlichkeit (humanitas), die er verkörpert.

(*Leg. III, 2–5):* Ciceros Ideal besteht in der Herrschaft der Gesetze; der Magistrat ist für die Gesetzgebung, die naturrechtlich sanktioniert sein muss, zuständig: „Das Wesen der staatlichen Obrigkeit (magistratus) besteht darin, dass sie die Führung innehat und das Rechte, Nützliche und mit den Gesetzen Übereinstimmende vorschreibt." In Ciceros Rechtsordnung haben die Gesetze die höchste Stellung, ihnen sind die Magistrate verpflichtet, der Magistrat steht seinerseits über dem Volk. Diese Ordnung, stellt er fest, entspreche dem Naturrecht. So sei garantiert, dass die Herrschaft von den Weisesten und Gerechtesten ausgeübt werde. Über die beste Staatsverfassung habe er in den 6 Büchern „De re publica" schon geschrieben, jetzt wolle er die Gesetze dieses Staates behandeln. Sein pragmatischer Ratschlag vorweg: Die Herrschenden sollten bedenken, dass sie, weil ihr Amt immer nur ein Jahr dauere, bald wieder die Gehorchenden würden. Umgekehrt sollten die Bürger der staatlichen Obrigkeit mit der nötigen Achtung begegnen (colere/diligere).

Cicero trägt nun seine Version der wichtigsten **Verfassungsgesetze** vor. Es handelt sich nicht um eine neue, quasi utopische Gesetzgebung, sondern Cicero präsentiert eine leicht variierte Zusammenstellung derjenigen alten Gesetze, die er in seiner res publica verwirklicht sehen will. (Vgl. oben den Abschnitt: Die verfassungsmäßigen Institutionen und Ämter) Er stellt die Gesetze in altertümlichen Formulierungen vor, die er aus seinem Studium kannte und die an der Sprache des Zwölftafelgesetzes orientiert sind. Cicero muss wohl die Hoffnung gehabt haben, dass er in Zeiten der krisengeschüttelten Republik mit seinen knappen Verfassungsbeschreibungen noch einmal die alte Autorität des Gesetzes wiederherstellen könne.

Die Gesetze, die der Magistrat erlässt, sollen angemessen/gerecht sein (iusta imperia sunto); die Bürger sollen ihnen gehorchen. Die Autorität des Magistrats ist bewehrt mit Geldstrafen, Gefängnis, Körperstrafen (Schlägen). Gegen die Urteile der einzelnen Amtsträger können gleichrangige Magistrate oder die Volksversammlung Einspruch erheben. Diese Regelung gilt nicht für das Militär; hier gibt es keine Berufungsmöglichkeit gegen den Befehlshaber.

Untergeordnete Beamte gibt es im Heer und bei der Zivilverwaltung. Im Heer sind es die Tribuni, von denen es je sechs in einer Legion gibt, bei der zivilen Obrigkeit sind es die Ämter der 4 Quaestoren, die die Staatsgelder verwalten, die Oberbeamten der Strafjustiz (triumviri capitales), die Aufseher über die Münze (triumviriri argento auro flando feriundo) und die 10 Schiedsrichter, die zivile Streitfälle schlichten (decemviri litibus iudicandis).

Darüber, wie die untergeordneten Beamten in ihre Ämter kommen und wie lange sie diese Ämter innehaben, sagt Cicero nichts.

Cicero behält grundsätzlich die Prinzipien der Annuität und der Kollegialität bei. Er bestimmt im Einzelnen folgende **Verfassungsämter:**

(*Leg*. III, 7) Die *Aedile* (konventionellerweise 4) sind in der Stadt zuständig (curatores urbis) für Getreideversorgung und Spiele; dieses Amt ist ein Sprungbrett für eine weitere politische Karriere.

Das Amt der zwei *Zensoren* ist wesentlich Standesaufsicht und Sittenkontrolle. Die Zensoren werden von Cicero deutlich aufgewertet; er erhoffte sich wohl von mächtigen Zensoren eine Wiederherstellung staatlicher Disziplin und Sittlichkeit. Sie werden, abweichend vom Annuitätsprinzip für fünf Jahre gewählt, sind für die Listen der waffenfähigen Männer, die Familien und ihre Nachkommen verantwortlich – Ehelosigkeit ist in Rom verboten. Die Zensoren teilen das Volk in Tribus ein, wachen über die Sitten des Volks und haben die Aufgabe, Übeltäter aus dem Senat zu entfernen.

Sie führen die Vermögensaufstellung der Familien. Sie überwachen die staatlichen Einnahmen, führen Aufsicht über die Tempel, Straßen, Wasserleitungen und die Staatskasse.

Sie sind für die Festsetzung der Stände zuständig, indem sie die Militäreinteilung in Reiter und Fußkämpfer festsetzen.

(*Leg.* III, 8) Die *Praetoren* sind unter einander gleichberechtigte Schiedsrichter in zivilen Rechtsangelegenheiten. Ihre Anzahl variiert und wird vom Senat festgesetzt.

Die entscheidende und höchste Position ist die der beiden *Consuln*. Ihre Amtszeit beträgt, wie die der anderen Ämter auch, ein Jahr. Das Mindestalter für dieses Amt ist 42 Jahre; Consuln können erst nach 10 Jahren wiedergewählt werden. Sie haben königliche Gewalt: Sie sind Oberbefehlshaber des Heeres, höchste Richter und entscheidungsbefugte Berater (consulere) der untergeordneten Ämter. Ihnen sind vor allem die Prätoren zugeordnet

(*Leg.* III, 9) Das **Recht zum Krieg** und das Recht im Krieg gehört zum Amt des Consuls, geht aber über das Konsulat hinaus. Im *Kriegsfalle* bestimmt der Senat einen der beiden Konsuln für sechs Monate zum Diktator (populi magister). Der Befehlshaber der Reiterei, der ihm zugeordnet ist, hat den Rang eines Praetors. Weitere Amtsträger mit höchster Entscheidungsbefugnis gibt es im Kriegsfalle nicht. Im Falle, dass weder Konsuln noch ein Diktator zur Verfügung stehen, soll die Volksversammlung – nach Maßgabe der Auspizien – ein vom Senat bestimmtes Mitglied des Senats zum Oberbefehlshaber wählen. Militärische Befehlshaber (Imperia), Zivilbehörden (Potestates) und Gesandtschaften (legationes) können auf Senatsbeschluss aus der Stadt verwiesen werden.

Dieser Beschluss ist deshalb nötig, weil sonst die jeweiligen Befehlshaber die Stadt militärisch einnehmen und die Herrschaft übernehmen können. Das war unter Sulla zum ersten Mal passiert und sollte sich unter Caesar wiederholen.

Kriege sollen gerecht geführt und die Bundesgenossen geschont werden. Die Heere sollen diszipliniert sein, den Ruhm des Volkes mehren und ruhmreich zurückkehren.

Mit den römischen Kriegserfolgen wurde die Verwaltung und Ausplünderung der eroberten Provinzen zum innenpolitischen Problem Roms. Senatoren reisten ohne ein explizites Mandat als Staatsvertreter in die Provinzen, erpressten Gelder und Kunstwerke mit Hilfe der dortigen römischen Besatzungen. In einem aufsehenerregenden Prozess gegen Verres hatte Cicero diese Praxis schon im Jahr 70 als junger Politiker bekämpft. Diesem verbreiteten Übelstand will Cicero mit dem Gesetz abhelfen: Keiner soll in eigener Angelegenheit Gesandter sein.

Zehn **Volkstribunen**, die selbst exemt (sancti) sind, vertreten das Recht des Volks; ihre von der Volksversammlung gebilligten Gesetze haben Rechtskraft. Die Besetzung dieser Ämter darf nicht ausgesetzt werden. (Diese letzte Vorschrift ist deshalb interessant, weil die Ämter der Volkstribunen während der Sulla-Diktatur nicht besetzt waren.)

(*Leg.* III, 10, 11) Der **Senat** ist für Cicero die zentrale Verfassungsinstanz. Die vorher aufgeführten Amtsträger sind während und nach ihrer Amtszeit Mitglieder des Senats. Ausgenommen sind die ehemaligen Quaestoren, die nicht automatisch Senatoren werden. Der Senat soll dadurch in der Anzahl übersichtlich bleiben und strikt optimatisch zusammengesetzt sein. Bei Sitzungen besteht Anwesenheitspflicht. Die Senatoren sollen unbescholten sein, vorbildlich leben sowie die Angelegenheiten des Volks kennen. Die Zensoren sollen die Lebensführung der Senatoren überprüfen.

Die Macht des Senats wird von der **Volksversammlung** ausbalanciert. – Cicero differenziert hier nicht zwischen den beiden unterschiedlichen, den tribalen und den centurialen Volksversammlungen, der Unterschied scheint nicht mehr bedeutsam zu sein. Er spricht nur vom Volk (Plebs). Die Beschlüsse des Senats, die von der Volksversammlung angefochten werden können, sollen protokolliert und archiviert werden. Der Senat hat das Recht auf Einblick in die Wahlergebnisse der Volksversammlung, die die Amtsträger wählt; die Volksversammlung ist aber selbst frei. Darüber hinaus kann die Versammlung Männer für in der Verfassung nicht vorgesehene außerordentliche Ämter bestimmen. Die zivilen und militärischen Amtsinhaber haben das Recht, mit dem Volk über die Kandidaten für das Konsulat zu verhandeln. Die Volkstribune ihrerseits vermitteln zwischen Volksversammlung und Senat und unterbreiten dem Volk die Senatsbeschlüsse. Bei Streitigkeiten in der Volksversammlung sollen die Wortführer von übergeordneten Instanzen (es sind wohl die Praetoren gemeint) zur Verantwortung gezogen werden.

Grundsätzlich gilt: Was mit dem Volk und was im Senat verhandelt wird, soll mit Maß (modica) geschehen. Bei Streitigkeiten zwischen Senat und Volksversammlung sollen nach der Befragung der Auspizien die Verhandlungsthemen festgelegt und öffentlich bekanntgemacht werden. Die Auguren haben das Recht, bei schlechten Auspizien die Versammlung aufzulösen. Es soll stets nur über einen Gegenstand beraten werden; die Beamten können das Volk dabei informieren.

Ausnahmegesetze (privilegia) sind nicht gestattet; Privilegia sind Gesetze, die nur für einen spezifischen Fall und nicht allgemein für alle Bürger gelten.

Todesurteile über römische Bürger bedürfen der Zustimmung der Volksversammlung, die dabei nach Zensusgruppen abstimmt. Senatoren und Volkstribune dürfen keine Geschenke annehmen, weder im Amt noch vor der Wahl – ein Wahlbestechungs- und allgemeines Korruptionsverbot, das nie eingehalten wurde.

Abschließend kommt Cicero noch einmal auf für ihn besonders wichtige Amt der **Zensoren** zurück. Sie sollen über ihre oben beschriebenen Aufgaben hinaus die Legitimität der Gesetze (fides legum), die in Senat und Volksversammlung ausgehandelt und beschlossen wurden, überwachen. Die Amtsinhaber, die nach Ende ihrer Amtszeit nicht länger exemt sind und wieder den Gesetzen unterstehen, sind den Zensoren rechenschaftspflichtig.

7.4 Diskussion von Ciceros halbrealistischer Wunsch-Verfassung

Die nun folgende Diskussion ist einerseits nur fragmentarisch überliefert. Andererseits ist sie gegen Ende wohl auch nur in Stichworten konzipiert worden; denn es wird die Dialogform aufgegeben und die Argumente sind nicht mehr ausgearbeitet.

7.4.1 Die ausgewogene Staatsverfassung

(*Leg*. III, 12–14) Der Dialog beginnt mit der Bemerkung, dass Cicero, der die Gesetze knapp resümiert habe, einige kleine Neuerungen eingefügt habe. Welche, wird nicht im Einzelnen diskutiert. Aber es sind diejenigen, die die Besonderheiten der zusammenbrechenden Republik betreffen und die er in seinen Beispielen ausführlich darlegt.

Cicero selbst bezieht sich bei der Würdigung der Verfassung auf den jüngeren Scipio Africanus, der auch im 6. Buch von *De re publica*, vor allem im *Somnium Scipionis*, eine Schlüsselrolle spielt. Scipio habe die *ausgewogene Staatsverfassung* (temperatio reipublicae) gelobt, die die Voraussetzung für die Wirkung großer Staatsmänner gewesen sei. Zur philosophischen Rechtfertigung dieser Verfassung zeigt Cicero seine Gelehrsamkeit in einer Art name-dropping. Er erwähnt Plato und dessen Schüler Herakleides von Pontos, Aristoteles und dessen Schüler Dikaiarchos und Theophrast; außerdem die Stoiker Diogenes und besonders Panaitios, bei dem er, Cicero, selbst studiert hatte. Vor allem aber lobt er Demetrius von Phaleron, der Ciceros Ideal des gebildeten Politikers entspricht, weil er, anders als die meisten Gelehrten, sowohl in der Wissenschaft als auch in der Politik Außerordentliches geleistet habe.

(*Leg.* III, 15) Nachdem er mit dieser Philosophenliste seine Bildung demonstriert hat und darüber hinaus seinen Freund Atticus sagen lässt, dass er, Cicero, auch in die Reihe der philosophisch gebildeten Politiker gehöre, beginnt die Diskussion, die zunächst die Ausgewogenheit der Verfassung zum Gegenstand hat. Cicero selbst resümiert die römische Verfassungsgeschichte: Zunächst sei Rom lange eine Monarchie gewesen. Die Herrschaft der Konsuln sei im Prinzip von der eines Königs nicht unterschieden, weil die Konsuln die Staatsbeamten einsetzten; deshalb habe man, als die Herrschaft missbraucht worden sei, wie in Sparta dem König die Ephoren, in Rom den Konsuln die Volkstribunen entgegengesetzt. Diese Institution, die die Macht der Konsuln einschränke, sei dem Interesse der Bürger dienlich und insgesamt eine weise und maßvolle Beschränkung.

Der vorliegende Text hat nun eine Lücke. Vielleicht wurde in diesem Stück die besondere Rolle des Konsulats und die Militärgesetzgebung diskutiert, die später nicht mehr ausgiebig behandelt werden.

(*Leg.* III, 18) Der überlieferte Text beginnt wieder mit dem Abschluss der Diskussion um das *Kriegsrecht:* Die Soldaten sollten ruhmvoll nach Hause zurückkehren; sie sollten rechtschaffene Männer sowohl von den Feinden als auch von den Bundesgenossen mitbringen. – Die Argumentation zielt, abgesehen davon, dass sie stillschweigend voraussetzt, dass die Römer ihre Kriege gewinnen, auch auf die Frage nach der gerechten Verwaltung der Provinzen, die anschließend verhandelt wird.

Die knappe Formulierung, *keiner dürfe in eigenen Angelegenheiten Gesandter sein*, betrifft einen Missbrauch in der Provinzverwaltung. Cicero beschwert sich hier darüber, dass Senatoren ohne Senatsbeschluss in die von ihnen vorher verwalteten Provinzen reisen und Gelder eintreiben. Das vorliegende Gesetz, das er, Cicero im Senat eingebracht habe, sei aber wegen des Einspruchs eines Volkstribuns – der Name ist nicht überliefert – nur in abgeschwächter Form verabschiedet worden. Jetzt sei gestattet, dass sie noch ein Jahr nach der Rückkehr nach Rom in die Provinzen zurückreisen dürften. Aber dieses gegen seinen Willen verabschiedete Gesetz sei unzureichend.

(*Leg.* III, 19–26) Das folgende Gespräch zwischen Cicero und seinem Bruder Quintus ist für Ciceros Verfassungs- und Staatsverständnis zentral: Es geht um *die Macht der Volkstribunen.* Wenn Cicero auch eingangs sagt, dass das Gesetz, das die Amtsgewalt der Volkstribune für unverletzlich erklärte, nicht diskussionsbedürftig sei, so straft die Länge der Diskussion diese Aussage Lügen. Quintus führt als Verteidiger der Optimatenherrschaft eine lange historische Beispielreihe von Volkstribunen auf, die die Stabilität der Republik entschieden bedroht hätten. C. Curatius habe die Konsuln Decimus Brutus und P. Scipio (im Jahr 138 v. Chr.) ins Gefängnis werfen lassen. Vor allem kritisiert er die beiden Brüder Tiberius und Caius Gracchus, die mit ihren Reformvorstellungen innere Streitigkeiten in den Staat gebracht hätten, sowie auf die Mitstreiter des Marius, die Volkstribunen Lucius Appuleius Saturninus und Publius Sulpicius Rufus. Dass sich Ciceros Gegner Clodius, ein Patrizier, von einem Plebejer adoptieren ließ, um Cicero in die Verbannung zu schicken, ist Quintus eine lange Anspielung wert. Der Name Clodius wird natürlich nicht genannt.

Ciceros Verbannung lag, als er den vorliegenden Text schrieb, zwar schon einige Jahre zurück, aber sie bedrückte ihn offensichtlich als Trauma, denn er wiederholt die Klage über ihre Ungerechtigkeit mehrfach. Um Ciceros Auslassungen zu verstehen, muss man sich seine Situation im Jahr 52 vorstellen. Gerade war Clodius, sein Gegner, im Streit mit Titus Annius Milo getötet worden. Publius Clodius Pulcher (92–52) war ein Enfant terrible in der römischen Politik. Von vielen Affären begleitet, hatte er sich im Jahre nach seiner Quaestur in Sizilien unter tätiger Mithilfe Caesars, der gerade Pontifex maximus war, von einem 20jährigen Plebejer adoptieren lassen, um Volkstribun zu werden. Er trat sein Amt im Dezember 59 an und gewann die Volksgunst, indem er einmal im Monat Getreide gratis an das Volk austeilen ließ. Als Volkstribun verbannte er im Jahre 58 seinen Kritiker Cicero, ließ dessen Haus auf dem Palatin abbrennen und sein Vermögen konfiszieren. Ein Jahr später beschloss der Senat gegen den erbitterten Widerstand des Clodius die Rückkehr Ciceros. Seit 56 störte Clodius nun mit bewaffneten Banden die öffentliche Ruhe, sein Gegner war Milo, der seine Leibwache ebenfalls bewaffnet hatte. Bei den Bandenkriegen zwischen den beiden wurde Clodius im Jahre 52 erschlagen. Cicero steht bei der Abfassung von De legibus noch unter dem frischen Eindruck dieser Geschehnisse.

Volkstribunen sind für Cicero mithin eine politisch riskante Instanz. Er lässt seinen Bruder Quintus Sullas Gesetz aus dem Jahre 81 verteidigen, das den Volkstribunen überhaupt untersagte, selbständig Gesetzesvorschläge in der Volksversammlung zu machen. Außerdem wurde ihnen damals die Möglichkeit, zu höheren Staatsämtern aufzusteigen, genommen. Die Wiederherstellung der vollen Tribunatsgewalt begann im Jahre 75 und wurde unter dem Konsulat des Pompeius im Jahre 70 vollendet. Pompeius wird wegen dieser Reform deshalb von Quintus mild getadelt.

Cicero verteidigt das Amt der Volkstribune nun wortreich gegen seinen Bruder. Sein Hauptargument: die Volkstribune kanalisierten die sonst ungezügelte Gewalt des Volkes und trügen so erheblich zur Stabilität des Staates bei. Und mindestens einer von den 10 Amtskollegen sei ja wohl vernünftig. Sein Beispiel ist der Kollege und politische Gegenspieler des Volkstribuns Tiberius Gracchus, Marcus Octavius, der im Jahr 133 v. Chr. die Agrarreform blockierte und dann aus dem Amt gedrängt wurde. Cicero stellt die Institution der Volkstribunen als eine besondere Leistung der Vorfahren dar, die im Jahre 494 mit der Schaffung dieses Amtes einen Volksaufstand sediert hätten (Vgl. Livius II, 33). Insgesamt habe sich dieses Amt bewährt, trotz der Gracchischen Revolutionen.

Cicero kommt hier noch einmal auf die Geschichte seiner Verbannung zurück, Clodius habe nicht die Volksversammlung gegen ihn aufgehetzt, wie das C. Gracchus im Jahr 123 bei der Verbannung von Publius Popillus Laenas oder Saturninus bei der Verbannung des Metellus gemacht habe. Quintus Caecilius Metellus Numidicus wollte sich nicht durch Eid zur Beachtung des Ackergesetzes des Lucius Appuleius Saturninus verpflichten und musste deshalb im Jahr 100 ins Exil gehen. Seine, Ciceros, Verbannung sei hingegen ungesetzlich gewesen, deshalb habe er seinerseits auch nicht freiwillig ins Exil gehen, und sich auch nicht, wie viele Athenische Philosophen, von einem undankbaren Staat verabschieden müssen.

Gegen Quintus argumentiert er, man müsse die Rolle des Pompeius bei der Zurücknahme der Sullaschen Entmachtung der Volkstribune unter dem Gesichtspunkt der längerfristigen Stabilität des Staates sehen. Aber er kann anscheinend weder Quintus noch Atticus überzeugen.

7.4.2 Die Rolle des Senats im Staat

(*Leg.* III, 27–32.) Der Senat und die Amtsträger, aus denen er besteht, sind das Herz der ciceronianischen Verfassung. Deshalb verbindet Cicero hier Fragen der Verfahrensordnung mit moralischen Ansprüchen. Zunächst stellt er fest, dass nach seinen Vorschlägen alle Amtsträger das Recht auf die Auslegung der Auspizien haben und dass sie in ihren Angelegenheiten Richter sind. Auspiziendeutung ist ein frommes Amt – es ist ein Teil römischer Pietas. Das Recht auf die Auspizienauslegung ist auch deshalb wichtig, weil nur bei guten Auspizien Volksversammlungen einberufen werden dürfen – der Augur hat deshalb eine erhebliche Macht.

Die Amtsträger, die den Senat bilden, werden von der Volksversammlung gewählt; sie unterliegen im Bezug auf ihre Wahl nicht der Aufsicht der Zensoren. – Diese Ausschaltung der Zensoren widerspricht der besonderen Bedeutung, die

Cicero in seiner Verfassungsskizze den Zensoren gegeben hatte. Die Ausschaltung der Zensoren wird hier als Konzilianz gegenüber der Volksversammlung gedeutet.

Der Senat ist die befehlende Instanz: „Eius decreta rata sunto". Sein Verhältnis zur Volksversammlung fasst Cicero in die Formel: Potestas in populo, auctoritas in senatu. Dadurch werde ein ausgewogenes und harmonisches Machtverhältnis im Staat erreicht.

Die Frage nach den moralischen Anforderungen an die Amtsinhaber und Senatoren ist ein heikler Punkt; aber Cicero besteht auf der Moralität der Amtsinhaber. Den Einwand, dass für die Beurteilung der sittlichen Lebensführung der Senatoren die Zensoren zuständig seien, aber eine solche Sittenkontrolle praktisch undurchführbar sei, nimmt Cicero durchaus ernst – und er weicht aus: Eine solche sittlich vorbildliche Lebensführung bei den Senatoren sei Zukunftsmusik. Aber es sei eben eine Tatsache, dass eine sittlich verdorbene Führung den Staat zerstöre und eine tugendhafte den Staat bessere. Allerdings führt er nur das schlechte Beispiel des Lucullus an, der mit seinem Reichtum protze. Platos Idee einer musischen Volkserziehung lehnt er ab, für die positive Rolle tugendhafter Eliten verweist er auf eigene frühere Bücher, gemeint sind *De oratore* und *De re publica*.

7.4.3 Abstimmungen

(*Leg.* III, 33–39) Die Rolle der Volksversammlung als des höchsten gesetzgebenden Organs ist sowohl bei der Frage der Volkstribune als auch in der Geschäftsordnung der Abstimmungen präzisionsbedürftig. Cicero kann hier ebensowenig wie bei der besonderen Rolle der Zensoren zu einer eindeutigen Meinung kommen. Zwar betont er gleich zu Beginn, er stimme mit seinem Bruder in der Ansicht überein, dass offene mündliche Abstimmungen die beste Form der Wahl seien. Sein Hauptargument: solange das Volk frei sei und über alles offen diskutiert werden könne, sei die offene Abstimmung sinnvoll. Sobald sich aber das Volk unterdrückt gefühlt habe, seien die geheimen Abstimmungen aufgekommen; und das sei das Ende des beherrschenden Einflusses der Optimaten gewesen. Es ist offensichtlich, dass beide, Cicero selbst und sein sullanischer Bruder Quintus ein Interesse daran haben, die Optimatenherrschaft zu stabilisieren, ohne jedoch die Rolle der Volksversammlung soweit zurückzudrängen, wie das unter Sulla der Fall war. Quintus, der zunächst Wortführer ist, führt vier Gesetze an, die sämtlich die geheime Wahl betreffen – und er scheint alle diese Gesetze für staatsschädigend (im Sinne der Optimaten) zu halten; gleichwohl scheint er der Meinung zu sein, sie seien vernünftig: Das gabinische Gesetz, 139 von dem Volkstribunen Gabinus eingebracht, betrifft die Übertragung von Staatsämtern – Näheres ist nicht bekannt. Das Cassische Gesetz, 137 vom Volkstribun Lucius Cassius Longinus Ravilla eingebracht, betrifft die Volksurteile, die von den Optimaten nicht kassiert werden dürfen. Das Gesetz des Carbo über Annahme und Ablehnung von Gesetzesvorschlägen ist die lex Papiria, vom Volkstribun Gaius Papirius Carbo 131 eingebracht, nach der sich die Volksversammlung die letzte, unanfechtbare Entscheidung über Gesetze vorbehält. Die Lex Coelia, wurde 107 vom Volkstribun Gaius Coelius Caldus eingebracht, um den C. Popillius nach der Niederlage des römischen Heeres gegen die Tiguriner zu verurteilen. Dieses Gesetz schrieb bei Hochverratsprozessen die Abstimmung durch Stimmtäfelchen vor. Schließlich wird auch noch Ciceros Großvater angeführt, der in Arpinum die geheime Abstimmung eingeführt habe – ein Sturm im Wasserglas, gegen die die Einführung dieses Wahlmodus in Rom durch seinen Sohn Marius ein Sturm im Ägäischen Meer gewesen sei.

Alle diese Fälle werden zwar als Belege dafür genommen, dass das Volk im Konfliktfall sehr wohl die geheime Wahl vorzieht; dennoch soll Cicero selbst auf Wunsch der beiden anderen Gesprächspartner die beste Lösung präsentieren. Cicero begründet abschließend kurz seinen Vorschlag. Die geheime Wahl werde für Amtserschleichung durch Stimmenkauf missbraucht. Die Formulierung „Die Optimaten sollen Einblick in die Wählerstimmen haben, das Volk aber soll frei wählen", solle genau diesen Missbrauch verhindern.

7.4.4 Die angemessene Kommunikation von Senat, Amtsträgern und Volk

Ab jetzt ist der Dialogstil aufgelöst; der Text besteht in knappen Argumenten, und wenn überhaupt noch Argumente ausgeführt sind, ist Cicero der Redner – das zeigt erneut, dass der Dialog nicht vollendet, mindestens aber nicht endgültig durchgearbeitet worden ist.

(*Leg.* III, 40 – 43) Grundsätzlich gilt das „ausgezeichnete (praeclara)" Gesetz: Was mit dem Volk und was im Senat verhandelt wird, soll mit Maß geschehen. Ciceros Problem sind wieder die Volkstribune, die das Volk aufwiegeln können. Bei Verhandlungen im Senat hält Cicero diese Gefahr für gering. Seine Regeln und Anforderungen für Senatoren: Anwesenheit bei den Sitzungen, Kürze der Reden, sofern nicht Ausnahmen nötig sind. Welche Ausnahmen Cicero genau meint, erklärt er nicht. Der Senator muss Kenntnis der Angelegenheiten des Volkes haben, d. h. er muss im Einzelnen Kompetenz in zivilen und militärischen, historischen, juristischen, innen- und außenpolitischen Fragen besitzen.

Das Verbot von Gewaltanwendung in der Gesetzgebung ist nicht nur ein moralischer Apell. Es ist vielmehr konkret formuliert, um diejenigen Amtsträger und Senatoren zu schützen, die das Recht haben, Gesetze durch Einspruch (Veto) zu verhindern. Als Beispiel dient das Gesetz, das Crassus eingebracht habe, als der Konsul Claudius Pulcher im Jahre 92 einen Konflikt mit dem Volkstribun Cn. Papirius Carbo hatte. Gegen den Willen des Konsuls, der das Recht habe, die Volksversammlung aufzulösen, könne diese Versammlung keine Beschlüsse fassen. Hier sei es zu Aufruhr gekommen; in einem solchen Falle verliere der Volkstribun seine Immunität.

7.4.5 Stichwort-Entwürfe

Die weiteren Kommentare sind nur noch stichpunkthaft: Der gute Politiker und Bürger erhebt gegen schlechte Gesetze Einspruch [quis iudicabit?]; der gute Augur bedenkt, dass er sich bei wichtigen Entscheidungen zur Verfügung halten muss, um die Götter zu befragen.

Die beiden folgenden Gesetze, die aus dem XII Tafel-Gesetz stammen (vgl. Cicero, Pro Sestio 65; De domo 43; De re publica II, 61) betreffen die Ausnahmegesetze sowie die Verhängung der Todesstrafe für römische Bürger, die Cicero nur in der größten Volksversammlung zulassen will.

Ausnahmegesetze, d. h. Privilegien beträfen nur eine Person – das Argument zielt einmal auf die notwendige Allgemeinheit der Gesetze, zum andern natürlich auf Ciceros Verbannung, die durch ein Privilegium zustande gekommen sei. Privilegien seien ungerecht, weil Gesetze für alle gelten und allen bekannt sein müssten. Anträge für Einzelpersonen seien ursprünglich Angelegenheit der Zenturiatskomitien. Diese Versammlungen seien nicht nach Tribus, sondern nach Steueraufkommen, Stand und Alter zusammengerufen worden; sie seien berechenbarer. Das Gesetz über seine Verbannung, klagt Cicero, habe Clodius mit der Gewalt von „Sklavenbanden" durchgesetzt. Es sei nicht rechtmäßig zustande gekommen, und deshalb sei auch eigentlich das Gesetz, das seine Rückkehr ermöglichte, nicht nötig gewesen.

III, 46 Zum Gesetz über *Bestechung* gibt es wieder nur eine kurze Stichworte-Notiz. Cicero scheint sich keine Illusionen darüber gemacht zu haben, dass die Bestechungsgesetze wirkungslos waren. Aber er fordert mindestens, dass die Strafen den Verbrechen angemessen sein sollen; und sie seien „magis iudiciis quam verbis sanciendae" eher durch Gerichtsurteile als durch Worte durchzusetzen. Gewalttätigkeit solle mit dem Tod, Raffgier mit Geldstrafe, Ämtergier mit Schande bestraft werden. – Was das heißt und wie das aussehen soll, ist nicht erläutert.

(*Leg.* III, 46,47) Zum Schluss seines Gesetzeskommentars stellt Cicero noch einmal die Bedeutung der – faktisch längst abgeschafften – *Zensoren* heraus. Er schärft den Zensoren, die für ihn die wesentlichen innenpolitischen Wächter sind, ihre Archivaufgaben ein. Nach griechischem Beispiel sollen sie die Gesetze aufschreiben und für den Gesetzgeber zur Verfügung halten, außerdem sollten sie die Rechtfertigungsberichte der Amtsträger einfordern und aufbewahren. Die juristische Beurteilung dieser Dokumente sei nicht ihre Aufgabe.

Der erhaltene letzte Abschnitt von *De legibus* sollte wohl zu Fragen der Rechtsprechung überleiten. Aber der folgende Text ist wohl nie geschrieben worden.

Ernst A. Schmidt

8 Das *Somnium Scipionis* im Kontext des dritten Bücherpaares (*De re publica* V und VI)

8.1 Einleitung

Der Traum des jüngeren Scipio, des Staatsmannes, in dessen Landhaus und unter dessen Führung der Dialog über das Gemeinwesen sich an drei Tagen der Latinischen Ferien des Jahres 129 v.Chr. entfaltet, bildet den Abschluss der Staatsschrift und zugleich den des dritten Bücherpaares, das dem besten Staatsmann gilt. Als Schluss- und Höhepunkt des Werkes ist das *Somnium* in Verbindung mit dem Dialog im Ganzen und insbes. den Themen des dritten Tages auszulegen. In dem von Scipio (so auch im folgenden in der Regel für den jüngeren Scipio) erzählten Traum enthüllt ihm sein Großvater, Scipio Africanus maior (hier nun meist „Africanus"), das Schicksal der unsterblichen Seele, den Lohn für gerechtes staatsmännisches Handeln und die Nichtigkeit des Ruhms.

Dass das *Somnium* die Staatsschrift abschloss, ist durch Macrobius (*Commentarii in Somnium Scipionis* I, 1,8) gesichert. Er spricht auch das allgemein anerkannte Urteil aus, Cicero ‚imitiere' die abschließende Erzählung der *Politeia*, den Bericht des Pamphyliers Er über die Zeit seines Scheintodes im Jenseits. Dabei impliziert er, dass *De re publica* insgesamt *Politeia*-Imitation sei; denn er bemerkt, bei der Traumerzählung sei der Anschluss besonders eng. Nach dem Zeugnis des älteren Plinius hat Cicero sich selbst, nach Max Pohlenz in der Vorrede, als Gefolgsmann Platons bekannt (ed. Ziegler, p. 1,5–11: fr. 1b; ed. Powell, p. 368: test. gen. 17).

Das *Somnium* ist anders als die übrige Staatsschrift überliefert. Es ist bereits im 4. Jh. abgetrennt und als eigenes Werk tradiert worden; über hundert Codices bis 1200 sind erhalten (ed. Powell, S. xxiii sq.). Es ist weiter in Ausschnitten bewahrt, nämlich als die Lemmata des bereits erwähnten *Somnium*-Kommentars des Neuplatonikers Ambrosius Theodosius Macrobius (Anfang 5. Jh.), sowie wiederum vollständig als Anhang zu einer Reihe von Codices dieser Schrift überliefert. Als eines der meistgelesenen und wirkungsmächtigsten antiken Werke ist dieser Kommentar ein Grundtext des mittelalterlichen Weltbildes (vgl. C.S. Lewis 1964). Der heutige Leser muss sich vergegenwärtigen, dass das *Somnium Scipionis* bis zu Angelo Mais Entdeckung des Palimpsests „das einzige bedeutende, aber unschätzbare Bruchstück dieses großen Werkes" war, „dessen Verlust nicht genug zu bedauern ist", wie Christoph Martin Wieland 1808 zu Ciceros Brief *ad Quintum fratrem* 3,5, ein Jahrzehnt vor jenem Fund (1819), noch anzumerken hatte.

Das Thema des dritten Gesprächstags, der Staatsmann, ist nochmals in der Weise unterteilt, dass Buch V dessen Aufgaben und Qualifikationen und daher auch seiner Erziehung, das sechste dem Staatsmann in einer Staatskrise gilt. Die Überleitung zum Thema der beiden letzten Bücher leistet ein Vers des Ennius, der das alte Rom auf alte Sitten und Männer gegründet sah. Da die ‚Sitten' die *instituta* der Vorfahren miteinschließen, ist auf das Vorangegangene verwiesen, und mit den ‚Männern' ist das Schlussthema angedeutet. Die Darstellung der Erziehung, Qualifikation und Aufgaben des guten Politikers im Kontext der Sitten und Einrichtungen des Gemeinwesens gibt ein Idealporträt Scipios. Die akute Staatskrise (vgl. das Vorgespräch) wird in Buch VI wieder Gegenstand der Unterredung, nicht erst mit Laelius' Klage über das Fehlen von Denkmälern für Nasica als Lohn für ‚Tyrannenmord', sondern zuvor schon mit Stichworten wie „Zwist der Bürger" (*dissensio, seditio*) und „Begierden". Bereits in *Rep.* I ‚33 war angedeutet worden, nach der Behandlung des besten Zustands des Staates solle sich die Untersuchung „den augenblicklichen Fragen" zuwenden und die Probleme klären, „die uns jetzt bedrängen". In einem Fragment heißt es, „dieser Bürger" (*sc.* der Staatslenker) „muss sich [...] so wappnen, dass er gegen diese Kräfte, welche die Verfassung des Staates erschüttern, stets gerüstet ist" (ed. Ziegler, p. 122,13–15; ed. Powell, p. 132,3–5; von Albrecht, S. 255). Buch VI wird daher die gracchische Revolution im Rahmen der Theorie der Änderungen der Staatsformen erklärt haben (Pöschl 1936, S. 85; vgl. *Rep.* I, 65 und II, 48). Die von der Krise ausgelöste Betrachtung des besten Staates und das Bild, das Buch V vom besten Staatsmann und seiner Orientierung an den Zielen gibt (Büchner 1984, S. 427), wurde nun pragmatisch zusammengeführt, indem das letzte Buch darlegte, wie der beste Staatsmann die Krise des Staates mit dem besten Staat als Ziel überwindet. So wie im Vorgespräch das Urteil des Laelius, ein Teil des gespaltenen Senats verhindere, dass der einzige dazu fähige Mann dieser so gefährlichen Situation zu Hilfe komme (*Rep.* I, 31f.), dem Gespräch die Wendung gibt, die zur Bitte an Scipio führt, den besten Zustand des Staates darzulegen, so löst in Buch VI seine Klage die Traumerzählung Scipios aus.

8.2 Charakter des Traums

Scipio kam, wie er zu berichten beginnt, im Jahr 149 v.Chr., zwanzig Jahre vor dem Zeitpunkt der Erzählung, als Militärtribun der vierten Legion zu (dem unter den Zuhörern anwesenden) Manlius Manilius Nepos, der als Consul in diesem Jahr der römische Heerführer im Dritten Punischen Krieg war, und suchte sogleich den numidischen König Masinissa auf, einen großen Freund seiner Familie. Das vom Gastgeber bestimmte Gespräch kreiste ausschließlich um den älteren Scipio und zog sich bis tief in die Nacht.

Von der Reise erschöpft und spät zu Bett gekommen, schläft der Gast tiefer als gewöhnlich. Da zeigt sich ihm im Traum Africanus. Aber noch bevor der Erzähler eben das berichtet, unterbricht er sich nach den ersten beiden Worten mit der Parenthese: „ich glaube, als Nachklang dessen, was wir geredet hatten; geschieht es doch wohl gewöhnlich, dass unsere Gespräche und Gedanken im Schlaf etwas Ähnliches hervorbringen, wie es Ennius von Homer berichtet, über den er offensichtlich, wenn er wach war, sehr oft nachzudenken und zu reden pflegte". Scipio erklärt zum Trauminhalt, ein Zusammenhang zwischen Gedanken oder Worten des wachen Lebens und dem Träumen entspreche allgemeiner Erfahrung und habe daher psychologisch nahe gelegen.

Er beruft sich zusätzlich auf das Proömium der *Annales* des nicht nur von Cicero bewunderten, sondern auch in der Familie der Scipionen verehrten Ennius; dieses ist für Cicero die eigentliche Anregung gewesen (Görgemanns 2013, S. 207–212). Im Traum des Epikers kam Homer zu ihm, belehrte ihn über die „Natur der Dinge", auch über die Unterwelt, aus der sein Schatten emporgestiegen war, und enthüllte ihm, seine, Homers, Seele sei in ihn, Ennius, übergegangen. Nach Görgemanns hat „Ennius seinen Traum als Wiedergabe dessen erklärt, was er sich durch Studium angeeignet hatte". Analoges gilt für den Träumer Scipio: Im Gespräch mit Masinissa kommt „das ins Spiel, was Scipios Leben bestimmt; der Großvater ist für ihn das große Vorbild, und er ist dabei, sein politisches Erbe anzutreten." Scipio, von Kindheit an in den Fußstapfen von Vater und Großvater (*Rep.* VI, 26), ist, am Anfang des Dritten Punischen Krieges, gerade nach Africa gekommen, dorthin, wo Africanus, ein halbes Jahrhundert zuvor, im Zweiten Punischen Krieg Karthago besiegt hatte. Es geht um die „Beziehung auf eine Vorbildgestalt": Ennius schickte sich an, ein Epos zu schreiben, dem Archegeten dieser Dichtungsform zu folgen und so der neue Homer zu werden; der jüngere Scipio tritt, als künftiger Africanus, die Nachfolge des älteren an. „Natürlich schließt das nicht aus, dass er (*sc.* Cicero) auch den sachlichen Inhalt der Traumoffenbarung aus einem eigenen Wissen des Träumenden herleiten will. Seine Traumeinleitung führt […] den Traum als eine Selbstdarstellung des jüngeren Scipio ein" (Görgemanns 2013, S. 213).

Die psychologische Traumerklärung, dass man im Schlaf Gedanken und Gespräche hervorbringe, die sich an das anschließen, worüber man kürzlich gesprochen habe, gilt nicht allein für den Zeitpunkt, an dem der Traum geträumt wurde, die Nacht in Cirta 149 v.Chr., und im Blick auf Africanus, sondern gerade auch für die Abendstunde, zu der jetzt der Traum erzählt wird: Der Erzähler knüpft an die Gespräche der drei Tage an, insbes. an die im Vorgespräch von ihm geäußerten Überzeugungen von der Geringfügigkeit der menschlichen Angelegenheiten und dem winzigen Teil der Oikumene, den der römische Herrschaftsbereich ausmacht, oder an die Vorstellung der Harmonie in Kosmos und Staat. Der Traum von 149 entspricht der geistigen und seelischen Verfassung des Traumerzählers von 129 v. Chr.

Nun kann der einleitende Satz der Traumerzählung, mit Überspringen der Parenthese, zitiert werden: „[...] da erschien mir [...] Africanus in der Gestalt, die mir von seinem Bildnis her vertrauter war als aus eigener Anschauung". Der 185/ 184 v. Chr. geborene jüngere Scipio war höchstens in seinem zweiten Lebensjahr, als der ältere Scipio starb (183 v. Chr.), oder gar noch ein Säugling von wenigen Monaten. Er hatte zudem Africanus nie gesehen: Der erst als Knabe und also nach dessen Tod adoptierte Sohn des Aemilius Paullus ist wohl frühestens nach der Adoption im Haus des Adoptivgroßvaters aufgewachsen. So hat sich Cicero entweder geirrt, oder der Komparativ („*eher* vom Bild her *als* von ihm selbst bekannt") ist urbane Ausdrucksweise für ‚nur vom Bild, nicht von ihm selbst her bekannt'. Die Funktion der Bemerkung ist deutlich. Wenn die Traumgestalt aussah wie das Ahnenbild, dann ist sie die Reproduktion allein der im Innern des Träumers von einem Abbild her bewahrten Vorstellung: der Traum ist ein „Erzeugnis des Träumenden selbst" (Görgemanns 2013, S. 209). Auch Ennius kann Homer nur daran erkannt haben, dass er wie Homer aussah, d. h. wie die Bildnisse Homers. Die Totenmaske des Africanus kannten auch die Zuhörer. Africanus sprach im Traum zwar auch als Großvater; das geschah aber im Sinn der in der Familientradition bestehenden politischen Verpflichtung des Enkels gegenüber einer öffentlich-politischen Autorität.

Scipio der Jüngere, der bedeutendste Staatsmann seiner Zeit, wird von Scipio dem Älteren, dem größten Staatsmann um die Wende vom 3. zum 2. Jh., über den Lohn gerechter Staatslenker belehrt. Africanus, mit dem der Träumer nun auf einem hohen und strahlenden, mit Sternen erfüllten Ort steht, der Milchstraße, zeigt auf Karthago, das, von ihm einst unterworfen, nun wieder nicht Ruhe gebe. Scipio, jetzt „noch fast einfacher Soldat" (*Rep.* VI, 11 – als Militärtribun [VI, 9] immerhin Legionskommandeur), werde es nach Ablauf von zwei Jahren als Consul zerstören und sich den ererbten Beinamen Africanus auch selbst erwerben. Es folgt die Prophezeiung der daran anschließenden Erfolge und Ämter bis zum zweiten Konsulat, zur Zerstörung von Numantia und zum zweiten Triumph (132 v. Chr.). Bei diesem werde er den Staat in Verwirrung durch die Pläne „meines Enkels" (*sc.* Tiberius Gracchus, Sohn der Tochter Cornelia) vorfinden.

Mit diesen Ereignissen ist die politische Biographie Scipios nah an die Gegenwart des Staatsdialogs herangekommen (129 v. Chr.). Die gegenwärtige Zukunft des Traumerzählers wird nun in anderer Weise prophezeit als die vergangene Zukunft. Cicero lässt den Africanus einen sich nach zwei Seiten hin wendenden

Weg des Geschicks erkennen. Dabei nimmt er in Kauf, dass der Traum des Jahres 149 die Gegenwart des Jahres 129 als kategorial trennende Grenze zwischen faktischer Vergangenheit/Geschichte und offener Zukunft berücksichtigt, dieses Datum verstanden als die (fiktive) Gegenwart der Gespräche über das Gemeinwesen und gerade auch als der Zeitpunkt der Erzählung des Traums. So ergab sich notwendig, dass Scipio sich über seinen Traum nun zum ersten Mal öffnet. Denn in der Form, in welcher die Prophezeiung sein Leben darstellt, konnte der Traum vor dem Jahr 129 gar nicht erzählt werden. Die Übergangsstelle zur Zukunft hin hätte im Jahr des Traums gar nicht so positioniert werden können. Der fiktive Traum konnte so nicht geträumt werden und ist de facto zuerst ein Rückblick auf zwanzig Jahre mit der Eindeutigkeit tatsächlich geschehener Taten und dann der Ausblick auf eine Zukunft, für die aus dem bisherigen Leben allein der Aufruf zu staatsmännischem Handeln in gefährlicher Situation kommt. Die Prophezeiung bezeichnet mit einem Bedingungssatz („sofern du den ruchlosen Händen deiner Verwandten entgehst", Rep. VI, 12) die Offenheit der Zukunft. Scipio wird entweder, zum *dictator* ernannt, handeln können oder sterben. Für Ciceros Leser ist der Bedingungssatz die Prophezeiung von Scipios Tod, für dessen Zuhörer ein Moment des Erschreckens, für ihn selbst die Vorahnung seines nahen Todes.

Dass sich die Prophezeiung des Jahres 149 am Jahr 129 orientiert, wird auch an Scipios demnächst zu erreichendem Alter deutlich, der Zeit, da mit acht mal sieben Jahren die Schicksalssumme erfüllt sein werde. Wenn man die Begründung der Sphärenharmonie (*Rep.* VI, 18) – acht Sphären, der äußerste Himmel und die sieben Planetenhimmel, bringen sieben Töne hervor – auf die *summa fatalis* von Scipios Alter übertragen darf, würde das bedeuten, dass er bzw. seine Seele dann die volle Harmonie des Kosmos erreicht hat, was wiederum einerseits mit der Eintracht im Staat, die Laelius in *Rep.* II, 69 mit der Harmonie in der Musik vergleicht, andererseits mit dem Ort der Seele auf dem höchsten Himmel nach dem Tod in Verbindung gebracht werden kann. Die Multiplikation der beiden als ‚voll' betrachteten Zahlen deutet offenbar die Erfüllung und Vollendung von Scipios Leben und damit primär dessen Vollkommenheit und nur sekundär seinen bevorstehenden Tod an.

Auf die Worte „den ruchlosen Händen der Nächsten entkommen" folgt eine der anmutigsten und hintergründigsten Stellen der antiken Literatur. Laelius entfährt ein Ausruf, die andern stöhnen heftig, worauf Scipio „sanft lächelnd" (*leniter* [Powell liest „leviter" mit ω] *arridens*) sagt: „St! Weckt mich bitte nicht aus meinem Schlaf auf und hört noch ein Weilchen das Weitere!" Die Erzählung des Traums, nach zwanzig Jahren zum ersten Mal, ist ihm eine an Wiederholung des Traumerlebnisses grenzende Vergegenwärtigung; er ist gerade im Wiedererleben des Traumes ganz in der Gegenwart. Der Traum deutet die Gegenwart. Mit den Worten „sanft lächelnd" erinnert Cicero an einen Passus im *Phaidon*: γελάσας [...]

ἡσυχῇ (*Phaed.* 115c5), an das Lächeln des Sokrates, mit dem er auf die Frage Kritons: „Auf welche Weise sollen wir dich bestatten?" reagiert und, die andern ansehend, sagt: „Diesen Kriton, ihr Männer, überzeuge ich nicht, dass ich dieser Sokrates bin, der jetzt mit euch redet [...], sondern er glaubt, ich sei jener, den er nun bald tot sehen wird", während er, Sokrates, doch „eine große Rede darüber gehalten habe, daß [...] (er) fortgehen werde zu irgendwelchen Herrlichkeiten der Seligen [...]." Lasst mich träumen, sagt Scipio, lasst mich das träumen, was Sokrates wusste oder glauben wollte als ein schönes Wagnis und eine große Hoffnung! (vgl. *Phaed.* 114d6. c8). „Halte fest: Nicht du bist sterblich, sondern dein Körper; denn du bist nicht der, den deine Gestalt anzeigt", sagt Africanus im Traum (*Rep.* VI, 26), nahezu in Übersetzung der Worte des Sokrates. Die Gegenwart des Spätwinters 129 v.Chr., auf die Cicero die Traumfiktion ausgerichtet hat, verbindet die Krise des Gemeinwesens als Forderung an das Handeln des Staatsmannes und die Phaidonsituation des bevorstehenden Todes in ihrer Ewigkeitserwartung. Weckt mich nicht auf ..., d. h. lasst mich weiter träumen. In der Tat: Der Traum, den Scipio erzählt, konnte so nicht vor zwanzig Jahren geträumt werden, nicht während der zwanzig Jahre (wie Scipio ja den Traum in dieser Zeit niemals erzählt hat), sondern nur jetzt, da in der gegenwärtigen Krise des Staates das große und erfolgreiche Handeln des Staatsmanns in der Vergangenheit und die ihn verpflichtende Familientradition sein Handeln fordern und Todesahnungen ihn bewegen. Cicero verrät hier gleichsam seine Konstruktion.

8.3 Kommentierende Nachzeichnung des Texts (von *Rep.* VI, 13 an)

„Aber damit du, mein Africanus, dich noch freudiger dem Schutz des Staates widmest, sollst du von Folgendem überzeugt sein: Allen, die das Vaterland gerettet, ihm geholfen, es groß gemacht haben, ist ein bestimmter Ort im Himmel vorbehalten, an dem sie als Selige ein ewiges Leben genießen" (*Rep.* VI, 13). Damit ‚antwortet' die (vergangene) Traumerscheinung auf den (gegenwärtigen) Anlass für dessen Erzählung. Diesen kennen wir aus dem Referat des Macrobius: Laelius' Klage, dass dem Scipio Nasica keine öffentlichen Statuen zum Dank für die Ermordung des Tiberius Gracchus errichtet worden seien. Denn Scipio habe geantwortet: „Aber obwohl für die Weisen allein schon das Bewusstsein hervorragender Taten der herrlichste Lohn für ihre Tugend ist, so ersehnt doch jene göttliche Tugend weder Statuen, die mit Blei verklammert sind, noch Triumphe, deren Lorbeeren vertrocknen, sondern Belohnungen dauerhafterer Art, die frischer grünen." Auf Laelius' Frage, worum es sich dabei handle, habe Scipio seinen

Traum erzählt und auf diese Weise gelehrt, dass die haltbareren und grünenderen Belohnungsarten eben die seien, die er im Himmel als für die guten Staatenlenker aufbewahrt gesehen habe (Macr. 1,4,2).

Africanus erklärt diesen Lohn ewiger Seligkeit: Dem Weltlenker Gott, also jenem höchsten Gott, „der die ganze Welt regiert" (*Rep.* VI, 13) – wohl der Fixsternhimmel, „der Himmelskreis, der äußerste, der alle übrigen einschließt", „der oberste Gott, der die übrigen in Schranken hält und umfasst" (*Rep.* VI, 17) –, sei „von allem, was auf Erden geschieht, nichts willkommener als Verbindungen und Gemeinschaften von Menschen, die durch Recht geeint sind." Damit orientiert sich der 149 v.Chr. geträumte Africanus an der Staatsdefinition, die der Traumerzähler vor zwei Tagen (*Rep.* I, 39) gegeben hatte. Die „Lenker und Erhalter (dieser ‚Rechtsstaaten', Büchner 1984, S. 459) kommen von hier und kehren dorthin zurück" (*Rep.* VI, 13). So dass sie also, so der Träumer, leben? Vielmehr, so die Antwort, diese leben, aus den Fesseln des Körpers wie aus einem Kerker ausgeflogen, während euer sogenanntes Leben Tod ist. Die Vorstellung und ihre Form (Alliteration; Oxymoron) hat Cicero aus Platons *Phaidon* und *Gorgias* (Körper – Kerker; *corpus – carcer*; *sôma – sêma*; *vita = mors*). „Warum schaust du nicht deinen Vater Paulus an, der gerade zu dir kommt?" Der Sohn vergießt Tränen, der Vater umarmt und küsst ihn und wehrt ihm das Weinen.

Scipio fragt: „Warum beeile ich mich nicht, hierher zu euch zu kommen?", wenn doch sie es seien, die wahrhaft lebten. Paulus: Die Befreiung aus der Körperhaft muss vom Gott geschenkt werden. Die Menschen sind unter dem Gesetz erzeugt, dass sie die Kugel dort in der Mitte dieses Tempels, die Erde, verwalten und regieren. Ihnen ist eine Seele gegeben aus jenen ewigen Feuern, die ihr Gestirne und Sterne nennt, runden Kugeln, die, mit göttlichem Geist beseelt, Kreise und Ringbahnen in wunderbarer Schnelligkeit durchlaufen. Daher muss deine Seele in der Haft des Körpers bleiben, um die vom Gott zugewiesene „menschliche Aufgabe" zu erfüllen. Wie Vater und Großvater solle er Gerechtigkeit und Frömmigkeit üben, besonders gegenüber dem Vaterland. Solch ein Leben sei der Weg in den Himmel, eben hierher, wo Africanus und er lebten. Die kleine, den Menschen zur Verwaltung übergebene Kugel, die Erde, bildet immerhin das Zentrum dieses Gotteshauses, wie es schon allgemein naturphilosophische Anschauung der Griechen gewesen war, und sie ist Wesen anempfohlen, deren Seele ewiges Sternfeuer ist, also göttliches Geistesfeuer (*divinus ignis ingenii*; vgl. von Albrecht, S. 165: Vorrede zu Buch III; ed. Ziegler, p. 82,6; ed. Powell, p. 91,9).

Es ist die Leistung des Traums, die körperlosen Geister auf der Milchstraße mit wiedererkennbaren Gesichtern und Gestalten auszustatten und ihnen (im Gegensatz zu den Hadesschatten der Epen) sogar die für eine Umarmung ausreichende dreidimensionale Kompaktheit zu verleihen. Der an seiner Gestalt (*forma, imago*) als Africanus zu erkennende Geist des Africanus kann sogar lehren, das eigentliche Ich sei der Geist, nicht die körperliche Gestalt (*forma, figura*). Auch die Position auf der äußersten Himmelssphäre, der Grenze des Kosmos gegenüber dem Nichts (vgl. Macr. 1,17,10: „kein Ort außerhalb" nach Plotin, *enn.* 2,2,1: „hinter sich kein Ort"), ist traumartig bearbeitet: Der Traum weiß nichts davon, dass der Träumer und seine Gesprächspartner mit dem Rücken zum Nichts stehen. Vor allem aber macht der Traum es möglich, das Schicksal der unkörperlichen Seele als Leben im realen Raum der sonst von Körpern, wie z. B. Sternen, bewohnten Welt vorzustellen. Damit wird hier der sichtbare und erhabene, der bewundernden Schau und der Wissenschaft zugängliche Kosmos auf seiner äußersten Sphäre (wie der Kreis der Tierzeichen so verläuft auch der Gürtel der Milchstraße auf der Fixsternkugel) ein eschatologischer Ort. Dieser Ort leuchtet in hellstem Glanz, und alles, was Scipio betrachtet, ist strahlend-hell und wunderbar. Traumerfahrung ist auch, dass Scipio die Himmelsklänge hört, denn natürlich sind auch seine Ohren taub für die Sphärenharmonie.

Er schaut die Wunder: die unerwartet großen Planeten, deren letzter und kleinster, nah an den Ländern der Erde mit fremdem Licht leuchtet. Die Erde erscheint ihm so klein (vgl. Arist., *Meteorologica* 1,3,339b8f. 340a6f.), dass ihn das römische Reich enttäuscht, „das auf ihr gerade noch einen Punkt einnimmt." Hier und in 6,20 berührt sich der Traum eng mit Scipios eigenen Worten im Vorgespräch (*Rep.* I, 26 und 28). Mit dem Weltteil verglichen, den Sokrates im *Phaidon* (109a9–b3) als den von uns bewohnten bezeichnet, wo rund um das Mittelmeer die Menschen wie Ameisen und Frösche um eine Pfütze leben, d. h. mit Europa, einem Teil der Oikumene ([Arist.], *De mundo* 1,3,393 a16, b18.23–26), ist das Imperium Romanum im Jahr 149 nochmals wesentlich kleiner. Africanus lenkt, die Enttäuschung Scipios aufnehmend, dessen Blick auf den Himmelsraum, in dem neun Kreise bzw. Kugeln alles verbinden. Der himmlische äußerste umfasst alle andern; er ist der höchste, alle einschließende Gott, und an ihn sind die ewigen Umläufe der Sterne geheftet. Unter diesem Fixsternhimmel kreisen im Gegensinn zu ihm sieben Sphären mit göttlichen Bewohnern. Die abschließend als neunte genannte Erde bildet die Mitte des Himmels; sie ist unbewegt (also ohne Sphäre) und, vom Beobachter auf dem höchsten Himmel (wie von jedem Punkt auf der Fixsternsphäre) aus betrachtet, die unterste Kugel.

Unterhalb des sich im untersten Kreis drehenden Mondes ist alles sterblich und hinfällig, außer den Seelen, dem Geschenk der Götter an das Menschengeschlecht; oberhalb ist alles ewig. Dieser Satz ist eine Kurzformel für das Ganze. Alles unter dem Mond, alles Irdische, alles auf der Erde (nicht aber die Erde selbst) ist sterblich – außer der Menschenseele. Da oberhalb des Mondes alles ewig ist, gehört die Seele dorthin; sie kommt dorther, und ihr Weg in die ewige Welt ist eine Rückkehr. Für den Mond als die Grenze zwischen dem Ewigen und dem Vergänglichen, worin das Mittelalter Cicero (und Macrobius) folgte, sind die Grundtexte die aristotelischen Werke *De caelo* und *Meteorologica*. Die Erde ist bei Cicero unbeweglich (*Rep.* VI, 18: „die Erde bleibt unbewegt, haftet stets an ein und demselben Ort") wie in *De caelo* und *De mundo*. Der Zweiteilung der Welt in einen ewigen göttlichen und einen vergänglichen menschlichen Bereich entspricht der Mensch als ein aus vergänglichem Körper und unsterblicher und göttlicher Seele bestehendes Wesen. Auf der Erde zu Hause, verbindet seine ewige Seele ihn doch mit dem oberen Kosmos. Zur Erde „streben alle Gewichte" aus natürlicher Neigung (*Rep.* VI, 17). Diese ‚Schwerkraft' bezieht sich nicht auf die Himmelskörper, die als Feuer und Geist kein Gewicht besitzen, sondern auf alles Irdische und analog wohl auch auf die Erde selbst. Weil sie rings von allen Seiten zum Weltmittelpunkt strebt, verharrt sie fest in der Mitte des Kosmos. Die aristotelisch-peripatetische Kosmologie ist die Grundlage für die Ewigkeitserwartung des Träumers.

Scipio nimmt mit den beiden geistigsten Sinnen, Auge und Ohr, die Schönheit der Himmel wahr, zuerst die Körper in der leuchtenden Helligkeit des Ätherraums und dann in *Rep.* VI, 18 und 19 die Sphärenharmonie, welche die Bewegung der acht Himmelskugeln, des Fixsternhimmels und der sieben Planetensphären, erzeugt (vgl. den Er-Mythos in Plato, *Rep.* 616c4–617b7). Im Unterschied zu Platon, der acht Töne annimmt, rechnet Cicero mit sieben Tönen, indem er zwei Sphären dieselbe ‚Kraft' zuweist, dem Fixsternhimmel und der Mondsphäre, deren Töne, der höchste und der tiefste, der gleiche um eine Oktave getrennte Ton sind (so die heute meist angenommene Erklärung). Der Abschnitt steht sowohl mit Scipios Alter im Jahr 129, der Schicksalssumme acht mal sieben, in Beziehung als auch mit der Eintracht im Staat in *Rep.* II, 69, die dort mit der einträchtigen musikalischen Harmonie (*concentus* wie in *Rep.* VI, 18) verglichen wird. Die Eintracht ist „das festeste und beste Band der Unversehrtheit in jeglichem Staat", im Kontext des zweiten Buches ein unüberhörbarer Hinweis auf die von der Mischverfassung garantierte Dauer eines Staates. Diesem Band der Unversehrtheit im Gemeinwesen entspricht im Zusammenhang der Sphärenharmonie der ‚Knoten', den die Zahl sieben für fast alle Dinge bedeute.

Auf Scipios Betrachtung der Erde hatte Africanus zuerst damit reagiert, dass er die Größe und den Glanz des Himmels der kleinen Kugel in der Weltmitte entgegensetzte. Die fortgesetzte Hinwendung seines Enkels zur Erde (20) bringt ihn nun dazu, die irdisch-geographische Räumlichkeit (20–22) und menschlich-historische Zeitlichkeit (23–24) zu beschreiben und zu charakterisieren, um die Verächtlichkeit des Ruhms im Sinn von dessen räumlicher und zeitlicher Begrenztheit darzutun. „Die kleine Erde" führt den Gedanken im Sinn einer realistischen Umsetzung von Plato, *Phaed.* 109a9-b3 weiter. Bewohnt ist sie, „wie du siehst", nur an einigen spärlichen und engen „Flecken". Weite Einöden zwischen ihnen trennen die Bewohner der Flecken so voneinander, dass nichts von den einen zu den andern dringen kann. Ruhm ist von den andern Orten her nicht zu erwarten. Für die Argumentation selbst hätte dies genügt, offenbar nicht für ihre Wirkung, weshalb eine Variation folgt, die in der Antike verbreitete (z. B. Arist., *Meteor.* 2,5,362 b5–9) und auch im zeitgenössischen Rom präsente Doktrin der fünf Breitenzonen, von denen nur zwei bewohnbar sind. Der Traum richtet es so ein, dass alle fünf Erdgürtel sichtbar sind; insbes. liegt die nördliche Breitenzone mit Karthago und dem Römischen Reich offen vor dem Blick, der schmale gemäßigte Streifen, „den ihr bewohnt", eine kleine Insel, die ein Meer rings umgibt, „das ihr auf Erden Atlantik, das ihr groß, das ihr Ozean nennt; du siehst aber, wie klein dieser trotz seines so stolzen Namens ist" (vgl. [Arist.], *De mundo* 3,392b20 – 22. 393a16 f.).

Auf die räumliche Einschränkung des Ruhms folgt seine zeitliche Begrenzung. Die menschlich-historische Zeitlichkeit macht nicht nur seine Ewigkeit unmöglich, sondern sogar seine lange Dauer (*Rep.* VI, 23). Der Nachweis vollzieht sich in drei Einzelargumenten. (i) Wenn der Ruhm nicht schon mit dem Tod der Zeitgenossen endet, sondern noch zu deren Nachkommen weitergegeben wird, werden ihn doch Überschwemmungen und Verbrennungen unterbrechen, die zu bestimmter Zeit eintreten müssen. Gemeint ist nicht die *ekpyrôsis*, die periodische Zerstörung des ganzen Kosmos, welche die Stoa lehrt, also die Vergänglichkeit des Kosmos. Von dieser weicht Cicero entscheidend ab; sie ist nach der Gesamtkonzeption des *Somnium* eine unmögliche Theorie, weil die Ewigkeit und Göttlichkeit des Kosmos die axiomatische Grundlage der Argumentation ist. Africanus bezeichnet Katastrophen, welche die Erde allein heimsuchen. Die Begrenztheit irdisch-menschlichen Ruhms ist die Folie für die Ewigkeit des wahren Tugendlohns und dient so gerade der Würde sittlichen Handelns. In der Stoa spielen *kataklysmoi* (Überschwemmungen) im Kontext der Ekpyrosislehre so gut wie keine Rolle. Für Zerstörungen durch Feuer und Fluten wird man also auch hier eher platonische oder peripatetische Quellen vermuten. Es liegt nahe, an Kritias' Erzählung zu denken, Solon habe von den Ägyptern erfahren, in Griechenland hätten im Unterschied zu dem Land am Nil Feuerkatastrophen und Überschwemmungen das Gedächtnis an frühere Einrichtungen und Heldentaten ausgelöscht (*Tim.* 21e – 25d; vgl. ed. Zetzel 1995, S. 246).

(ii) Das zweite „kühne, in rücksichtsloser Abstraktheit aus dem Wesen des Zeitbegriffs folgernde Argument" (Harder 1960, S. 372, Anm. 66) verweist auf die notwendige Folge, die sich aus der Richtung der Zeit ergibt: Den Ruhm eines Menschen kann niemand von denen kennen, die vor ihm gelebt haben, und eben diese Menschen waren zahlreicher und sicher besser. (iii) Das dritte Argument operiert mit dem sog. Großen Jahr bzw. jenem Zeitablauf, der erst wahrhaft ‚Jahr' zu nennen ist. Dieses vollendet sich dann, wenn „alle Gestirne an denselben Punkt zurückgekehrt sind, von dem sie einmal ausgegangen sind und so am ganzen Himmel dieselbe Konstellation [...] wiederhergestellt haben." Dieses ‚Jahr' nennt

Platon das vollkommene Jahr (*Tim.* 39d2–e2). Wenn Africanus in *Rep.* 6,24 einerseits feststellt, dass „keiner es erreichen kann, dass seiner auch nur ein (*sc.* vollkommenes) Jahr lang gedacht wird", andererseits dann die Konstellation bei dem Tod des Romulus („als die Seele des Romulus hier in ebendiese Himmelsbezirke eintrat") für den Beginn eines Großen Jahres wählt, dann lässt das erkennen, dass Cicero wusste, dass ein Großes Jahr in jedem Augenblick beginnt und endet, also, in diesen Beispielen, mit dem Beginn von Scipios Ruhmespreis bei einem beliebigen später Geborenen oder bei der Sonnenfinsternis, die Romulus' Tod begleitete. Die Wiederkehr dieses letzteren Großen Jahres steht noch so lange aus, dass jetzt noch nicht einmal der zwanzigste Teil abgelaufen ist. Multipliziert man 568 Jahre, die Differenz zwischen dem gedachten Todesjahr des Romulus (716) und dem Jahr 149 des Traumes, gerechnet nach römischer Praxis inclusiv) mit 20, so ergeben sich 11.360 Jahre. Das ist in der Tat weniger als die von Cicero im *Hortensius* (fr. 80 und 81 Grilli) angesetzte Dauer des Großen Jahres von 12.954 Jahren (vgl. Stok 1993, S. 87). Während man auf Erden ein Jahr mit der Wiederkehr der Sonne misst, eines einzigen Gestirns, besteht das wahre Jahr in der Wiederkehr aller Sterne, und es ist dieses Jahr, mit welcher Zeiteinheit Romulus, Africanus, Paulus usw. ihre Ewigkeit zählen. Gegenübergestellt sind Wahrheit und Menschenwelt, ewiger Lohn und irdischer Ruhm (Büchner 1984, S. 494–496 führt *Rep.* VI, 20–24 auf den *Protreptikos* des Aristoteles zurück).

Die den Schluss (*Rep.* VI, 27 f.) bildende Übersetzung von Platon, *Phaidros* 245 c5–246a2 wird von einem Abschnitt exponiert, welcher die Vorstellung bekräftigt, dass der Mensch, weil sein Geist, das Eigentliche der Person, göttlich ist, Gott sei. Die Gegenüberstellung von sterblichem, hinfälligem Körper und ewigem Geist erinnert an Sokrates' Worte über Kriton im *Phaidon* (vgl. o. S. 138). Die Unsterblichkeit und Ewigkeit des Geistes, die auch bisher schon immer vorausgesetzt war, impliziert die Göttlichkeit bzw. ist diese; und die Übersetzung aus dem *Phaidros*, auf die das Übergangsstück hinführt, präsentiert eben einen Unsterblichkeitsbeweis. Das Dilemma, dass einerseits den großen Staatsmännern und Weisen ein Ort im Himmel zugewiesen wird, andererseits der Geist aller Menschen göttlich sei, wird in Ciceros Text nicht wirklich spürbar. Im Kontext des Unsterblichkeits-*Beweises* tritt die Geltung der bildlich-mythologischen Aussagen zurück, auch wenn den Beweis ein Staatsmann im Himmel vorträgt.

Platon im *Phaidros* und, ihm folgend, Africanus/Cicero beweisen mehr, als den letzteren lieb sein dürfte. Das die Ewigkeit garantierende Prinzip der Selbstbewegung gilt für jede Seele (während in *Rep.* VI, 15 nur von der Menschenseele die Rede ist), auch die der Tiere, nämlich für alles Lebende (Platon: *empsychon* als Gegensatz zu *apsychon*; Cicero: *animal* als Gegensatz zu *inanimum*), so dass, nach *Rep.* VI, 26, auch die Tiere Gott wären. Das würde den Kontext stören, wenn es auffiele – was nicht der Fall ist. Daher sind an die nur in der Konsequenz des Begriffs „Lebewesen" liegende Göttlichkeit der Tiere keine philosophischen Folgerungen zu schließen. Cicero übernahm den platonischen Unsterblichkeitsbeweis als seiner Absicht dienlich; an die mit übernommenen Tiere zu denken lag ihm fern.

Einen gewissen ‚Ausgleich' (Büchner 1984, S. 506) zwischen den Positionen philosophischer Anthropologie (die Seele der Menschen ist unsterblich) und der mythologischen Vorstellung des Traums (der Geist großer Männer kommt vom Himmel und kehrt dorthin zurück) bietet *Rep.* VI, 29. Wessen ewiger Geist sich den vornehmsten Taten widmet, d. h. der Sorge um das Wohl des Vaterlandes, der kehrt auf schnellerem Wege in sein Zuhause zurück, weil er, noch im Gefängnis des Körpers, nach außen ragt und sich, so weit irgend möglich, vom Körper losreißt. Der Geist der Menschen dagegen, die von den Begierden, die der Lust gehorchen, gedrängt, die Rechte von Göttern und Menschen verletzten, wälzt sich nach dem Austritt aus dem Körper um die Erde und kehrt in den Himmel erst nach Jahrhunderten solcher Qual zurück.

Man muss sich zu dieser Gegenüberstellung nur fragen, wo denn eigentlich ein zu Lebzeiten des Menschen aus dem Körper nach außen tretender, von ihm gelöster Geist (also eine unkörperliche und nur geistig wahrzunehmende Substanz) sich aufhält, um sich klarzumachen, dass er mythologisch bereits zur Milchstraße aufgeflogen ist, während der mit körperlichen Begierden behaftete Geist als mit Körpergewicht belastet der sublunaren Neigung zur Erde verhaftet bleibt (vgl. Stok 1993, S. 93) und erst spät nach oben steigen kann. Diese letztere Vorstellung erscheint ohne die Annahme, dass diese Strafe zugleich eine Reinigung ist, nämlich im Sinn allmählicher Befreiung von zur Erde ziehender Körperbehaftung, nicht plausibel. So denknotwendig zu der als allgemeingültig verstandenen Unsterblichkeit der Seele die generelle Erlösung (aller Menschen und aller Lebewesen überhaupt) und ebenso ein Reinigungsprozess für die schlechten Seelen (Allerlösung erfordert das Fegefeuer) gehören, so wenig hat Cicero sie hier gedacht.

8.4 Gesamtdeutung: Die Funktion des Somnium Scipionis für Ciceros Staatsdialog

Der Dialog über das Gemeinwesen ist eine von einer akuten Staatskrise und politischen Notsituation ausgelöste Reflexion über Staat und politisches Handeln, die sich auf praktische Erfahrung stützt und wieder auf politische Praxis zurückwirken will, indem sie dieser in der Darstellung der besten Staatsform und im Bild des besten Staatsmannes einen sittlichen Kompass gibt. Dessen Orientierung ist im Unterschied zu Platons *Politeia* nicht ein gedanklich konstruierter Idealstaat, sondern das restaurierte bzw. restituierte römische Gemeinwesen der Geschichte (vgl. *Rep.* V, 2).

Scipio starb 129 v. Chr. Nach Cicero, *Laelius* 14 fand das Gespräch kurz vor seinem Tod statt: Seine Reden sind sein Vermächtnis. Das gilt insbesondere für den Traum, die Erzählung eines todgeweihten Mannes über das Schicksal der unsterblichen Seele nach dem Ende des irdischen Lebens: So erweist sich auch der platonische *Phaidon* als ein Modell (Pöschl 1936, S. 179). Scipios Traumerzählung ist auf das Jahr 129 ausgerichtet; gerade jetzt gibt der Erzähler auch sein zwanzigjähriges Schweigen auf. Diese Gegenwart mit ihrer Forderung und ihrer Gefahr drängt ihn selbst zur Vergegenwärtigung der Botschaft dieses Traumes, und eben diese Gegenwart verlangt seinen Traum als Vermächtnis an seine Zuhörer.

Innerhalb der Fiktion des Dialogs (die als solche auch jedem zeitgenössischen Leser evident war; vgl. o. S. 20) hat Cicero alles getan, um die Gelegenheit des Traums, diesen selbst und das Geträumte historisch und psychologisch zu plausibilisieren, als wahr im Sinn des Geschehenseins innerhalb der Fiktion Ciceros erscheinen zu lassen. Der Trauminhalt dagegen hat die Wahrheit des Traums und ist nicht buchstäblich wahr, sondern, wenn der Träumer und die Zuhörer seiner Erzählung ihm Bedeutung zumessen, symbolisch wahr: Er vermittelt metaphorisch verhüllt eine Wahrheit. Manfred Fuhrmann (1992, S. 162) formuliert glücklich, „durch die Metapher eines konstruierten Mythos" werde „dargetan, was über die Möglichkeiten rationalen Argumentierens hinausgeht."

Ciceros Vorrede betrachtet das aktive Wirken des Staatsmanns als eine Form sittlicher Energie des Menschen (*virtus*), die geradezu an das Walten der Götter heranreiche (*Rep.* I, 12). Büchner (1994, S. 93) merkt an: „Die Vergöttlichung der staatsmännischen Leistung präludiert dem Somnium Scipionis." Der Zusammenhang von energischer Sittlichkeit (*virtus*) und Ruhm (*gloria*) einerseits und andererseits das Insistieren auf der inneren Unabhängigkeit des guten Staatsmannes von irdischem Ruhm, weil für ihn der Lohn richtigen Handelns im sittlichen Bewusstsein liegt und als solcher ‚göttlich' ist, verbindet Scipios Traum mitsamt Einführung mit der Laeliusrede von Buch III. Neu ist – und eben das ist die Bedeutung des ‚Schlussmythos' – das ‚mythologische' Bild des Lohns der Guten als ewiges Leben im Glanz der Milchstraße. In der Zusammenfassung von *Rep.* VI, 20–24 in § 25 ist der zentrale Satz p. 134,21f.: „Mit ihren eigenen Lockungen muss dich die *virtus* (als das Prinzip deines sittlichen Handelns) selbst zu wahrem Glanz ziehen." Besteht diese Unabhängigkeit vom „Gerede der Menge" und „menschlichem Lohn" in der Hoffnung auf die Rückkehr zum ‚ewigen Zuhause', wie der Einsatz des Paragraphen nahelegt, oder ist sie im Selbstbewusstsein der eigenen sittlichen Energie begründet, im Gewissen (*conscientia*, p. 124, 4–6)? Für dies letztere spricht nicht nur ein Satz in Ciceros Vorrede

(*Rep*. I, 3), der das Handeln des Staatsmanns als dessen *voluptas* (Lust) bezeichnet, sondern auch ein Fragment des dritten Buches: Wenn Undankbare, Neider oder Feinde die *virtus* ihres Lohns berauben, „dann erquickt sie sich wahrlich an vielen Trostmitteln und hält sich vor allem an ihrer eigenen Ehre aufrecht" (von Albrecht, S. 209; ed. Ziegler, p. 100,27–29; ed. Powell, p. 109,8–11). Obwohl *Rep*. VI, 8 (ed. Ziegler, p. 124,4–9; ed. Powell, p. 134,6–11; von Albrecht, S. 257) zwischen dem reichen Lohn, den die Weisen in ihrem Gewissen (Büchner 1984, S. 416: „die neue Dimension des Gewissens") haben, und dem ewigen Lohn göttlicher *virtus* unterscheidet, besteht die Alternative nicht wirklich: Die Unabhängigkeit des großen Mannes von der Meinung der Menschen beruht auf dem Bewusstsein, dass seine *virtus* „göttlich", d. h. eine Geisteskraft ist, die Ursprung und Ziel in der Ewigkeit hat. Daher ist sittliches Handeln nicht durch ein ‚um zu' motiviert; der Aufstieg zur Milchstraße ist nicht die Intention der großen Tat. In jedem guten Akt steht der Handelnde auf der Milchstraße, oder, um dasselbe ohne die Symbolsprache des Traums zu sagen, in jedem gerechten Einsatz für das Gemeinwesen, der Bewährung der Ewigkeit seines Geistes, hat der Handelnde Teil an der Ewigkeit. Im Bewusstsein (*conscientia*) seiner sittlichen Würde (*decus*) ist er schon im hinfälligen irdischen Leben ewig, unsterblich, Gott. Für Ciceros Schrift ist der ‚religiöse' Ton der *virtus*-Verehrung charakteristisch. Im Bereich der praktischen Philosophie, dem Ziel und den Prinzipien politischen Handelns, der Verantwortung des Staatsmanns, tritt die akademische Skepsis zurück; man steht in der Aura des platonischen *Phaidon*.

Die systematische Funktion des Traums für die politische Theorie des Dialogs lässt sich daher mit den Kategorien Görlers (1974 und 1994, S. 1100 ff.) beschreiben: Die auch Widersprüchen (die nicht eigentlich ausgehalten werden müssen) Raum gebende Denkform des ciceronischen Philosophierens ist durch ein Stufenschema bestimmt, das Gegenständen verschiedener Würde verschiedene Verbindlichkeitsgrade und begründende Axiome zuweist. Der Traum enthüllt dem Träumer symbolisch seine tiefste Überzeugung, und diese unbeweisbare ‚Wahrheit' sichert die Darlegung seiner Staatstheorie ab, wenn auch nicht eigentlich argumentativ (vgl. o. S. 138 *Phaed*. 114d6. c8). Seine eigene psychologische Erklärung relativiert den Wahrheitsanspruch der Traumbedeutung nicht nur nicht, sondern führt im Gegenteil in das Innerste des Träumers und den tragenden Grund seiner Überzeugungen (vgl. ed. Zetzel 1995, S. 224). Sein Traum ist der Spiegel seines Gewissens; die mythologische Welt des Traums ist bildlicher Ausdruck des sittlichen Selbstbewusstseins, der Selbstliebe der *virtus* (vgl. *Laelius* 98), der Selbstehrung, gegenüber der, wie beim aristotelischen Großgesinnten, alle von außen herangetragene Ehre gleichgültig wird. Der Schluss des Werkes fundiert also mit den Bildern des Traumes die Autorität des Gastgebers und der führenden Dialogfigur, indem er die geheimste Antriebskraft seines politischen

Handelns freilegt und den Grund der Übereinstimmung seiner staatsmännischen Praxis und seiner Staatstheorie aufdeckt. Da man diese Fundierung politischer Praxis und politischer Theorie Cicero selbst zuweisen darf, erscheint dessen für den Entwurf eines idealen Gemeinwesens notwendiger ‚konstruktiver Optimismus', von dem Höffe spricht (o. S. 4), sich auf dem Fundament eines ontologischen Optimismus zu erheben.

Literatur

Büchnert, K. 1984 (Hrsg.): M. Tullius Cicero, De re publica. Kommentar von K.B., Heidelberg.
Cicero, M. T.: De re publica, De legibus, Cato maior de senectute, Laelius de amicitia. Hrsg v. J.G.F. Powell 2006, Oxford
Fuhrmann M. 1992: Cicero und die römische Republik. Eine Biographie, München und Zürich 1989; als Taschenbuch München 1992.
Görgemanns H. 2013: Die Bedeutung der Traumeinkleidung im Somnium Scipionis. In: Wiener Studien 81, N. F. 2 (1968), 46–69. Abgedruckt in: H. G., Philologos Kosmos. Kleine Schriften zur antiken Literatur, Naturwissenschaft, Philosophie und Religion. Hrsg. von Rainer Hirsch-Luipold und Manuel Baumbach, Tübingen 2013, 201–220 (danach zitiert).
Görler W. 1994: Zwischen Glauben und Zweifel. In: G. Gawlick und W.Görler, Cicero. In: H. Flashar (Hrsg.), Die hellenistische Philosophie. Die Philosophie der Antike, Bd. 4. (Grundriss der Geschichte der Philosophie. Begründet von F. Ueberweg. Völlig neubearbeitete Ausgabe), Basel, 1099–1116.
Görler W. 1974: Untersuchungen zu Ciceros Philosophie, Heidelberg.
Harder, R. 1960: Über Ciceros Somnium Scipionis. In: Schriften der Königsberger Gelehrten Gesellschaft, Geisteswissenschaftl. Klasse, 6. Jahr, Heft 3, Halle 1929, 115–150. Abgedruckt in: R. H., Kleine Schriften. Hrsg. von Walter Marg, München 1960, 354–395 (danach zitiert).
Lewis, C.S. 1971: The Discarded Image. An Introduction to Medieval and Renaissance Literature, Cambridge 1964, Paperbackausgabe von 1971 (danach zitiert).
Pöschl, V. 1936: Römischer Staat und griechisches Staatsdenken. Untersuchungen zu Ciceros Schrift De Re Publica, Berlin, (^{2}1962 Darmstadt).
Schmidt L. 1973 : Cicero ‚De re publica'. Die Forschung der letzten fünf Dezennien. In: Aufstieg und Niedergang der römischen Welt, Band I 4, Berlin – New York, 262–333 (keine eigene Unterabteilung zum Somnium Scipionis).
Stahl, H. 1952: Macrobius, Commentary on the Dream of Scipio. Übers. Mit einer Einführung und Kommentaren v. William, New York.
Stok, F. 1993 (Hrsg.), Cicerone, Il sogno di Scipione a cura di F.St. con testo a fronte. (Letteratura universale Marsilio. Il convivio: Collana di classici greci e latini diretta da Maria Grazia Ciani), Venedig.
Suerbaum, W. 1978: Studienbibliographie zu Ciceros De re publica. Gymnasium 85, 59–88; zum Somnium Scipionis: 86 f.
Willis, I. ^{2}1970 : Ambrosii Theodosii Macrobii Commentarii in Somnium Scipionis., Stuttgart/Leipzig, (repr. 1994).

Zetzel, J. 1998 (Hrsg.), Cicero, De re publica. Selections. (Cambridge Greek and Latin Classics), Cambridge 1995 (repr.1998).
Ziegler, K. [7]1992 (Hrsg.), M. Tulli Ciceronis De republica librorum sex quae manserunt septimum recognovit, Stuttgart/Leipzig.

Christoph Horn
9 Die metaphysische Grundlegung des Rechts (*De legibus* I)

9.1 Einführung

Ciceros *De legibus* Buch I enthält eine bemerkenswerte Präsentation dessen, was man als Naturrechtstheorie zu bezeichnen pflegt: eine metaphysische Grundlegung des Rechts unter Berufung auf einen normativen Naturbegriff. Nach einer weitverbreiteten Ansicht handelt es sich sogar – zusammen mit *De re publica* III – um die erste Naturrechtskonzeption in der Theoriegeschichte überhaupt. Im Folgenden geht es mir zunächst darum, die erstaunlich anspruchsvollen Konstituentien dieser Position herauszuarbeiten und den Hintergrund ihrer Einführung zu beleuchten (I.). Sodann werfe ich die Frage auf, ob wir es tatsächlich mit einer Position zu tun haben, die eine genuin hellenistische (vielleicht sogar ciceronische) Erfindung ist und zu der es keine (oder zumindest keine nennenswerten) Vorläufer in der Philosophie der klassischen Antike gibt (II.). Schließlich wende ich mich dem Problem zu, weshalb Cicero als akademischer Skeptiker überhaupt so metaphysisch (und insbesondere theologisch) sprechen kann, wie er es in *De legibus* I (und übrigens auch II) tut (III.). Die Frage ist hier: Wie ernsthaft kann es ihm eigentlich um die dogmatisch-metaphysische Idee des Naturrechts gehen, gegeben seine anti-dogmatischen epistemologischen Voraussetzungen?

Unser Text ist literarisch ausgefeilt gestaltet: Er beginnt mit der Schilderung eines sommerlichen Spaziergangs, den Cicero, Quintus und Atticus gemeinsam auf dem ciceronischen Landgut in Arpinum in angenehmer Atmosphäre unternehmen. Nachdem man die Möglichkeit diskutiert hat, dass Cicero (als Figur innerhalb des Dialogs verstanden) eine fundamentales Werk zur römischen Geschichte verfassen könnte, kommt ganz beiläufig das Problem der Grundlagen des Rechts zur Sprache. Man beschließt sofort, diese zusammenhängend zu erörtern. Cicero (erneut als literarische Figur) soll seine Auffassung von den Prinzipien des *ius civile* darlegen. Dabei ist ein wichtiges (wenn auch auffallend unbescheidenes) Motiv, dass Platon ebenfalls, nach seiner Beschreibung der bestmöglichen Staatsverfassung in der *Politeia*, ein Werk über die Gesetze verfasst habe, die *Nomoi* (*Leg.* I, 15). Cicero identifiziert sich dabei unmittelbar mit Platon.[1]

---

[1] Dazu Atkins 2013: 156: „Just as the foremost literary model for *De re publica* was Plato's *Republic*, so the primary literary model for *De legibus* is Plato's *Laws*. And because Cicero believed that the

Es geht also darum, dem berühmten Vorbild aus Athen nachzueifern und der griechischen Philosophie etwas Gleichwertiges aus der römischen Welt an die Seite zu stellen.

Aber das ist noch nicht alles. Natürlich möchte Cicero auch gezielt politisch wirken, insbesondere auf die zeitgenössische spätrepublikanische Situation. Konstruiert er vielleicht sogar eine pseudo-philosophische Position zum Zweck der Stabilisierung der römischen Republik? Mit der nachfolgenden Interpretation geht es mir darum, diesen gravierenden Verdacht auszuräumen: nämlich den, dass Ciceros Naturrechtstheorie nicht mehr sein könnte als ein ideologisches Konstrukt zur Rechtfertigung der römischen Rechtstradition, das der Autor – um den Vorwurf zuzuspitzen – einerseits aus Quellen zusammensucht, die er missversteht und die untereinander im Grunde schwer vereinbar sind, und das er andererseits selbst philosophisch gar nicht ernsthaft vertreten haben kann, ohne seine Anhängerschaft an die akademische Skepsis preiszugeben.

Aus diesen Schwierigkeiten kann man einen Ausweg finden. Dieser liegt, wie mir scheint, im Hinweis auf die enorme Bedeutung, die die intrinsische Motivation zur Gesetzesbefolgung für Cicero besitzt.

9.2 Gehalt und Hintergrund der Naturrechtsidee

Damit zum Gehalt und zum Hintergrund der Naturrechtsidee in *De legibus*. An mehreren Stellen seines Werks entwickelt Cicero die Vorstellung, es gebe ein normatives Fundament für staatliche Rechtssetzungen, eben das Naturrecht.[2] Wohl am prägnantesten wird diese Überzeugung in *De re publica* III, 22;33 erläutert:

> [t1] Es ist aber das wahre Gesetz (*vera lex*) die richtige Vernunft (*recta ratio*), die mit der Natur in Einklang steht, sich in alle ergießt, in sich beständig, ewig ist, die durch Befehle zur Pflicht ruft, durch Verbieten von Täuschung abschreckt, die indessen den Rechtschaffenen nicht vergebens befiehlt oder verbietet, Ruchlose aber durch Geheiß und Verbot nicht bewegt. Diesem Gesetz etwas von seiner Gültigkeit zu nehmen, ist Frevel, ihm irgendetwas abzudingen, unmöglich, und es kann ebenso wenig als Ganzes außer Kraft gesetzt werden. Wir können aber auch nicht durch den Senat oder das Volk von diesem Gesetz gelöst werden, es braucht als Erklärer und Deuter nicht Sextus Aelius geholt zu werden, noch wird in Rom ein anderes Gesetz sein, ein anderes in Athen, ein anderes jetzt, ein anderes später, sondern alle Völker und zu aller Zeit wird ein einziges, ewiges und unveränderliches Gesetz beherrschen,

---

Athenian Stranger represented Plato himself, he found in the *Laws* a precedent for writing himself into his own dialogue."

2 *De inventione* II.65 ff., II.160 ff., *De re publica* I.39 ff., *De finibus* III. 62 ff.

und einer wird der gemeinsame Meister gleichsam und Herrscher sein: Gott. Er ist der Erfinder dieses Gesetzes, sein Schiedsrichter, sein Antragsteller, wer ihm nicht gehorcht, wird sich selber fliehen, und das Wesen des Menschen verleugnend, wird er gerade dadurch die schwersten Strafen büßen, auch wenn er den übrigen Strafen, die man dafür hält, entgeht.[3]

Die starke Naturrechtskonzeption, die an dieser Stelle entfaltet wird, enthält mindestens sieben anspruchsvolle Thesen, nämlich:

[1] Es gibt ein einziges ‚wahres Gesetz' (*vera lex*) hinter oder über den positiven Gesetzen: *These vom wahren Gesetz.*
[2] Dieses wahre Gesetz ist die ‚richtige Vernunft' (*recta ratio*): *Vernunftthese.*
[3] Das gemeinte Gesetz stimmt mit der Natur überein: *Natürlichkeitsthese.*
[4] Es findet sich in allen Menschen und ist beständig und invariant: *Universalitäts-* oder *Invarianzthese.*
[5] Es ist für alle und überall normativ verbindlich; aber man kann ihm zwar auch zuwider handeln, begeht damit jedoch ein Unrecht: *Normativitätsthese.*
[6] Es bedarf keiner zusätzlichen Interpreten, da es für alle aus sich heraus verständlich ist: *Selbstinterpretationsthese.*
[7] Das Gesetz ist göttlichen Ursprungs; wer gegen es verstößt, verfehlt seine eigene (gottgegebene) Natur und muss zudem mit göttlichen Strafen rechnen: *Göttlichkeitsthese.*

Die Thesen [1–7] bilden gemeinsam das, was ich als ‚starke Idee des Naturrechts' bezeichnen möchte. Die starke Idee des Naturrechts spielte in der europäischen Philosophie- und Rechtsgeschichte eine herausragende Rolle: Beginnend mit der Spätantike finden wir sie im Mittelalter und der Frühneuzeit bis hin zum 18. Jahrhundert.[4] Weil wir ihr vor Cicero hingegen nur fragmentarisch begegnen, ist es von Interesse zu sehen, ob Cicero selbst eine solche starke Naturrechtsidee eigentlich kontinuierlich oder nur situativ vertritt. Zumindest lässt sich sagen, dass es in unserem Text *De legibus* I (und überdies in Buch II) Passagen gibt, die dem Gedanken aus *De re publica* III signifikant ähneln, besonders I, 42, wo es heißt (hier und im Folgenden zitiert nach der Übersetzung von R. Nickel):

> [t2] Das aber ist wirklich äußerst töricht: zu glauben, alles sei gerecht, was in Bestimmungen und Gesetzen der Völker festgelegt ist. Etwa auch, wenn es irgendwelche Gesetze von Tyrannen sind? [...] Es gibt nämlich nur ein einziges Recht, dem die menschliche Gemeinschaft verpflichtet ist und dem ein einziges Gesetz eine Grundlage gibt: Dieses Gesetz ist die richtige Vernunft im Bereich des Befehlens und Verbietens. Wer dieses Gesetz nicht kennt, ist un-

---

[3] *Divinae institutiones* VI.8.6–9; Übersetzung K. Büchner.
[4] Es fehlt auch nicht an Versuchen, sie unter Gegenwartsbedingungen zu erneuern; dazu etwa P.C. Westerman 1998.

> gerecht, ob es nun irgendwo aufgeschrieben ist oder nicht. Wenn aber Gerechtigkeit Gehorsam gegenüber geschriebenen Gesetzen und Bestimmungen der Völker wäre und wenn, wie dieselben Leute behaupten, alles an seinem Nutzen zu messen wäre, dann würde jeder die Gesetze missachten und brechen, falls er es könnte, sofern er glaubte, dass ihm dieses Verhalten einen Gewinn brächte. Folglich gibt es überhaupt keine Gerechtigkeit, wenn sie nicht von Natur aus vorhanden ist, und die Gerechtigkeit, die auf Nutzenüberlegungen aufgebaut wäre, würde durch eben diesen Nutzen aufgehoben werden […].

Dem Text zufolge geben nicht die bestehenden Gesetze an, was gerecht ist; vielmehr unterliegen faktische Gesetze selbst einer Gerechtigkeitsnorm. Und diese ist invariant und vernünftig. Wir haben es in Text **[t2]** also zweifellos mit den Thesen vom wahren Gesetz [1], der Vernunft [2], der Invarianz [4] und der Normativität [5] zu tun. Bereits etwas früher in *De legibus* I, nämlich in I, 22–23, finden wir zudem die Thesen von der Natur [3], der Selbstinterpretation [6] und der Göttlichkeit [7]:

> **[t3]** (22) Denn es geht darum, dass dieses vorausschauende, verständige, vielseitige, scharfsinnige, erinnerungsfähige, von planender Vernunft erfüllte Lebewesen, das wir ‚Mensch' nennen, mit vorzüglichen Eigenschaften von Gott geschaffen wurde. Denn als einziges Wesen unter so vielen Arten und Geschöpfen der belebten Natur hat er Teil an der Vernunft und dem Denken, während alle übrigen Wesen davon ausgeschlossen sind. Was aber ist, um nicht zu sagen im Menschen, sondern im gesamten Kosmos und auf der Erde, göttlicher als die Vernunft? (*Quid est autem, non dicam in homine, sed in omni caelo atque terra, ratione diuinius?*) Sie wird, sobald sie herangereift ist und ihre Vollendung erreicht hat, mit Recht Weisheit genannt. (23) Es ist also, da es ja nichts Besseres als die Vernunft gibt und diese im Menschen wie auch in Gott ist, die erste Gemeinsamkeit des Menschen mit Gott die gemeinsame Vernunft. Denen aber, die eine gemeinsame Vernunft haben, ist auch die richtige Vernunft gemeinsam: Da diese das Gesetz ist, muss man davon ausgehen, dass wir Menschen auch durch das Gesetz mit den Göttern verbunden sind. Ferner besteht unter denjenigen, unter denen die Gemeinschaft des Gesetzes herrscht, auch die Gemeinschaft des Rechts (*inter quos autem ratio, inter eosdem etiam recta ratio [et] communis est: quae cum sit lex, lege quoque consociati homines cum dis putandi sumus*). Diejenigen aber, denen diese Dinge gemeinsam sind, müssen auch als Bürger desselben Staates gelten (*ciuitatis eiusdem habendi sunt*). Wenn sie schließlich denselben Weisungen und Gewalten gehorchen, ist das noch viel mehr der Fall. Sie gehorchen aber in dieser kosmischen Ordnung, dem göttlichen Geist und dem allmächtigen Gott, so dass nunmehr die gesamte Welt als ein gemeinsamer Staat der Götter und Menschen anzusehen ist (*ut iam uniuersus <sit> hic mundus una ciuitas communis deorum atque hominum existimanda*).

Die Kontinuität der Formulierungen aus **[t2]** und **[t3]** zu **[t1]** und ihre Nachdrücklichkeit sind so groß, dass wir annehmen müssen, dass Cicero – zumindest in den späten 50er Jahren, also zur Abfassungszeit von *De re publica* und *De legibus* – die starke Idee des Naturrechts tatsächlich vertrat. Aber wie führt er sie eigentlich ein? Wie kommt er im Argumentationszusammenhang auf sie zu sprechen? Während wir wenig über das Umfeld von **[t1]** wissen, weil es sich um ein bei Laktanz überliefertes Textfragment handelt, können wir in *De legibus* genau beobachten, wie Cicero seine Naturrechtskonzeption aufbaut. Dafür ist der Passus *Leg.* I, 16–28 zentral. Am Beginn dieses Textstücks bekunden beide Gesprächspartner, wie gerne sie Ciceros Ausführungen zu den Grundlagen des *ius civile* hören möchten, und am Ende des Textes lässt Cicero den Atticus ausrufen: „Bei den unsterblichen Göttern, wie weit holst du aus, um die Prinzipien des Rechts zu beschreiben [...]" (*Di immortales, quam tu longe iuris principia repetis: Leg.* I, 28).[5] Wir haben es also, nach Ciceros eigenem Eingeständnis, mit einer ziemlich indirekten und anspruchsvollen, auf grundlegende Prinzipien zurückgehenden Argumentation zu tun. Aber wozu dient ein solch anspruchsvoller Exkurs? Was in diesem konzentrierten Textstück genau geschieht, lässt sich, wie mir scheint, in acht Schritten rekonstruieren. Ciceros Gedankengang verläuft in Thesenform gebracht wie folgt:

(i) Die Frage nach den Grundlagen des Rechts ist besonders wertvoll, weil sie besser als jedes andere Thema zugleich die Stellung des Menschen in der Welt beleuchtet (*Leg.* I, 16).

(ii) Die Natur des Rechts kann nur expliziert werden, wenn man sie zusammen mit der Natur des Menschen aus dem Innersten der Philosophie heraus erläutert (*Leg.* I.17).

(iii) Wenn man unter ‚Gesetz' die höchste Vernunft versteht, dann erscheint es auch als einleuchtend, das Gesetz als Fundament der Unterscheidung von Recht und Unrecht zu beschreiben (*Leg*, I, 19).

(iv) Man muss die *natura* in ihrer Normativität und Rationalität ihrerseits auf die Wirksamkeit unsterblicher Götter zurückführen (*Leg*, I, 20–21).

(v) Der Mensch hat als einziges beseeltes Wesen Anteil an der Vernunft, die das Göttlichste und Beste im Universum ist; durch sie sind die Menschen in einer Kosmopolis verbunden (*Leg.* I, 22–23).

(vi) Der Gott hat dem Menschen die Seele so eingepflanzt, dass dieser als einziges Lebewesen durch seine ‚Erinnerung' ein Wissen vom Göttlichen besitzt (*Leg.* I, 24).

(vii) Die Bestform der Natur des Menschen ist die Tugend (*Leg.* I, 25).

(viii) Die natürliche Ausstattung des Menschen ist bestmöglich; daneben vollzieht sich ein natürlicher Fortschritt hin zur Vollendung der menschlichen Anlagen (*Leg.* I, 28).

---

5 Vgl. bereits *Leg.* I, 18: Alte uero et, ut oportet, a capite, frater, repetis quod quaerimus, et qui aliter ius ciuile tradunt, non tam iustitiae quam litigandi tradunt uias.

Den Auftakt (i) bildet die Ankündigung Ciceros, man könne anhand der Frage nach den Grundlagen Rechts zusätzlich einsehen, was dem Menschen von Natur gegeben sei (*quid sit homini a natura tributum*), wie kraftvoll der menschliche Geist ausgestattet sei (*quantam uim rerum optimarum mens humana contineat*), welche Aufgaben wir Menschen zu erfüllen hätten (*cuius muneris colendi efficiendique causa nati et in lucem editi simus*) und wie sich unter Menschen eine Verbindung, die natürliche Gemeinschaft, ergebe (*quae sit coniunctio hominum, quae naturalis societas inter ipsos*). Das sind einige der wichtigsten Fragen einer philosophischen Anthropologie. Durch eine Diskussion der Rechtsgrundlagen, so Cicero weiter, können wir zugleich ein Licht auf die Stellung des Menschen in der Welt werfen. Erst aus dieser Ankündigung ergibt sich dann (ii) die Frage des Atticus nach der Quelle der Gesetze (*fons legum*); man müsse ihn ,aus der innersten Philosophie' oder ,aus dem Zentrum der Philosophie' (*ex intima philosophia*) gewinnen (*Leg.* I, 17). In (iii) identifiziert Cicero das Gesetz, verstanden als höchste und naturimmanente Vernunft (*ratio summa, insita in natura*) und als praktische Vernunft (*prudentia*), als die Richtschnur für Recht und Unrecht (*ea iuris atque iniuriae regula*). Den griechischen Begriff des *nomos* führt er dabei etymologisch auf *nemein* (,zuteilen') zurück und deutet ihn im Sinn der Fähigkeit, „jedem das Seine zuzuteilen" (*eamque rem illi Graeco putant nomine nomon a suum cuique tribuendo appellatam*). Die Etymologie des lateinischen *lex*-Begriffs gewinnt er durch *legere* im Sinn von ,Auswählen'; wer nämlich über die *lex* verfüge, habe ein Kriterium zur Auswahl rechter und unrechter Verhaltensweisen an der Hand. In (iv) wird der normative Naturbegriff, von dem im Text bereits die Rede war, explizit theologisch verstanden: Natur bedeutet dann soviel wie die vernünftige Steuerung der Welt durch die Götter – wie man gegen Epikur festhalten könne (*Leg.* I, 21). Textstück (v) betont, dass im Kosmos nur die Menschen von den Göttern die Auszeichnung erhalten hätten, über die Vernunft zu verfügen. Die Vernunft sei das Beste im Menschen; sie verbinde den Menschen mit Gott und stelle zudem menschliche Rechtsgemeinschaften her. Auf diese Weise erscheint die Welt durch die Vernunft so geeint, dass man als „einzige, gemeinsame Stadt der Götter und Menschen ansehen muss" (*hic mundus una ciuitas communis deorum atque hominum existimanda: Leg.* I, 23). Die Passage (vi) liefert uns eine knappe Naturphilosophie im Stil von Platons *Timaios*; dabei wird betont, dass das von Gott geschaffene Wesen Mensch eine unvergängliche Seele besitze. Die Seele begründe, so Abschnitt (vii) die Verwandtschaft zwischen Mensch und Gott, und zwar auf der Basis der Tugend; die platonische *homoiôsis theô*-Formel erscheint hier in den Worten: *est igitur homini cum deo similitudo* (*Leg.* I, 25). Die Welt ist dem Menschen zum Gebrauch gegeben. In (viii) schließlich finden wir einige grundlegenden Ideen aus Ciceros Anthropologie, Naturphilosophie und Geschichtsteleologie. Die menschlichen Sinnesorgane ermöglichen demnach eine Orientierung in der Welt und ein Wissen über sie; der aufrechte Gang des Menschen weise dabei auf seine Verwandtschaft mit dem Himmel hin. Die Gesichtszüge und die Augen des Menschen zeigten seine inneren Gemütszustande an; die menschliche Stimme ermögliche soziale Gemeinschaften. Der Mensch erscheint so insgesamt als göttlich, nämlich als von Gott optimal ausgestattet (*Leg.* I, 28).

Der Gedanke von der optimalen Ausstattung des Menschen durch Gott als Zeichen seiner Gottähnlichkeit wird auch im Weiteren fortgeführt, etwa in der Thematisierung von Lust und Unlust (*Leg.* I, 31–32). Der entscheidende Punkt für die Grundlegung der Naturrechtsidee ist aber bereits jetzt erreicht: Cicero geht es darum, den Komplex *Recht – Gesetz – Gemeinschaft* mithilfe des Komplexes *Natur – Vernunft – Gott* zu legitimieren. Cicero ist in *De legibus* I zentral daran gelegen, die unmittelbare Verbindung von Natur, Vernunft und Gott heranzuziehen, um damit die direkte Einheit von Recht, Gesetz und Gemeinschaft plausibel machen zu können. Es überrascht dennoch zu sehen, wie kohärent Cicero seine starken metaphysischen Thesen zu den Rechtsgrundlagen entfaltet und wie wichtig ihm dabei gerade ihr Zusammenhang ist. Er verbindet seine Rechtstheorie absichtsvoll mit einer philosophischen Anthropologie, einer Naturkonzeption, einer Theologie und einer Kosmos-Metaphysik. Menschen sind nach Cicero geistig und körperlich so ausgestattet, dass sie optimal für ein Gemeinschaftsleben geeignet sind. Was veranlasst ihn zur Wahl der starken Naturrechtsidee, die wesentlich besser z. B. zu den apologetischen Interessen eines christlichen Autors passen würde?

Vielleicht wäre es naheliegend, in Ciceros Vorgehen einen oberflächlichen Eklektizismus zu sehen, der auch vor einer Instrumentalisierung starker metaphysischer Positionen für seine praktisch-politischen Absichten nicht zurückschreckt. Aber ich glaube, man kann für die starke Naturrechtskonzeption in *De legibus* I einen ganz anderen ‚Sitz im Leben' identifizieren, der ihren Eigencharakter weniger reduziert und sie dennoch nicht mit Thomas von Aquin und der späteren theologischen Naturrechtstradition gleichzusetzen braucht. Es gibt in *De legibus* I ein Motiv, auf das die naturrechtliche Argumentation zu den Rechtsgrundlagen letztlich abzielt: die intrinsische Motivation für das normativ angemessene Verhalten des Individuums. Cicero entlehnt aus der sophistischen, klassischen und hellenistischen Tradition insbesondere den Punkt, dass Gerechtigkeit natürlich gilt (*physei*) und nicht bloß konventionell (*thesei* oder *nomô*), also nicht der Meinung, sondern der Natur nach (*neque opinione, sed natura constitutum esse ius: Leg.* I, 28). Daraus gewinnt er die Überzeugung, dass alle Menschen unmittelbar miteinander verbunden seien und eine einzige Lebensweise teilen sollten (*Leg.* I, 30–32). Der nächste Argumentationsschritt besteht darin zu zeigen, dass schlechtes, unkooperatives Verhalten naturwidrig ist und dass naturgemäßes Verhalten – exemplifiziert am stoischen Weisen – eine Art von Freundschaft (*amicitia*) impliziert, bei der sich der Handelnde selbst in keiner

Weise gegenüber den Adressaten seiner Handlung privilegiert (*Leg.* I, 34). Der zentrale Gedanke für den gesamten Rest des Buchs besteht nun in der Zurückweisung der Idee des Eigennutzes als der ‚natürlichen Einstellung' des Menschen. Cicero lehnt es ab, die anthropologische Ausgangslage so zu beschreiben, dass man natürlicherweise eigennützig motivierte Individuen erst dazu bringen müsste, Moral in ihr Handeln einzubeziehen. Diese irrige Meinung, so glaubt er, würde unweigerlich dazu führen, dass man die Motivation zu normativ angemessenem Verhalten auf einen äußeren Sanktionsdruck, eine externe Strafandrohung zurückzuführen hätte. Was aber geschieht, so fragt Cicero im Geist von Platons *Politeia* II, wenn ein Akteur „einen Wehrlosen ganz allein an einer dunklen Stelle trifft, dem er viel Geld rauben könnte" (*Leg.* I, 41)? Mit Blick auf das Verhalten gegenüber einem Wehrlosen antwortet Cicero (ebd.):

> [t4] Der von Natur gerechte und rechtschaffene Mensch, um den es uns hier geht, wird ganz bestimmt mit ihm sprechen, ihm helfen und ihn auf den richtigen Weg führen. Doch derjenige, der nichts zum Wohl eines anderen tut und alles nur an seinem Vorteil misst – ich glaube, ihr seht schon, was er tun wird. Wenn er auch leugnen wird, jenem das Leben nehmen und das Geld rauben zu wollen, so wird er es doch niemals aus dem Grund leugnen, weil er dies für eine von Natur aus schändliche Tat hält, sondern weil er fürchtet, dass es herauskommt, das heißt, dass er dafür bestraft wird. Was für eine Sache, bei der nicht nur gebildete, sondern auch einfache Menschen rot werden.

Wie Text [t4] schön im Geist des platonischen ‚Ring des Gyges'-Arguments herausarbeitet, steht und fällt der gewöhnlich angenommene Standpunkt der Moral mit der Frage der intrinsischen Motivation.[6] Die Perspektive der Moral kollabiert im selben Moment, so Cicero, in dem man sie mit der Idee des äußeren Sanktionsdrucks und des persönlichen Nutzens zu stützen versucht. Es kann keinen korrekt beschriebenen *moral point of view* ohne die Komponente intrinsischer Motivation geben – und genau darin scheint mir die Hauptthese von Buch I zu bestehen. Der Akteur darf nicht als prinzipiell eigennützig gedacht werden; er ist als ‚natürlicherweise moralisch' anzusehen, wenn er auch vielleicht faktisch von dieser Natur abweicht. Mir scheint daher, dass Ciceros Einsicht in *De re publica* und in *De legibus* folgende ist: Die Ideen einer intrinsischen Motivation zum Tun des Richtigen und einer ursprünglichen Sozialbindung des Individuums sind zur Beschreibung der Moral unverzichtbar; sie sind aber nicht unabhängig von einem platonischen oder stoischen Hintergrund metaphysischer Art zu verteidigen. Die Naturrechtsidee mit ihren extrem anspruchsvollen Annahmen kommt dadurch ins Spiel, dass Cicero für den intrinsischen Wertcharakter moralischen Handelns argumentieren will.

---

6 Zu Ciceros Verwendung des platonischen Ring-des-Gyges-Motivs s. Dyck 2004: 179 f.

9.3 Eine genuin ciceronische Erfindung?

Wie originell ist Cicero mit Blick auf die Naturrechtskonzeption, die die eben genannten starken Definitionsmerkmale aufweist? Eine Antwort auf diese Frage hängt stark davon ab, wie man die in Abschnitt I. charakterisierte Doktrin generell bewertet: als politisch finalisiertes, situationsbezogenes Theoriestück oder als philosophisch gemeinte, grundlegende These.[7] Eine wichtige Beobachtung hierzu ist, dass Cicero keinerlei Originalitätsbewusstsein zeigt, sondern im Gegenteil glaubt, er schließe sich an die Tradition an. Dies scheint mir zu implizieren, dass er auch die grundlegende Ausrichtung dieser Tradition teilt, also philosophisch-prinzipiell argumentieren will.

Die Standardinterpretation unseres Textes, wie sie etwa von Neal Wood (1990) repräsentiert wird, sieht in Ciceros Naturrechtskonzeption eine Übernahme von den Stoikern.[8] Natürlich ist *De legibus* I stark stoisch geprägt, etwa in der Bezugnahme auf die *kosmopolis*-Idee (die allerdings bei Cicero eine eher politisch-konkrete Ausrichtung erhält: dazu Hammer 2014: 42) oder auf den Gedanken einer sozialen *oikeiôsis*, an deren Ende der moralische Akteur sich und die Seinen in keiner Weise mehr privilegiert. Dennoch wird die Zurückführung auf stoische Quellen *De legibus* I und II nicht wirklich gerecht, wie bereits die starke Präsenz der platonischen *Nomoi* erkennen lässt. Jed Atkins hat überzeugend dargelegt, dass sich Cicero in unserem Text primär auf Platon bezieht, wie er ihn aus der Perspektive des Antiochus von Askalon versteht (2013: 61–69). Aus diesem Blickwinkel erscheint Platon auch als Urheber der Naturrechtsidee. Und in der Tat, dass das Naturrecht ältere Wurzeln als die stoischen – nämlich sokratisch-platonische – haben dürfte, erscheint als plausibel, wenn man etwa einen Blick auf Buch IV von Xenophons *Memorabilia* wirft (IV.4,19):

> [t5] *Sokrates.* Kennst du, Hippias, irgendwelche ungeschriebenen Gesetze?
> *Hippias.* Ja, ich kenne die, die in jedem Land gleichermaßen angenommen werden.
> *Sokr.* Willst du also behaupten, dass Menschen sie aufgestellt haben?
> *Hipp.* Unmöglich. Denn diese können ja weder in ihrer Gesamtheit zur Beratung zusammenkommen, noch haben sie die gleich Sprache.
> *Sokr.* Wer hat dann nach deiner Ansicht den Menschen diese Gesetze gegeben?
> *Hipp.* Ich glaube, dass die Götter den Menschen diese Gesetze gegeben haben. Denn es ist auch bei allen Menschen das erste Gesetz, die Götter zu verehren.

---

7 Die ältere Forschungsdiskussion wird referiert bei Neschke-Hentschke 1995: 21–30.
8 Wood 1990:70: „Far from being original, however, Cicero's conception of natural law bears the unmistakable imprint of Stoicism." Die relevanten Belegstellen bei den Stoikern identifiziert Hammer 2014: 36–38.

Sehr deutlich finden sich in **[t5]** in Bezug auf ‚ungeschriebene Gesetze' (*agraphous ... nomous*) sowohl die Göttlichkeitsthese als auch die Universalitätsthese. Was Xenophon seinen Sokrates im Zusammenhang dieser Passage sagen lassen will, ist, dass es natürliche Gebote, nämlich die der Götter, gibt; diese gälten weltweit und könnten daher nicht konventionell sein. Anders als im Fall regulärer Naturabläufe sei es aber so, dass man gegen solche göttlichen Regeln – etwa gegen das Inzestverbot oder gegen das Gebot der Erwiderung empfangener Wohltaten – durchaus verstoßen könne. Denn sie gelten, so die Gesprächspartner, im Sinn von Normativität, nicht im Sinn von Regularität. Übertrete man nämlich ein solches Gebot, dann folge die göttliche Strafe auf dem Fuß – wie im Fall des Inzests, aus dem, wie man gemeinsam feststellt, meist geschädigte Nachkommen hervorgehen. Xenophon lässt Hippias und Sokrates resümieren (*Memorabilia* IV.4, 24–25):

> **[t6]** *Hipp.* Dies alles weist auf die Götter hin. Denn dass die Gesetze für die Übertretenden die Strafen in sich schließen, scheint mir von einem besseren als einem menschlichen Gesetzgeber herzurühren.
> *Sokr.* Du bist doch überzeugt, Hippias, dass die Götter das Gerechte in ihren Gesetzen anordnen und nicht etwas anderes?
> *Hipp.* Sicher nichts anderes, beim Zeus. Wer könnte denn schon das Gerechte in der Gesetzgebung treffen, wenn nicht die Gottheit?
> *Sokr.* Auch nach dem Wunsch der Götter sind also das Gerechte und das Gesetzliche identisch.

Text **[t6]** enthält den für Cicero entscheidenden Gedanken: Die von den Göttern gesetzten und universell verbreiteten ungeschriebenen Gesetze sind zugleich gerecht; sie bilden geradezu den Maßstab der Gerechtigkeit.

Zugegebenermaßen referiert Cicero nicht explizit auf Xenophon. Aber er selbst nennt nicht die Stoiker, sondern vielmehr das Vorbild von Platons *Nomoi* (*Leg.* I, 15). Hinzu kommt die *homoiôsis theô* als eine Schlüsselanspielung (*Leg.* I, 25). Der wichtigste Punkt ist aber, dass Cicero Platon in dem *Nomoi* eine Theorie der Mischverfassung entwickeln sieht, die er selbst unterstützt und auf die Römische Republik bezieht (vgl. *Rep.* II, 42,66 und *Leg.* II, 23). So gesehen ist es naheliegend anzunehmen, dass Cicero den platonischen *Nomoi* auch eine Naturrechtslehre zuschreibt.

Wenn sich Cicero also auch in der Naturrechtstheorie affirmativ auf die *Nomoi* und generell auf Platon bezieht, muss man sich als Interpret der grundlegenden und schwierigen Frage zuwenden, wie sich Platon selbst zu dieser Tradition verhält. Bekanntlich erscheint der Rekurs auf die Natur mit Blick auf die Rechts- und Staatsordnung bei Platon besonders an einer prominenten Stelle, nämlich in der Rede des Kallikles im *Gorgias* (483a7–484c3). Dort ist es aber das Recht des Stärkeren, dem der Titel eines ‚Naturgesetzes', eines *nomos tês physeôs*, zugeschrieben wird (483e6). Akzeptiert man die (ziemlich unausweichliche) Standardauffassung, wonach Platon als lebenslanger Gegner der kallikleischen Position anzusehen ist, dann muss es so sein, dass Platon entweder [I] die Naturrechtsidee generell ablehnt (z. B. weil er sie mit dem Recht des Stärkeren gleichsetzt) oder aber [II] er müsste das Recht des Stärkeren als Fehldeutung der Naturrechtstheorie entlarven und eine eigene Naturrechtstheorie vertreten.

Dass Platon als ein Gegner (oder zumindest als Nicht-Befürworter) der Naturrechtstheorie anzusehen, ist eine weitverbreitete Auffassung, beispielsweise die von Gisela Striker (1996). In ihrem kurzen Abriss zur Entstehung der Naturrechtskonzeption, welche sie ebenfalls bei den Stoikern ansiedelt, erklärt Striker, der Ausdruck *nomos tês physeôs* werde von Platon geradezu distanziert gebraucht; er stelle für ihn im Grunde eine *contradictio in adjecto* dar. Denn Gesetze seien für Platon immer ungenügende, defizitär formulierte Regeln. Er selber sei zwar durchaus als normativer Naturalist anzusehen, aber ohne dass er dabei den Begriff des Naturgesetzes affirmativ verwenden würde. Striker wirft in dem Aufsatz auch kurz die wichtige Frage auf, ob Platon nicht in der Ideenordnung jenes Paradigma sehen könne, das für irdische Rechtsordnungen als naturrechtliches Vorbild oder Normierungsprinzip heranzuziehen sei. Sie kommt zu einem negativen Ergebnis, und zwar unter Hinweis darauf, dass Platon den notwendigen Defizienzcharakter von Gesetzesformulierungen hervorhebe, die niemals alle konkreten Fälle abzudecken vermögen. Gesetze könnten, so Striker, keine Abbilder von Ideen sein, weil sie der Komplexität der empirischen Einzelfälle gerade nicht gerecht werden könnten. Striker formuliert den Punkt so (1996: 214):

It would seem that for Plato laws have the kind of status that rules have in Utilitarian theories – they are always just rules of thumb since the actual standard of rightness is the result to be achieved, and this will inevitably require an indefinite number of exceptions to the rules.

Dass Platon alle Gesetze als bloße Daumenregeln ansehen mag, impliziert (wenn es denn stimmt) m. E. trotzdem nicht, dass sie nicht auch als solche unvollkommenen Regeln Abbilder der Ideenordnung sein können. Strikers Schlussfolgerung lautet hingegen so, dass sie Platon zwar einen normativen Naturalismus in der Gerechtigkeitsfrage, nicht aber eine Naturrechtstheorie zuschreibt (1996: 214):

I conclude that Plato does indeed hold that there is an objective, ‚natural' standard of justice; but he decidedly does not believe that this standard is given by anything that could be called natural law.

Mir scheint Strikers Schluss problematisch zu sein. Sicher, Platon betont besonders im *Politikos*, Gesetze seien insofern mangelhaft, als sie unmöglich zugleich das Beste und Gerechteste für alle Bürger angeben und befehlen könnten; gegenüber der Verschiedenheit der Personen und der Situationen verhielten sich die Gesetze, wie es heißt, starr und unveränderlich (*Politikos* 294a – b). Jedoch folgt daraus nicht, dass Platon keinen Vernunft- oder Ideenursprung normativ angemessener Gesetze annähme. Denn die mangelhafte *Anwendbarkeit* von allgemeinen Regeln auf die sinnlich erkennbare Welt liegt ja am instabilen, flüchtigen Charakter der sinnlichen Welt, nicht an einem *inhärenten Mangel* von Gesetzesformulierungen als solchen.

Welche Spielart von normativem Naturalismus vertritt Platon also, eine naturrechtliche oder eine anti-naturrechtliche? Um dies zu untersuchen, möchte ich zumindest einen platonischen Text heranziehen. In seiner Auseinandersetzung mit den materialistischen Atheisten in *Nomoi* X charakterisiert Platon die von ihm abgelehnte Theorie so, dass sie in staatsphilosophischer Hinsicht konventionalistisch sei und damit fälschlich einen normativen Naturalismus verwerfe. Hierbei wird wie durch eine Negativfolie deutlich, was Platon selbst verteidigen will – und das ist, wie mir scheint, eindeutig eine Naturrechtstheorie (*Nomoi* X, 889d6 – 890b2):

> [t7] Athener. [...] Und so behaupten sie denn auch, von der Staatskunst hänge nur ein kleiner Teil mit der Natur zusammen, mit der Kunst dagegen der größte; und so beruhe auch die Gesetzgebung insgesamt nicht auf der Natur, sondern auf der Kunst, deren Satzungen nicht wahr seien.
> Kleinias. Wie meinst du das?
> Athener. Die Götter, mein Bester, so lautet die erste Behauptung dieser Leute, verdankten ihr Dasein der Kunst und nicht der Natur, sondern bestimmten Gesetzen, und diese seien jeweils verschieden, je nachdem wie die einzelnen Gesetzgeber hierbei miteinander übereingekommen seien; und so sei auch das Schöne etwas anderes nach der Natur und etwas anderes nach dem Gesetz; das Gerechte vollends beruhe überhaupt nicht auf der Natur, sondern die Menschen würden darüber fortwährend streiten und es ständig neu festsetzen; was sie aber festsetzten und sobald sie es einmal festgesetzt hätten, das sei dann jeweils gültig, obwohl es auf der Kunst und auf den Gesetzen beruhe, aber gewiss nicht auf irgendeiner Ordnung der Natur. Das alles, meine Freunde, sind Lehren von Männern, die bei den jungen Leuten für weise gelten, von Prosaschriftstellern und von Dichtern, die behaupten, das Gerechteste sei das, was einer mit Gewalt durchsetzt. Daher befallen unfromme Überzeugungen die jungen Leute, als gäbe es keine solchen Götter, wie man sie sich nach der Vorschrift des Gesetzes zu denken hat, und dadurch entstehen Aufstände, weil jene die jungen Leute zu dem ‚richtigen Leben gemäß der Natur' hinziehen, das in Wahrheit darin besteht, dass man die anderen beherrscht und nicht dem Gesetz gemäß anderen dient.
> Kleinias. Was für eine Lehre, Fremder, hast du da dargelegt und was für ein großes Verderben für die jungen Leute, sowohl öffentlich in den Staaten als auch in den einzelnen Familien.

Zwar sind die hier von Platon attackierten Atheisten keine machttheoretischen Naturalisten wie Kallikles im *Gorgias*, sondern sie vertreten einen anti-naturrechtlichen Konventionalismus wie z. B. Thrasymachos in *Politeia* I oder auch Hippias im *Protagoras* (337d1–2). Im zitierten Textstück changiert der Gebrauch des Ausdrucks *nomos* denn auch stark zwischen ‚Gesetz' einerseits und ‚Brauch' oder ‚Konvention' andererseits (wie dies für die These der Konventionalisten kennzeichnend ist). Die abschließende Kritik Platons (in 890a2–9) gilt aber den Dichtern (darunter Pindar), denen er hier eine Form des normativen Naturalismus vorwirft, die darauf hinausläuft, junge Leute zu eigeninteressierten Herrschern statt zu gemeinnützigen Amtsträgern zu machen. Der Text impliziert, wie mir scheint, deutlich eine platonische Naturrechtskonzeption, in der *physis* und *nomos* affirmativ zusammengedacht werden.

Hier liegt ein möglicher Bezugspunkt Ciceros. Zu beachten ist ja, dass sich Cicero in *De legibus* I ausdrücklich gegen Leute wendet, die ihre üblen Taten damit rechtfertigen, dass diese ‚irgendeinem Naturrecht' entsprächen (*defensionemque facinoris a naturae iure aliquo quaereret: Leg.* I, 40). Das klingt so, als wollte auch Cicero analog zu *Nomoi* X den Ausdruck *ius naturae* gegen eine missbräuchliche Verwendung in Schutz nehmen.

Favorisiert Cicero mit seiner Idee des Naturrechts in Wahrheit nur die römische Rechtstradition? In einem früheren Aufsatz (Horn 2007) habe ich mich gegen zwei kontextualistische Interpretationen der ciceronischen Rechtskonzeption gewandt, gegen die von Margaret Atkins (1990) und die von Klaus Girardet (1983 und 1995). Mit Blick auf *De legibus* I kann ich diese Argumentation noch vertiefen, indem ich etwa auf die Passage I, 17 verweise, wo sowohl das Edikt des Prätors als auch das Zwölf-Tafel-Gesetz als Legitimationsquellen von Recht abgelehnt werden. Dass Cicero keinen römischen Kommunitarismus verteidigt, wird nochmals in *Leg.* I, 57–58 deutlich, wo Quintus ausdrücklich sagt, er wünsche sich „weder die Gesetze des Lykurg, des Solon, des Charondas oder des Zaleukos noch unsere Zwölf Tafeln oder unsere Volksbeschlüsse"; vielmehr verlangt er von Cicero (als Dialogfigur), er solle im jetzigen Gespräch „sowohl den Völkern als auch den einzelnen Menschen Gesetze und eine Ordnung für die Lebensführung geben". Das ist eine klare Artikulation der überpositiven Orientierung, die Cicero mit seiner Naturrechtskonzeption anstrebt. Er legt sich denn auch als Dialogfigur selbst folgende Worte in den Mund:

> [t8] In der Tat ist das, was Du erwartest, der Kern dieser Erörterung, Quintus, und ich wünschte mir auch, dazu in der Lage zu sein. Aber da das Gesetz dazu dienen muss, falsches Verhalten auszumerzen und die Tugenden zu empfehlen, trifft es zweifellos zu, dass die Lehre vom richtigen Leben (*uiuendi doctrina*) aus dem Gesetz hergeleitet wird.

Die Naturrechtskonzeption bezeichnet mithin für Cicero nicht nur nichts Konventionelles, Partikulares oder Kontextuelles, sie verdient ihm zufolge vielmehr als Basis für die *vivendi doctrina* charakterisiert zu werden. Basis ist sie insofern, als ihr intrinsisch motivierender Charakter für die Rechtsgesinnung und Staatsloyalität von Bürgern entscheidend ist.

9.4 Dogmatisch metaphysisch gegen anti-dogmatisch epistemologisch

Es bleibt nun noch die wichtige Frage zu klären, weshalb Cicero, dessen erkenntnistheoretische Position bekanntlich die eines akademischen Skeptikers ist, eine so anspruchsvolle metaphysische Naturrechtstheorie entwickeln kann, wie wir sie in Abschnitt I. rekonstruiert haben. Mehr noch, indem er offenkundig philosophische Anleihen bei Platon, Aristoteles und den Stoikern macht, scheint er einen allzu sorglosen Eklektizismus zu praktizieren. Das weckt den Verdacht, dass Cicero die Theorie von *De legibus* I nicht mit dem vollen Nachdruck einer ernsthaften, eigenständigen Meinung entwickelt. Kann diese Naturrechtskonzeption überhaupt seinen eigenen Überzeugungen entsprechen? Mit Sicherheit auszuschließen ist, dass er sie im Sinn eines bloßen doxographischen Referats vorführt. Aber bestätigt sich der Eindruck eines fahrlässigen oder absichtsvollen Eklektizismus? Auffällig ist ja auch, dass er die Dialogfigur Atticus, der Epikureer ist, das anti-epikureische Zugeständnis machen lässt, die Götter gestalteten die Welt und das Leben der Menschen (*Leg.* I, 21). Atticus kommentiert sein Zugeständnis mit den Worten, an diesem Ort könne er sicher sein, dass keiner seiner epikureischen Mitschüler ihm zuhöre. Deutet dies vielleicht an, dass philosophische Überzeugungen in *De legibus* generell zugunsten theoriepragmatischer Erwägungen zurückgenommen werden? Tatsächlich klingt es in einer Passage in unserem Buch I so, als stellte Cicero den sozialen oder politischen Erfolg einer Theorie über ihren argumentativen Wert, wenn er schreibt (*Leg.* I.37):

> **[t9]** All unser Reden zielt auf die Festigung der Staaten, die Sicherung der Rechtsnormen und das Wohl der Völker. Deshalb scheue ich mich, es dahin kommen zu lassen, dass Grundlagen gelegt werden, die zuvor nicht gut genug durchdacht und nicht sorgfältig erforscht sind, allerdings nicht so weit, dass sie von allen anerkannt werden – denn das ist ausgeschlossen –, sondern nur von denjenigen, die die Überzeugung vertraten, dass alles Rechte und Anständige um seiner selbst willen erstrebenswert sei (*omnia recta atque honesta per se expetenda*) und dass entweder gar nichts zu den Gütern zu rechnen sei außer dem, was allein durch sich selbst schon lobenswert sei (*nihil omnino in bonis numerandum nisi quod per se ipsum laudabile esset*), oder dass bestimmt nichts für ein großes Gut zu halten sei, was nicht

für sich allein schon aufrichtig gelobt werden könnte (*certe nullum habendum magnum bonum, nisi quod uere laudari sua sponte posset*).

Zunächst könnte man meinen, Cicero bekenne sich in **[t9]** dazu, den politisch-pragmatischen Effekt einer Theorie, genauer ihre Wirkung auf die Sicherung der Rechtsnormen und auf das Wohl der Völker, wichtiger zu nehmen als ihre argumentative Qualität: Gleichgültig, wie gut ein theoretisches Modell ist, es kommt nur darauf an, dass es das Richtige sagt und sich auf die persönliche Moral seiner Rezipienten günstig auswirkt. Das wäre jedoch ein falscher Eindruck. Cicero betont ausdrücklich, dass es die mangelhafte theoretische Qualität sei, die ihn davon abhalte, ungenügend durchdachte Prinzipien des Rechts anzunehmen (*non bene prouisa et diligenter explorata principia*). Der entscheidende Punkt ist, wie man hier erneut sieht, ob eine Rechtstheorie dazu imstande ist zu erklären, wie man die Bürger zum Tun des Richtigen intrinsisch motivieren kann. Ungenügend ist es demnach, ein angemessenes Sozialverhalten durch die Furcht vor Sanktionsdruck erzwingen zu wollen. Es sind nun aber mehrere philosophische Schulen, die den Wertcharakter der intrinsischen moralischen Motivation angemessen beschreiben können. Entsprechend kann Cicero auch mehrere philosophische Positionen miteinander verbinden. Dies sagt er ausdrücklich im nachfolgenden Passus aus *De legibus* (I, 38):

> **[t10]** Von allen diesen – ob sie nun in der Alten Akademie zusammen mit Speusipp, Xenokrates oder Polemon geblieben sind oder Aristoteles und Theophrast folgten, die mit jenen in der Sache zwar übereinstimmten, in der Lehrmethode jedoch ein wenig von ihnen abwichen, oder die, wie es Zenon für richtig hielt, ohne Veränderung der Inhalte nur die Begriffe austauschten oder sogar der schwierigen und nicht leicht zugänglichen, aber doch schon überwundenen und widerlegten Lehre des Ariston gefolgt sind, so dass sie alles außer den Tugenden und Lastern auf die Ebene vollkommener Gleichheit stellten – von allen diesen werden meine Ausführungen gebilligt.

Sowohl die Vertreter der Älteren Akademie, die Platons dogmatische Philosophie fortsetzten, als auch der Peripatos als auch Zenon von Kition und die Stoiker, ja sogar der Dissident Ariston von Chios, sind mit ihren jeweiligen philosophischen Mitteln dazu in der Lage, das Prinzip der intrinsischen Motivation zu verteidigen. Nicht so hingegen die Vertreter der Neuen Akademie, über die Cicero kritisch anmerkt (*Leg.* I, 39):

> **[t11]** Die philosophische Schule jedoch, die alle diese Dinge durcheinander bringt, die Neue Akademie eines Arkesilaos und Karneades, wollen wir dringend bitten zu schweigen. Denn wenn sie in den Gedankengang eindringt, der uns hinreichend sachverständig aufgebaut und angeordnet erscheint, wird sie ein großes Durcheinander hervorrufen. Ich möchte sie al-

lerdings nur beruhigen und wage es nicht, sie fortzudrängen (*Quam quidem ego placare cupio, submouere non audeo*).

Der Text verrät eine überraschende Sicht auf die eigene philosophische Schule: Sie soll in dieser Frage schweigen, um nicht für Verwirrung zu sorgen. Hierbei könnte Cicero an jene historische Anekdote denken, die in *De re publica* III eine wichtige Rolle spielt. Dort wird die Brüchigkeit der landläufigen Gerechtigkeitsidee, so wie die Neue Akademie sie sieht, anhand von zwei gegenläufigen Reden vorgeführt. Nach dem historischen Vorbild des Karneades, der als diplomatischer Gesandter Athens im Jahr 155 v.Chr. nach Rom kam und dort an einem Tag philosophische Argumente zugunsten der Gerechtigkeit vorbrachte, am nächsten Tag jedoch gegen Gerechtigkeit plädierte, lässt Cicero eine Rede wider und eine Rede für Gerechtigkeit halten. Der Redner, der die Gegnerschaft zur *iustitia* repräsentiert, ist Philus (*Rep.* III, 8–31), ihr Verteidiger heißt Laelius (*Rep.* III, 32–40). Die Neue Akademie sorgt für eine Uneindeutigkeit und Verwirrung, die man in moralisch-politischen Kontexten nicht gut gebrauchen kann.

Die intrinsische Motivation zum moralischen Gutsein ist nach Cicero so fest in unserer Natur verankert, dass es auf eine künstliche ‚Vernünftelei' (um es mit Kant auszudrücken) hinausliefe, an dieser Stelle Zweifel zu säen. Ciceros Meta-Argument hierfür ist, wie wir in Abschnitt I. sahen, dass Gerechtigkeit (einschließlich intrinsischer Motivation) den natürlichen Erfüllungs- oder Perfektionszustand der Seele bildet. Dass es nun ausgerechnet seine eigene philosophische Schule ist, die hieran Zweifel zu streuen versucht, dies ist Cicero noch die folgende Nachbetrachtung wert (*Leg.* I, 47):

> **[t12]** Aber die Verschiedenheit der Meinungen und die Uneinigkeit der Menschen verwirren uns, und weil dasselbe nicht auf die Sinneswahrnehmungen zutrifft, halten wir diese für von Natur aus zuverlässig; jenes aber, was den einen so, den anderen anders und denselben nicht immer gleich erscheint, halten wir für Einbildung. Das ist in Wirklichkeit völlig anders. Denn unsere Sinne verdirbt kein Vater, keine Amme, kein Lehrer, kein Dichter und keine Bühne; die Einigkeit der Masse lenkt sie nicht von der Wahrheit ab. Den Seelen werden alle nur denkbaren Fallen gestellt: entweder von denen, die ich eben aufgezählt habe, die sie, wenn sie noch zart und unverbildet in Empfang genommen werden, vergiften und nach Belieben verbiegen, oder von der Macht, die sich tief im Innern jeder sinnlichen Wahrnehmung fest eingenistet hat, von der Lust, die das Gute nur vortäuscht, in Wirklichkeit aber die Mutter allen Übels ist; durch deren Schmeicheleien verdorben, erkennen die Menschen zu wenig, was von Natur aus gut ist, weil es diese Süße und diesen Reiz nicht besitzt.

Cicero entwickelt in **[t12]** eine ganze ‚Irrtumstheorie'. Sie soll erklären, weshalb es zu einer so tiefgreifenden Verwirrung in der Frage kommen kann, ob Menschen zur Gerechtigkeit intrinsisch motiviert sind oder nicht. Er meint, dass nichts klarer sei als die Natürlichkeit (im deskriptiven wie im normativen Sinn) unserer intrinsischen Gerechtigkeitsorientierung. Wir seien jedoch hierüber einerseits deswegen unsicher, weil die Eindeutigkeit dieser natürlichen Anlage im Verlauf unserer Sozialisation immer wieder in Zweifel gezogen werde. Während nämlich diese natürliche Anlage in unverbildeten jungen Menschen noch vollkommen intakt sei, gerate sie allzu leicht unter den Einfluss korrumpierender sozialer Faktoren (Vater, Amme, Lehrer, Dichter, Bühne). Andererseits rühre unsere Unsicherheit daher, dass uns die Lust, die mit Sinneswahrnehmungen verbunden sei, von unserer wahren Natur abhalte und durch Süße (*dulcedine*) und Reiz (*scabie*) eine Fehlorientierung begünstige. Lust besitzt eine degenerative Kraft für unsere moralische Anlage.

Wie kann Cicero seine eigene Schule – die der akademischen Skepsis – in einer so zentralen Frage einfach beiseite schieben? Und wie kann er Atticus so unumwunden zur Preisgabe seiner epikureischen Position bewegen? Naheliegend scheint zunächst die Deutung von John Glucker (1988) und Peter Steinmetz (1989), wonach Cicero – zumindest vorübergehend – den skeptischen Standpunkt zugunsten einer dogmatischen Sichtweise aufgegeben hat. Aber das hätte er vermutlich, im vorliegenden Text oder in einem späteren, explizit reflektiert, was jedoch nicht der Fall ist. Cicero scheint sich lebenslang als akademischer Skeptiker verstanden zu haben. Eine weitere mögliche Antwort ist, wie bereits erwähnt, die, dass die römische Philosophie des ersten vorchristlichen Jahrhunderts einfach eklektisch in der Auswahl ihrer griechischen Vorbilder gewesen ist. Das Unbefriedigende an dieser Antwort ist allerdings, dass sie auf einen Vorwurf hinausläuft, weil ein Eklektizismus, der so verfährt, wie Cicero und Atticus es tun, philosophisch sicherlich illegitim ist. Nicht-Zusammenpassendes zu kombinieren, wäre ja keine Innovation, sondern eine Untugend. Eine raffinierte Lösung für das Problem hat nun Atkins (2013: 176–187) vorgeschlagen: Da wir im Text von *De legibus* viele Fingerzeige dafür finden, dass sich Cicero sogar hier, im Kontext der Präsentation einer dogmatischen Lehre, verhalten skeptisch zeigt, lässt sich die ciceronische Zustimmung zur Naturrechtsidee als legitimiert durch den Methodenpluralismus der Neuen Akademie verstehen. Damit wäre erklärt, wie er ein eigentlich fremdes Theoriestück akzeptieren kann, ohne gegen seine Schulidentität zu verstoßen. Cicero akzeptiert das Naturrecht sowohl mit Blick auf den weitgehenden Konsens der Schulen als auch mit Blick auf den Wert der intrinsischen Motivation als das bestverfügbare Fundament für die Etablierung einer Gesetzesordnung.

Literatur

Atkins, E.M. 1990: „Domina et Regina Virtutum": Justice and Societas in De officiis, in: Phronesis 35, 258–289.

Atkins, J.W. 2013: Cicero on Politics and the Limits of Reason, Cambridge.

Dyck, A.R. 2004: A Commentary on Cicero, De legibus, Ann Arbor.

Girardet, K.M. 1983: Die Ordnung der Welt. Ein Beitrag zur philosophischen und politischen Interpretation von Ciceros Schrift 'de legibus', Wiesbaden.

Girardet, K.M. 1995: Naturrecht und Naturgesetz: Eine gerade Linie von Cicero zu Augustinus? in: Rheinisches Museum 138, 266–298.

Glucker, J. 1988: Cicero's Philosophical Affiliations, in: J.M. Dillon/A.A. Long (Hrsg.), The Question of Eclecticism, Berkeley, 34–69.

Hammer, D. 2014: Roman Political Thought. From Cicero to Augustine, Cambridge.

Horn, Ch. 2002: Politische Gerechtigkeit bei Cicero und Augustinus, in: Internationale Zeitschrift für Philosophie 2, 181–204.

Horn, Ch. 2007 Gerechtigkeit bei Cicero: kontextualistisch oder naturrechtlich? In: E. Richter/R. Voigt/H. König (Hrsg.), Res publica und Demokratie. Die Bedeutung von Cicero für das heutige Staatsverständnis, Baden-Baden, 105–121.

Mayer-Maly, Th. 1971: Gemeinwohl und Naturrecht bei Cicero, in: K. Büchner (Hrsg.), Das neue Cicero-Bild, Darmstadt, 371–387.

Neschke-Hentschke, A.B. 1995 : Platonisme politique et théorie du droit naturel, vol. I.: Le platonisme politique dans l'antiquité, Louvain/Paris.

Neschke-Hentschke, A.B. 1999: Justice et état idéal chez Platon et Cicéron, in: M. Vegetti/M. Abbate (Hrsg.), La Repubblica di Platone nella tradizione antica, Neapel, 79–105.

Powell, J.G.F. 2001 (Hrsg.): Cicero's Republic, London.

Steinmetz, P. 1989: Beobachtungen zu Ciceros philosophischem Standpunkt, in: W.W. Fortenbaugh/P. Steinmetz (Hrsg.), Cicero's Knowledge of the Peripatos, New Brunswick, London, 1–22.

Striker, G. 1996: Origins of the Concept of Natural Law, in: dies., Essays on Hellenistic Epistemology and Ethics, Cambridge, 209–220.

Westerman, P.C. 1997: The Disintegration of Natural Law Theory. Aquinas to Finnis, Leiden/New York/Köln.

Wood, N. 1988: Cicero's Social and Political Thought, Berkeley.

Jed W. Atkins
10 Natural Law and Civil Religion: De legibus Book II

10.1 Introduction

The term "civil religion" (*religion civile*) was introduced into modern political thought by Jean Jacques Rousseau at the end of his *On the Social Contract* (IV, 8). In his lengthy discussion in this chapter, Rousseau notes that "no state has ever been founded without religion serving as its base" (trans. Cress).[1] He spends most of the chapter discussing and dismissing the political efficacy of a number of real present and historical religions (e.g., forms of Christianity, paganism, Islam). Finally, in the final five paragraphs of the chapter, Rousseau, taking his bearing from "right" (*droit*) rather than from "political considerations," sketches the basic principles of a civil religion. These principles are minimal and general; they must be embraced and followed by all good citizens on pain of banishment or death. They include the following: (1) The existence of a powerful, intelligent, beneficent, provident divinity; (2) the afterlife; (3) the happiness of the just and the punishment of the wicked; (4) the sanctity of the social contract and law; and (5) the intolerance of intolerance. In addition to these five, Rousseau is adamant that the same rulers should oversee both religious and state affairs.

Scholars are puzzled by the relationship between this general civil religion and the preceding discussion. As Beiner (2011, 16) notes, "Nowhere in Book IV, chapter 8 does Rousseau explain how the anemic religion that he conjures up at the end can possibly satisfy the robust requirements that qualify a civil religion as a real civil religion, and it remains entirely mysterious how the liberalized religion to which he lowers his standard in the last five paragraphs of the chapter can elude the seemingly exhaustive framework of analysis laid out in the first thirty paragraphs." This chapter seems to present a wedge that threatens to cleave apart Rousseau's heretofore seemingly total commitment to civic republicanism. Rousseau regards ancient paganism—the "religion of the citizen"—as

---

[1] When quoting sources in languages other than English, I have sometimes used my own translations and sometimes those of others. Where I have followed the translations of others, I have indicated so in the text. For the French text of Rousseau's *Du contrat social*, I have followed the edition of R. Grimsley (Oxford, 1972). For the Latin text of Cicero's *De legibus* and *De re publica*, I have followed the edition of J. G. F. Powell in the Oxford Classical Texts series (Oxford, 2006).

more politically useful than New Testament Christianity (though less true). Nevertheless, rather than settle for a national religion like Machiavelli or ancient paganism, Rousseau, following principles of right, aims to present a religion more universal in its aspirations, one that will avoid the intolerance he attributes to historic civil religions. However, it is hard to see how such a minimal, universal religion will bind citizens more deeply to their shared civic community, as any civil religion must. Indeed, Rousseau criticized the otherworldly teachings of New Testament Christianity on precisely this point. Thus, the modern discussion of "civil religion" is fraught by tension from the start.

Though Rousseau is sometimes credited with coining the term "civil religion," the basic concept of a religion that serves the needs of the state was an important one in antiquity. Indeed, the Roman scholar Marcus Terentius Varro (116–27 BCE) used the term civil theology, "*civilis theologia*," to indicate religion in precisely this sense. However, it is Varro's slightly younger contemporary Cicero, who, in Book II of *De legibus*, provided the fullest account of a civil religious law code in the Roman world. Like Rousseau, Cicero argued that religious laws are most fundamental to establishing a commonwealth (*Leg.* II, 69). And as in Rousseau's later treatment of civil religion, Cicero's account is beset by apparent tensions relating to the relationship of the universal and the particular. However, I will argue that Cicero more successfully handles these tensions than does Rousseau. Regulating his lawcode by piety towards the gods stipulated by a universal natural law, Cicero nevertheless fleshes out a civil religion thick enough to bind together citizens in a particular *res publica*. Like all valid laws, the religious law code directs citizens to perform virtuous actions, thus promoting virtue and happiness while also supporting the constitution.

10.2 Natural Law and the Purposes of Legislation (II, 1–14)

Book II of *De legibus* opens with Marcus walking with his brother Quintus and best friend Atticus along the Fibrenus river at his ancestral estate in Arpinum. The natural beauty of the place recalls the earlier conversation from Book I on nature as the source of law and justice (*Leg.* II, 2). In response to Marcus' statement that Arpinum was his "genuine fatherland" (*Leg.* II, 3), Atticus asks his friend whether he has two fatherlands (*duas patrias*; *Leg.* II, 5). Marcus responds in the affirmative. He and all other members of Roman municipalities have two homelands: one by nature and one by the convention of Roman citizenship (*Leg.* II, 5). Following immediately in the wake of Marcus's description of the cosmic city of gods and human beings that concludes Book I, this allusion carries special resonance. For the Stoics, too, recognized that we owe allegiance to two cities, one natural and one conventional—albeit for the Stoics, the natural city is the cosmic city and the conventional city is where we hold our citizenship accidentally (see Seneca, *De otio* IV, 1). There is another important difference: for the Stoics, our chief allegiance is to the natural city, the cosmic city, whereas for Marcus, it is on behalf of the conventional city, Rome, that "we ought to die and to which we ought to devote ourselves entirely and in which we ought to place and consecrate, as it were, everything" (*Leg.* II, 5).

This is an important point. The religious laws that Marcus will promulgate later in Book II (and indeed the laws regarding magistracies in Book III) will be suited to Rome, and in particular, to the Roman "mixed" constitution as described in *De re publica* (*Leg.* I, 20; II, 23). Indeed, Marcus had explicitly stated this purpose for crafting legislation earlier at *De legibus* I, 20: "We must maintain and preserve the condition of the commonwealth that Scipio taught was best in those six books [of *De re publica*], and all the laws must be adapted to that type of state." More generally, Marcus lists the "security of states" as one of the goals of any valid legislation (*Leg. II*, 11).

There is a second purpose of the forthcoming lawcode, which Marcus also specifies in his discussion of the goals of legation at *Leg.* II, 11. In addition to promoting the "security of states," law is designed to promote "the health of citizens … and a peaceful and happy life for human beings" (*Leg.* II, 11). People are to understand that the implicit intention behind all enacted legislation is to encourage citizens to live "honorable and happy lives." Laws that do not achieve this goal reflect a broken promise between the legislators and their citizens (*Leg.* II, 11).

How does law promote the happy lives of citizens? For the answer to this question, we must return to the Book I discussion of natural law. There Marcus had defined law as "the highest reason, implanted in nature, which commands what should be done and forbids the opposite" (*Leg.* I, 18; cf. II, 8, 10). Based on this definition of law, Cicero defines justice as giving to each his due. It is intelligence (*prudentia*) that commands right conduct and forbids wrong conduct (*Leg.* I, 19). Consequently, justice is both obedience to the law and a virtue or character trait that makes such obedience possible. Law in turn both commands actions and establishes justice, the source of the other virtues that undergird society, such as liberality, patriotism, *pietas*, doing well by others, or showing gratitude for favors received (*Leg.* I, 42–43; cf. I, 30, 32). Law builds character, which is required for happiness (see Annas 2013: 216). Thus, laws are both action-guiding and happiness-producing (see *Leg.* II, 11).

Cicero restates this version of natural law early in Book II (*Leg.* II, 8, 10). According to Cicero, law is not at base the enactments of peoples, nor are its contents necessarily reflected in written law. Law is "something eternal that rules the whole universe by its wisdom to command and prohibit" (*Leg.* II, 8). It reflects both the mind of god and "the reason and mind of a wise lawgiver" (*Leg.* II, 8; cf. II, 10). It both establishes right and wrong actions, and calls human beings to perform them (*Leg.* II, 9). Even before written legislation, reason enjoined courageous and just actions (*Leg.* II, 10). Once again, we see that law is action-guiding and enjoins the exercise of the virtues.

One of the dilemmas of *De legibus* II is how this natural law of Books I–II relates to the more specific legislation of Books II–III. Many scholars have detected problems (Zetzel 1999, xxiii; E. M. Atkins 2000, 498–502; Dyck 2004, 238; Inwood and Miller 2007, 140–47). A number of different solutions have been offered (Girardet 1983; Asmis 2008; Atkins 2013a; Annas 2013). One of the main difficulties for interpreters revolves around the fact that none of the specific laws of Books II and III appear to meet the criteria of universality and eternality that characterize natural law (see, e.g., Inwood and Miller 2007, 145).

Much confusion on the issue is caused by a misreading of the import of an exchange between Marcus and Quintus at *Leg.* II, 13–14. Quintus asks Marcus whether "the laws that you will propose are the sort that are never repealed?" Marcus responds in the affirmative, with an important qualification: "Certainly —so long as they are accepted by the two of you [that is, Quintus and Atticus, his two interlocutors]." As the dialogue continues, however, we learn that Quintus and Atticus, having assumed the role of a popular assembly (*Leg.* II, 14; II, 24), reject particular provisions of the proposed law code, including the office of the tribune and voting by ballot (see *Leg.* III, 19–26; III, 33–39). Consequently, the condition is never met, and indeed can never be met so long as laws—even just ones—are enacted by human beings, as in fact must be the case for all written legislation. In the world of politics, permanence is contingent (see Atkins 2013a, 206–207).

We will return later to the relationship between natural law and written legislation in greater detail. For now, it is enough simply to take stock of the most important parts of the argument of *De legibus* II, 1–15. In this first section of Book II, Cicero recalls for the reader the two purposes of legislation: to protect and defend states, and to promote a happy way of life among their citizens. The latter goal is achieved by law's capacity to direct human beings to perform virtuous actions, which in turn produces the virtuous characters needed for a happy life. In order for written legislation to rightly be called "law," it must aim at these goals. Of course, written legislation is passed within the context of particular political societies, whose good they must promote. In the case of

De legibus, this means the mixed constitution. Laws must be adapted to suit that type of regime. Thus, like Aristotle before him, laws are guided by the type of constitution in addition to nature (cf. *Politics* IV, 1; Miller 1995; Miller 2013).

10.3 Cicero's *Laws* and Plato's *Laws* (II, 14–18)

Cicero's explicit model for his *De legibus* is Plato's *Laws* (*Leg.* I, 15; II, 14). Modern readers of Cicero's *Laws* have found this claim somewhat perplexing. When one focuses one's attention on the dialogue's literary form, the influence of the Platonic model is readily apparent. Indeed, according to James Zetzel (1999, xxi), *De legibus* "is Cicero's most successful attempt at imitating the manner of a Platonic dialogue." However, when one turns one's attention to the content, Plato seems to recede into the background, as one source among many. Take for instance natural law, arguably the work's most prominent and influential doctrine. Although Marcus is coy with regard to the identity of his sources, here the strongest influence appears to be Stoicism. For example, Marcus' definition of law (quoted above) closely follows that of the Stoic Chrysippus (*SVF* III, 315; *SVF* III, 308). While it is likely that Plato's *Laws* influenced the Stoic tradition of natural law theory, the impact of the former on the latter is far more complex than a simple appropriation of Plato's argument by the Stoics (see Atkins 2015). Scholarly enquiry into Cicero's sources on natural law has yielded meager fruit, with proposals ranging from a medley of Stoic sources to Cicero's own teacher, the Stoicizing Platonist Antiochus, serving as the primary source. However, Plato's *Laws* is generally not seen as an important source with respect to natural law and the dialogue's other substantive teachings (but see Annas 2013 and Atkins 2013a).

Cicero himself is partially responsible for the tendency of modern commentators to downplay the importance of Plato's *Laws* on the substantive teachings of *De legibus*. At *Leg.* II, 14–18 Marcus introduces his law code with a prelude. In explaining his reasons for including such a prelude, he cites Plato's *Laws* as providing the precedent.

> But I believe I must do as Plato did, the most learned and greatest of all the philosophers, who first wrote about the commonwealth, and also wrote separately about its laws (*de legibus eius*)—that is, before I recite the law itself, I will speak in its praise.... Evidently Plato, in his imitation of them [Zaleucus and Charondas], thought that this also was the function of law, to persuade to some degree and not to compel all compliance by force and threats (*Leg.* II, 14).

Following this explanation, Marcus goes ahead and recites the prelude. When he is finished, Quintus responds by drawing a sharp contrast between his brother and Plato. "I am entirely pleased that you and he [Plato] are concerned with different subjects and opinions. For nothing is so unlike Plato as what you said earlier or this prelude about the gods. You seem to me to imitate a single thing: his style" (*Leg.* II, 17).

Both Marcus' explanation for his reason for including a prelude and Quintus' response to the prelude have caused difficulties for commentators. Marcus' statement at II, 14 raises questions about how Cicero understood the relationship between Plato's *Republic* and *Laws*. The most natural reading seems to suggest that Marcus thinks that the laws of Plato's *Laws* were meant to accompany the constitution of Plato's *Republic*. Yet, as readers of Plato since Aristotle have noticed, the laws of Plato's *Laws* were not designed for the ideal city of Book V of Plato's *Republic* but for the second-best regime of Plato's *Laws*. Still, this passage need not cause us to question the sophistication, depth, or care with which Cicero read Plato. Marcus' remarks here instead place Cicero within an ancient tradition of reading Plato's two main works on political philosophy as complementary, a viewpoint which has also gained traction among modern readers of Plato in recent years (see, e.g., Laks 1990). A close reading of Cicero's *De re publica* and *De legibus*, paying careful attention to the way these works treat Plato's own *Republic* and *Laws*, reveals that Cicero sees Plato's *Laws* as completing and complementing what he takes to be the central teaching of Plato's *Republic* regarding the nature of the best regime given the instability of political affairs. Cicero understands the laws of Plato's *Laws* to be suited for the regime that answers an important question posed, but ultimately left unanswered, by Plato's *Republic:* What is the appropriate ideal regime given the important truth that political affairs are unstable and are not readily amenable to the rule of reason (see Atkins 2013b)?

Quintus' remarks at II, 17 have likewise led commentators to downplay the inspiration of Plato's *Laws* on *De legibus* (see, e.g., Pohlenz (1970–72, vol. II, 126) and Glucker 1988, 61). However, we should hesitate to accept the accuracy of Quintus' remarks (see Atkins 2013a, 162–65; Annas 2013, 206–208). Despite Quintus' claim that Marcus' imitation of Plato is limited to "his style" (*Leg.* II, 17), the prelude to the lawcode at *Leg.* II, 15–16 in fact shares the same goals as Plato's *Laws:* to *persuade* the citizens that the gods exist, manage human affairs, and take account of both piety and crimes. That Marcus' prelude follows Plato's closely should not surprise; after all, Marcus had just announced his intention to follow Plato regarding this feature. Nor should it surprise that Quintus misses the significance of the Platonic inspiration. Throughout the dialogue, Quintus is portrayed as having far more enthusiasm for the Roman legal tradition than for the Greek philosophical tradition (Atkins 2013a, 162–63).

10 Natural Law and Civil Religion: De legibus Book II

Marcus' own response in fact corrects his brother. Marcus does desire to imitate Plato and in fact would even "translate his thoughts" if doing so would not keep him from being himself (*Leg.* II, 17). In fact, both Cicero's treatment of natural law and the lawcode promulgated in Books II and III are creative appropriations of Plato. Consider three respects in which Cicero creatively appropriates the philosophy of Plato's *Laws*.

First, as Julia Annas has recently argued (2013), both Cicero's account of natural law and Plato's laws are designed to produce virtue and happiness in citizens. The preludes to Plato's *Laws*, as Cicero recognized, presumed that this goal is best achieved when the coercive force of law is supplemented by persuasion. Annas points out that Cicero's account of natural law in Book I can be seen as functioning as a type of extended prelude to the lawcode, inasmuch as it seeks to persuade citizens that natural law is the source of the virtues (2013, 217). And in fact, Cicero bookends the first book with references to Plato's *Phaedrus*, a dialogue about rhetorical persuasion (cf. *De legibus* I, 4 and *Phaedrus* 229b–d as well as *De legibus* I, 58–59 and *Phaedrus* 229e–230a). In arguing for natural law in Book I, Marcus employs a tightly argued proof beginning from philosophical and theological starting points that he believes will be persuasive to all philosophers but the Epicureans and Academic skeptics (*Leg.* I, 8–34) as well as a more loosely argued but highly rhetorical approach that begins from everyday moral phenomena (*Leg.* I, 40–52). The first book concludes with the eulogy of the more expansive rhetorical approach that one must use alongside legislation if one is to achieve the sorts of goals for human society at which (natural) law aims (*Leg.* I, 62).

Second, as I have argued in Atkins 2013a, Cicero's account of the laws in the lawcode follows Plato's *Laws* in its emphasis on what is necessary and practicable in addition to considering what is best. This is especially evident in the discussion over the powers of the tribune, in which Marcus rejects Quintus' proposal to eliminate the tribune from the constitution of their ideal state on the grounds that his brother is giving insufficient attention to what is necessary (*necessarium*) in addition to what is best (*optimum*) (*Leg.* III, 26). The disagreement between the brothers is indebted to Plato's *Laws* (857e–858a). And more generally, Cicero's legislation follows the principle of accommodating natural law to particular contingencies that deeply informs Plato's *Laws* (see Atkins 2013a, 208–217; for the principle in Plato, see Atkins 2013a, 189–95 and Atkins 2015, 177–81).

Third, as I will develop later in this chapter, Cicero follows Plato in relating his particular religious laws, drawn largely from traditional religious practices, to the virtues specified by natural law, that is, by the reason pervading the cosmos. Though the ethical universalism of Cicero's *Laws* is much more palpable than

Plato's, Cicero in general follows Plato in retaining the constitution of the polis/ *res publica* as the key determinant for regulating political life (see also Atkins forthcoming).

10.4 Civil Religion Ancient and Modern: Cicero's Religious Code (*Leg.* II, 19–22)

Following the prelude, Marcus unveils his lawcode (*Leg.* II, 19–22). This lawcode provides a number of general laws concerning religion. These laws are drawn from several different sources, including the Roman religious tradition, the Roman Twelve Tables, Greek lawgivers such as Solon, Plato's *Laws*, and Cicero's own experience (see Dyck 2004, 290). The remainder of Book II (*Leg.* II, 23–69) contains commentary on the lawcode by Marcus, and discussion between Marcus, Quintus, and Atticus.

One of the problems raised in the commentary concerns how specific to Rome these laws are supposed to be. On one hand, they are suited to the Roman mixed constitution and reflect the laws of Numa and Roman religious customs (*Leg.* II, 23). On the other hand, Marcus argues "we are giving laws not for the Roman nation but for all good and established nations" (*Leg.* II, 35). This latter provision may be seen as part of a wider effort to universalize religion in the later Roman Republic (Peppel 2007, 18–22). In Cicero's case, the universal orientation would appear to derive from Marcus' effort to find a natural and rational footing for his religious lawcode (see, e.g., *Leg.* II, 61).

The tension between the universal and the particular in Marcus' law code, as the result of an attempt to provide a rational civil religion, recalls Rousseau's treatment of civil religion reviewed at the outset of this chapter. There are important differences between the two accounts. Most obviously, Cicero's code is far more detailed and incorporates many provisions of a real civil religion—that of Republican Rome—whereas Rousseau's remains in the realm of the universal and abstract. In fact, according to their respective critics, they have erred in opposite directions regarding the universal and particular: Rousseau opts for a general universal religion lacking the cohesiveness of a particular civil religion, whereas Cicero opts for a particular civil religion that seems inconsistent with the general, universal principles of natural law. Still, Marcus's lawcode, preamble, and commentary include a number of components similar to key tenets of Rousseau's later civil religion. Indeed, one wonders with respect to one of the most obvious differences whether Rousseau had either Cicero's *De legibus* or Plato's *Laws* in mind as his target when he stresses that the "dogmas of civil religion ought to be ... without explanations or commentaries" (*On the Social Contract* IV, 8, 33; trans. Cress).

Let's consider the dogmas of Rousseau's civil religion as they relate to Cicero's law code. First, as the preamble to Marcus' lawcode makes clear, Cicero's civil religion posits the existence of powerful, intelligent, provident gods. The "gods are the masters (*dominos*) and directors (*moderatores*) of all things, and whatever occurs happens according to their judgment and will" (*Leg.* II, 15). Second, there is an afterlife: an "ascent into heaven" awaits human beings who exercise such moral qualities as "intelligence, virtue (*virtus*), piety (*pietas*), and faith" (*Leg.* II, 19). Third, and relatedly, we find provision for the happiness of the just and the punishment of the wicked (cf. II, 15, 19, 24).

Fourth, as Rousseau asserts the sacredness of the social contract and his laws, so Marcus invokes the presence of the gods to ensure the sacredness of the community of citizens (*sancta societas civium*) (*Leg.* II, 16). According to Marcus (though not according to Roman practice), it should be a capital offense to refuse to obey the augurs when they declare a public act void on the grounds of it being unholy or ill-omened (*Leg.* II, 21). The public priest should condemn as impious violations of the religious law (*Leg.* II, 22; cf. II, 37). The lawcode also maintains the role of the fetial priests as "judges and messengers for treaties, peace, war, truces, and messengers (*oratorum*)" (*Leg.* II, 21). The fetial priests advised the Senate on foreign policy and originally possessed the right to declare war. In order for a just war to be declared (cf. *Leg.* III, 9), these priests would visit the offender, name the grievance, and ask for restitution. If restitution were not given within a period of time (30 or 33 days, depending what source one consults), the priests would declare war and return to Rome to await the Senate's resolution. Thus, even an important part of foreign policy such as the declaration of war received religious sanction.

The fifth stipulation for Rousseau, and the only negative one, is especially interesting: Civil religion must be a tolerant religion that does not tolerate intolerance (see, e. g., Griswold 2015). Rousseau's contemporary, the Scottish philosopher David Hume, had famously argued in Chapter 9 of his *The Natural History of Religion* that polytheistic religions were tolerant of minority and foreign religion practices, and that monotheistic religions were inherently intolerant. However, whereas Rousseau's monotheistic civil religion promotes tolerance through a thin, rationalistic religion, Cicero's polytheistic civil religion proscribes certain religious rites (*Leg.* II, 21). In the commentary on this provision of the lawcode, Marcus endorses the severe punishment of the Roman Senate concerning Bacchanals in 186 BCE (*Leg.* II, 37). The Bacchanalia were a foreign cult, containing elements of the Greek mystery religions. They held nocturnal rituals that, according to Livy, were dangerous to the Roman state. This new religion constituted a "second nation" (*alter populus*; Livy XXXIX, 13), which challenged *pietas*, a key social virtue that binds together the *res publica* (see *De legibus* I, 32; *De finibus* V, 66; see also Riedl 2010, 53–54). Hence, such a religion cannot be allowed. As Matthias Riedl observes (2010, 54), "Religious toleration is, in the first place, not a question of polytheism or monotheism. Toleration is possible as long as the constitutive self-understanding of a society is not endangered, as long as the logic of the political order, from which the dominant part of the society derives the meaning of its existence, is not questioned." To put Riedl's important observation somewhat differently, a religion cannot be tolerated when it threatens the foundational principle(s) of the constitution.

Finally, like Rousseau, Cicero affirms that the same individuals should administer the affairs of religion and state. As he argued in a speech delivered before the pontifical college in 57 BCE: "Among the many divinely-inspired expedients of government established by our ancestors, there is none more striking than whereby they express intention that the worship of the gods (*religio deorum immortalium*) and the vital interests of the state should be entrusted to the direction of the same individuals, to the end that citizens of the highest distinction and brightest fame might achieve the welfare of religion by the wise administration of the state, and of the state by a sage interpretation of religion" (*De domo sua* 1; trans. Watts). In *De legibus*, Marcus' lawcode likewise follows the principle that the same individuals should oversee religion and state affairs. (See, e. g., the discussion of augury at *Leg.* II, 31–33, a priesthood that Cicero treats again under the legislation regarding magistracies in Book III. I discuss this priesthood in greater detail below.) Though technically not magistrates, Roman priests, like magistrates, wore the *toga praetexta*, and augurs could block actions by magistrates or dissolve popular assemblies (*Leg.* II, 31). Given this, one scholar suggests that the "priesthood had, as it were, plagiarized the rules for magistracy" (Gordon 2003, 80). So important is religion to the commonwealth that religious laws are the first legislation Marcus passes, even prior to laws establishing political magistracies (see *Leg.* II, 69).

There are, then, a number of similarities in the civil religion law codes proposed by Cicero and Rousseau. However, it is important to note that these similarities occur at the general level of principle. Taken as a whole, there is far more specificity to Cicero's code. Certain religious practices are proscribed. Specific Roman priesthoods are named. Customs drawn from the historic Roman Twelve Tables, such as burial rites, are included. The reason for this difference is the prominence of the constitution in Cicero's account, which we will explore in the next section. As we will see, Cicero's point is not just that the same people need to rule in state affairs and in matters of religion, but rather that the constitution should guide the religious laws, and religious laws should support the constitution. This aspect of Cicero's thought separates him the furthest from Rousseau. Severing religion from a polity's constitution and laws was an important part of Rousseau's treatment of civil religion: "Since, therefore, each religion was uniquely tied to the laws of the state which prescribed it, there was no other way of converting a people except by enslaving it, nor any other missionaries than conquerors" (*On the Social Contract* IV, 8; trans. Cress). From Rousseau's point of view, the danger in the ancient constitutional embodiment of religious principles was that it invited imperial conquest and enslavement.

10.5 The Religious Laws and the Roman Mixed Constitution

As we saw at 10.2, Cicero, like Plato and Aristotle before him, believed that laws should be fitted to the constitution. In particular, his law code should fit the Roman mixed constitution. We should expect, therefore, for the religious laws to be adapted to reflect the Roman mixed constitution. And in fact, according to Cicero, there is an intimate relationship between a polity's constitution and religion. He makes it clear that pieces of legislation in his religious code "pertain not only to religion but also to the condition of the state" (*ad civitatis statum*; II, 30). As I have argued elsewhere (Atkins 2013b), the language *status civitatis*, "condition of the state," is a common way for Cicero to designate the constitution, or the form of government. Even more explicit are Marcus' first words following the proposed laws: "Given that Africanus, in the work *On the Commonwealth*, seems persuasive in claiming that our early state was the best of all commonwealths, don't you think that it is necessary to give laws corresponding to the best commonwealth?" When Atticus answers in the affirmative, Marcus concludes as follows: "Then you should expect laws which maintain that best type of commonwealth; and if I happen to propose some today that neither are nor have been part of our government, they were in any case part of ancestral custom, which then had the force of law" (*Leg.* II, 23; trans. Zetzel).

Consider a couple of ways in which the religious legislation corresponds with the mixed constitution. Let's start by reviewing the Roman mixed constitution as treated in Cicero's *De re publica*. According to Cicero, the mixed constitution is composed of three elements, a monarchical element (the higher magistrates), an aristocratic element (the Senate), and a democratic or popular element. Cicero recognizes that the people (the citizen body taken as a whole, i.e., the *populus Romanus*) exercises sovereignty over the affairs of the *res publica*. But if the constitution is to be stable, there must be room for a democratic element that represents popular liberty based on equality (*libertas aequalis*; cf. *Rep.* I, 49 and II, 57). Such liberty is represented in the mixed constitution by institutions like popular assemblies and the Tribunate, which protects the plebs (and in fact all citizens) against unjust actions by magistrates. However, Cicero also suggests that it is essential for the aristocracy, and in particular for the Senate, to exercise *auctoritas* (influence, authority) and wise guidance. As Scipio says at *De re publica* II, 57: "Keep in mind what I said at the beginning of our discussion: unless there is this equitable balance in the state of rights, and duties, and responsibilities, so that there is enough power (*potestas*) in the magistrates, authority (*auctoritas*) in the judgment of the aristocracy (*in principum consilio*), and *libertas* in the people, this constitution [literally: "condition of the commonwealth" (*rei publicae status*)] is not able to be preserved unchanged."

Cicero's religious legislation consciously reproduces elements of this mixed constitution. For instance, in the commentary regarding the removal of luxury from worship, Marcus explains that "if we want poverty and riches to be equal (*aequalis*) among human beings, why should we prohibit poverty from approach to the gods by adding an expense to the rites?" (*Leg.* II, 25) As *De re publica* 2.27 makes clear, this "democratic" reform was one of Numa's religious reforms of the Roman constitution, which *De re publica* presents as gradually acquiring some democratic-aristocratic features of the mixed constitution, even under the kings.

As Cicero's treatment of the mixed constitution in *De re publica* emphasizes aristocratic influence, so Marcus' commentary on the religious laws stresses that these laws provide an important way for the aristocracy to guide the people and check the popular excesses that characterize pure democracies. The Roman mixed constitution provides guidance for the people (*consilium* and *auctoritas*; see, e.g., *Rep.* II, 57), and the religious legislation plays an important role in ensuring that this is so. As Marcus notes in the commentary: "It upholds the commonwealth [to ensure] that the people (*populus*) are always needing the judgment and authority of the best ones" (*Leg.* II, 30; *consilio et auctoritate optimatium*).

Specific religious institutions and priesthoods are also designed to ensure that the mixed constitution functions well. Consider augury. (Cicero himself was a member of the augural college.) The practice of taking auspices is useful to the commonwealth (*ad utilitatem ... rei publicae*), a position Cicero also holds in *De divinatione* II, 28. (Though of course in the latter work, Cicero subjects the reliability of divination to philosophical criticism, which he refuses to do in *De legibus:* see *Leg.* II, 32 with Atkins 2013a, 215.) Augurs may serve the commonwealth by using their powers to delay business in the Senate and to dissolve popular assemblies.

However, the powers of augurs are perhaps especially important when it comes to popular assemblies, the democratic component of the mixed constitution. Marcus suggests that the power of the augurs to dissolve popular assemblies may help to remedy a major defect of popular rule: the proneness of popular assemblies to act hastily out of passion. From as early as Thucydides, this has been a criticism of such democracies like Athens. For his part, Cicero in his *Pro Flacco* criticizes Athenian democracy for the "immoderate freedom and license of her assemblies," which led to many hasty and poor decisions (16). Augurs may thus use their powers to delay votes in the assembly in order to give people's passions an opportunity to cool (*Leg.* III, 27). A judicious use of this power may allow the augurs to serve the *res publica* in times of great crises by thwarting unjust or unwise legislation (*Leg.* III, 43).

10.6 Two Key Interpretive Problems of *De legibus* II

Paying attention to how the religious laws are adapted to fit the Roman mixed constitution helps explain important features of the religious laws in Book II. However, as we noted earlier in the chapter (10.4), this feature raises a particular problem, one that is flagged up in the commentary on the laws itself. We have already noted Marcus' implication that these laws are in some way supposed to apply to other regimes beyond Rome (*Leg.* II, 35) as well as his apparent acknowledgement of Atticus' observation that they do not depart much from ancestral and current Roman religious customs (*Leg.* II, 23). Similarly, in the preface to Book III, Marcus claims that they are legislating for "free nations" and that these laws will fit the mixed constitution of Cicero's *De re publica*. We might state the problem this way: though the provisions of Cicero's lawcode are general in some respects, they are nevertheless fitted to the Roman mixed constitution, thereby giving the impression of universalizing Roman Republican religious practices.

A second problem we encountered even earlier in the chapter (10.2). What is the exact relationship between natural law and the particular written legislation of Cicero's code? Even if the dialogue is not asking the reader to expect the lawcode to possess the permanency of natural law, we should still like a more precise answer of how written legislation, and in particular the written legislation of Cicero's code, fulfills the purposes of natural law—purposes which all laws must fulfill if they are to count as laws at all (see *Leg.* II, 11–13).

These two problems, though distinct, are closely related. After all, one likely reason why Marcus would be tempted to universalize the religious laws of Rome is because he believes that they reflect natural law. So for instance Marcus suggests that the Twelve Tables' prohibition of building a funeral pyre within sixty feet of another's home without the homeowner's consent is "in accordance with nature, which is the standard (*norma*) for law" (*Leg.* II, 61). From this observation, Atticus draws a broad generalization: "I am glad that our laws (*nostra iura*) are adapted to nature (*ad naturam accommodari*), and I am very delighted by the wisdom of our ancestors" (*Leg.* II, 62).

If such a connection obtains between the relationship between natural and written law, on one hand, and universal and particular religious laws on the other, then Book II could be seen as claiming that nature itself justifies the universalization of Roman religious laws, thereby providing a philosophical justification for the type of religious conquest and enslavement feared by Rousseau. I don't think this is the case. The key to the solution will require us to return to and develop the two purposes of legislation discussed at 10.2, that is, to promote a happy way of life by directing individuals to perform virtuous actions and to support, protect, and defend a given political society. As we will see, the laws regarding religion are crafted to fulfill these purposes.

Let's begin by considering the first purpose of law, to promote a happy way of life by directing individuals to perform virtuous actions. As we noted in section 2, this purpose of law is established by our rational natures that regulate how we act towards one another as social animals. Law also establishes the virtues that make such social interactions possible. While the primary social virtue is justice, a related and no less crucial virtue is *pietas*. Variously translated as "good faith," "devotion," "respect," *pietas* according to Cicero is a key social virtue prescribed by natural law for all human beings (*Leg.* II, 43; *De finibus* V, 66). But it is also—and according to Cicero's natural law argument should be—one of the most fundamental affections for enabling Romans to carry out their social duties to one another and to the gods (see Hellegouarc'h 1972, 276–79).

Unsurprisingly, then, the cultivation of the virtue of *pietas* is fundamental to Cicero's religious law code. *Pietas* features prominently in the prelude to the religious laws. (See *Leg.* 2.15: the gods notice "with what *pietas* each human being devotes himself to religious duty, and...they take account of the pious and impious.") The very first law in the religious lawcode has to do with *pietas*. ("Let them practice *pietas*.") It is one of the divinized human qualities commended by the code, along with intelligence (*mens*), virtue (*virtus*), and faith (*fides*) (*Leg.* II, 19), and it is regulated by two additional laws towards the end of the code (*Leg.* II, 22).

Inasmuch as *pietas* is a virtue commended by natural law, it should be developed in all human beings. And in fact, in his commentary on the laws, Cicero makes it clear that *pietas* is among the qualities that "all good men have" (*Leg.* II, 28). Since virtue is essential for happiness and flourishing (both with respect to individuals and to societies), and since promoting such happiness is the goal of legislation (cf. *Leg.* II, 11), legislators should pass written laws in order to help their citizens act piously and become pious. However, as Marcus points out in the commentary, there are different methods that legislators may choose among in order to best promote piety for one's people. Whereas the Persians rejected temples, the custom of the Greeks and Romans, in Marcus' estimation, is "better," since the creation of temples for the gods within human cities helps "to increase piety towards the gods" (*Leg.* II, 26). By cultivating piety and religious worship in citizens by encouraging them to think that the city is full of gods, one is able to supply "a religion advantageous to cities" (*religionem utilem civitatibus*; *Leg.* II, 26).

We should take note of a couple of features at this point. First, the cosmic reason that pervades the world directs human beings to pious treatment of the gods (see, e.g., *Leg.* I, 60; II, 15). In the cosmic city of gods and sages, temples may be unnecessary for assisting such pious worship (*Leg.* I, 61), and some peoples, like the Persians, reject temples. But Cicero suggests that national customs (e.g., the Greco-Roman customs) that emphasize temples in worship may actually be better at fostering piety among most peoples, who lack the perfect rationality and harmony with the divine that Stoic sages possess. There is here, then, a general principle – piety should be cultivated among citizens for their happiness and the good of the constitution – but the application, or perhaps better, the instantiation, of this principle in written legislation will take different forms depending on the constitution or regime.

Now we can bring in the second goal of legislation – to uphold, preserve, and protect the particular regime for which one is legislating. Here it is important to make a distinction that Cicero makes in his *De re publica* and, despite some blurring, maintains in *De legibus*. Though Scipio on occasion refers to Rome's constitution as "the best" (e.g., *Rep.* I, 70), comparisons with the "outstanding" (*Rep.* II, 21) and "to be prayed for" but unrealizable (*Rep.* II, 52) city of Plato's *Republic* shows that part of the Roman mixed constitution's claim to be best is its practicability. However, the *Roman* constitution is not the best practicable constitution *simpliciter*. Rather, it is the *best example* of the best practicable constitution for most human beings—the mixed constitution (see Atkins 2013a, 159). Free peoples are best served with a form of mixed constitution and laws to match (*Leg.* II, 4), a form of constitution that Rome shares with such regimes as Sparta and Carthage. Rome, in Cicero's opinion, has best developed this form of constitution.

Viewing Marcus' religious legislation with the further development of these two basic goals of legislation, we can better understand why his laws take the form that they do. Cicero's religious laws take a general form, since they are designed to instantiate natural law's directive to human beings to practice piety in a form of regime (the mixed constitution) that Cicero believes is widely transferrable among peoples. At the same time, the particular example of the mixed constitution for which he is legislating is Rome, so there will be some features in the lawcode themselves that are specific to Rome. In these instances, the specific provisions will not be readily transferrable to other nations, since the more detailed regulations describing (say) private rites or specific priesthoods are adapted to suit local circumstances and needs in order to best benefit and preserve the particular regime. (For language indicating necessity in the lawcode of *De legibus* Books II–III, see Atkins 2013a, 208–17).

In this basic procedure, Cicero follows closely Plato's *Laws*. In the *Laws*, Plato argues for the rule of reason, that is, law conceived as *nous* or the divine reason regulating the lives of human beings and the entire cosmos (714A, 889E–890A). However, because of chance or contingent circumstances like wars, poverty, geography, weather, disease, and non-rational aspects of human nature, legislators must instantiate reason's rule differently in different societies. As Plato makes clear, wise legislators will recognize that different regimes will instantiate and reflect natural law differently. Thus, the good and just society, that is, a society that instantiates the rule of reason and promotes virtue among its citizens, will take different shapes depending on the different constitutions of individual *poleis*, and these constitutions themselves will differ in form depending on different local circumstances. We might say, then, that there is a universalism and particularism to the political theory of the *Laws*. The virtues are based on the rule of cosmic reason, which transcends the *polis*; at the same time, the particular forms by which the virtues are manifested among citizens will differ among *poleis* according to their respective capacities to instantiate rational rule (see Atkins forthcoming).

Cicero's basic approach to relating natural law and the laws of particular regimes is deeply indebted to Plato; however, there are at least two relevant differences. First, Cicero, unlike Plato, divides law into three types: (1) natural law; (2) "the laws by which cities ought to be governed"; (3) the written legislation of various nations, including the Roman *ius civile* (*Leg.* I, 17). Natural law is treated in Book I and at the beginning of Book II; "the laws by which cities ought to be governed" refer to the laws of Marcus' lawcode. Inasmuch as these laws reflect laws suited to the best practicable regime for human beings, they reflect laws suitable for many cities. (Though of course some specific provisions tailored to Rome, the best example of the best practicable regime, will not be transferable to other cities.) Finally, there are the specific details of the *ius civile*. These include the detailed account of Roman religious rites (*Leg.* II, 46 ff.) – "innumerable" regulations derived from "this one rule" (*Leg.* II, 48), i.e., the provision for private rites in Marcus' code (*Leg.* II, 22).

Now from one perspective, inasmuch as all legitimate law meets the criteria for law set out in Marcus' discussion of natural law, there is only one type of law, natural law. It just occurs in different forms. But, as I have suggested in Atkins 2013a, by explicitly dividing law into different forms, Cicero might be able to derive some philosophical benefit, especially from critics who would challenge conventional law as inconsistent with natural law. For example, Cicero's claim that the Twelve Table's prohibition against building a funeral pyre within sixty feet of another's property has the sanction of natural law might strike one as quizzical. However, it becomes more plausible if one conceives of it as a specific and local instantiation of a more general principle that seeks in some form to promote the virtue of *pietas* according to the dictates of natural law (see Atkins 2013a, 223).

The second difference from Plato regards the origins of the cities. The Athenian Stranger and his interlocutors are building a new colony. They are designing a lawcode afresh, even if the idea of constraints on what they can achieve is an important theme of Plato's *Laws*. Unlike the case of the Athenian Stranger's Magnesia, the subject of the laws in Cicero's work, Rome, has already been in existence. And, as Scipio noted in *De re publica*, Rome grew organically over time; the Roman mixed constitution was the result of a number of leaders over the centuries responding to various contingencies. Its design could not be precisely replicated even if the world's best and brightest legislators were assembled in one place at one time (see *Rep.* II, 2).

The contingency of the Roman mixed constitution provides the answer to Rousseau's worry about civil religion leading to imperial conquest. Because the Roman constitution grew organically from contingent events, many features of the religious lawcode cannot be easily replicated or exported. Certainly legislation that promotes piety should be embraced by "all good nations;" however, this legislation will necessarily assume different shapes based on the particular form and unique historical development of various constitutions. There is thus built into Cicero's discussion an impediment against the simple exportation of the particular Roman religious laws and the particular Roman constitutional provisions in the service of a wider project of nation building. At least in this respect, Cicero's project is consistent with the Late Republican practice of allowing Rome's allies to maintain local customs, laws, institutions, and religious practices—provided only that they uphold the supremacy of Rome (Nicolet 1988, 46).

10.7 Conclusion

Book II of Cicero's *De legibus* presents the most extensive elaboration of a civil religious law code in the Roman world. Cicero sought to work according to the principles of law he developed in his Book I treatment of natural law, while at the same time he accommodated his legislation to the Roman mixed constitution. This combination of features has troubled commentators, who have detected a tension between the universalistic aspirations of Cicero's natural law teaching and some of the particularities of the code itself. Scholars have found a similar tension in Rousseau. In each case, the universalistic aspects of the code would seem to be at odds with a republican commitment to a particular city.

However, as I have tried to show, Cicero addressed and managed this tension much better than his modern counterpart. From the beginning of Book II, Cicero directs the readers' attention to the two goals of legislation: to promote virtue in citizens that leads to a happy and flourishing way of life in the city, and to preserve, protect, and secure the city. When we read *De legibus* Book II with those purposes of law in mind, we see that there is no great inconsistency in Cicero's project. The religious lawcode seeks to instill the virtue of piety in citizens while also serving the ends of the constitution for which the laws are suited – a mixed constitution for which Rome served as the best illustration. The mixed constitution could be exported, but Rome's version of the mixed constitution could not be. By following the Platonic and Aristotelian method of fitting laws to a particular constitution, Cicero was able to move beyond vague general laws and include the sorts of details that would stand to make his own code more compelling than Rousseau's for their shared goal of fostering civic virtue in citizens and in prescribing institutions that would benefit the city. In this, there is an irony: Rousseau omitted such details precisely because he wanted to unhitch his religious laws from the constitution in order to avoid the harmful effects of the ancient world's integration of religion and constitution. Yet, as we have seen, for Cicero it is precisely the contingency of the Roman constitution that ruled out the wholesale exportation of Roman religious rites and institutions to conquered peoples, thereby limiting religious imperialism.[2]

---

[2] I would like to thank Otfried Höffe for the invitation to contribute to this volume and the other contributors for their discussion of the first draft of this chapter. I am also grateful to Ernst Schmidt and Keegan Callanan for written comments on earlier drafts.

Literature

Annas, J. 2013: Plato's Laws and Cicero's de Legibus, in: M. Schofield (Hrsg.): Aristotle, Plato and Pythagoreanism in the First Century BC: New Directions for Philosophy, Cambridge, 206–24.

Asmis, E. 2008: Cicero on Natural Law and the Laws of the State, in: Classical Antiquity 27.1, 1–33.

Aktins, E. M. 2000: Cicero, in: C. Rowe/M. Schofield (Hrsg.): The Cambridge History of Greek and Roman Political Thought, Cambridge, 477–516.

Atkins, J. W. 2013a: Cicero on Politics and the Limits of Reason: The Republic and Laws, Cambridge.

Atkins, J. W. 2013b: Cicero on the Relationship between Plato's Republic and Laws, in: Anne Sheppard (Hrsg.): Ancient Approaches to Plato's Republic. Bulletin of the Institute for Classical Studies Supplement 117. London, 15–34.

Atkins, J. W. 2015: Zeno's Republic, Plato's Laws, and the Early Development of Stoic Natural Law Theory, in: Polis 32, 166–190.

Atkins, J. W. (forthcoming): Politics, Politeia, and Rational Control, in G. Cambiano/A. Lianeri (Hrsg.): The Edinburgh Critical History of Greek and Roman Philosophy, Edinburgh.

Beiner, R. 2011: Civil Religion: A Dialogue in the History of Political Philosophy, Cambridge.

Cress, Donald A. 1987: Jean-Jacques Rousseau: Basic Political Writings, Indianapolis.

Dyck, A. R. 2004: A Commentary on Cicero, De legibus, Ann Arbor.

Girardet, K. 1983: Die Ordnung der Welt: Ein Beitrag zur philosophischen und politischen Interpretation von Ciceros Schrift De Legibus, Wiesbaden.

Glucker, J. 1988: Cicero's Philosophical Affiliations, in: J. M. Dillon/A. A. Long (Hrsg.): The Question of 'Eclecticism': Studies in Later Greek Philosophy, Berkeley, 34–69.

Gordon, R. 2003: From Republic to Principate: Priesthood, Religion and Ideology, in C. Ando (Hrsg.): Roman Religion, Edinburgh, 62–83.

Griswold, C. L. 2015: Liberty and Compulsory Civil Religion in Rousseau's Social Contract, in: Journal of the History of Philosophy 53.2, 271–300.

Hellegouarc'h, J. 1972: Le vocabulaire latin des relations et des partis politiques sous la République, Paris.

Inwood, B. and F. D. Miller, Jr. 2007: Law in Roman philosophy, in: Treatise of Legal Philosophy and General Jurisprudence, Bd. vi: A History of the Philosophy of Law from the Ancient Greeks to the Scholastics, Dordrecht, 133–65.

Laks, A. 1990: Legislation and Demiurgy: On the Relationship between Plato's Republic and Laws, in: Classical Antiquity 9, 209–29.

Miller, F. D., Jr. 1995: Nature, Justice, and Rights in Aristotle's Politics, Oxford.

Miller, F. D., Jr. 2013: The rule of reason, in: M. Deslauriers/P. Destrée (Hrsg.): The Cambridge Companion to Aristotle's Politics, Cambridge, 38–66.

Nicolet, C. 1988: The World of the Citizen in Republican Rome, translated by P. S. Falla, Berkeley.

Peppel, M. 2007:'Nicht für das römische Volk, sondern für alle guten und starken Völker,' (Cicero): Die Universalisierung von Religion in der späten römischen Republik, in J. Rüpke (Hrsg.): Antike Religionsgeschichte in räumlicher Perspektive, Tübingen, 18–22.

Pohlenz, M. ⁴1970–72: Die Stoa: Geschichte einer geistigen Bewegung, Göttingen.

Reidl, M. 2010: Truth versus Utility: The Debate on Civil Religion in the Roman Empire of the Third and Fourth Centuries, in R. Weed/J. von Heyking (Hrsg.): Civil Religion in Political Thought: Its Perennial Questions and Enduring Relevance in North America, Washington, DC, 47–65.

Watts, N. H. 1923: Cicero: Pro Archia. Post Reditum in Senatu. Post Reditum ad Quirites. De Domo Sua. De Haruspicum Responsis. Pro Plancio, Loeb Classical Library 158, Cambridge, MA.

Zetzel, J. E. G. 1999: Cicero: On the Commonwealth and On the Laws, Cambridge.

Auswahlbibliographie

1 Textausgaben

1.1 De re publica

Cicero, De re publica: selections, (lat.), hrsg. von Zetztel, J. E. G. mit Einführung und Kommentar, Cambridge 1995.
De re publica, hrsg. v. Schwamborn, H., Paderborn 1953.
De re publica, hrsg. v. Th. Henner, (lat.), Münster ⁴2013.
De re publica, hrsg. v. Ziegler, K., (lat.), Leipzig ⁷1969.
Der Staat – De re publica (lat. u. dt.), hrsg. v. Merklin, H., Düsseldorf/Zürich 1999.
Der Staat, hrsg. v. K. Büchner, (lat. u. dt.), München/Zürich ⁴2014.
Staatstheoretische Schriften, hrsg. v. Ziegler, K., (lat. u. dt.), Darmstadt 1974.

1.2 De legibus

De legibus libri, hrsg. v. Vahlen, J., (lat.), Berlin 1871.
De legibus, hrsg. v. Ziegler, K., (lat.) Heidelberg 1950.
De legibus: a commentary on book I, hrsg. v. Kenter, L. P., Amsterdam 1972.
Staatstheoretische Schriften, hrsg. v. Ziegler, K., (lat. u. dt.), Darmstadt 1974.

2 Ciceros Leben und Werk

Bailey, D.R.S. 1971: Cicero, London.
Büchner, K. 1964: Cicero: Bestand und Wandel seiner geistigen Welt, Heidelberg.
Douglas, E. A. 1965: Cicero the philosopher, in: T. A. Dorey (Hrsg.) Cicero, London, 135–170.
Everitt, A. 2001: Cicero: a turbulent life, London.
Fuchs, M. 1971: Ciceros Hingabe an die Philosophie, in: K. Büchner (Hrsg.), Das neue Cicerobild, Darmstadt, 304–347.
Fuhrmann, M. ³1991: Cicero und die römische Republik: eine Biographie, München/Zürich.
Gawlik, G./Görler, W. 1994: Cicero in: H. Flashar (Hrsg.), Die hellenistische Philosophie [Grundriß der Geschichte der Philosophie, Die Philosophie der Antike, Bd. 4], Basel, 991–1168.
Gelzer, M. 1969: Cicero. Ein biographischer Versuch, Wiesbaden.
Gigon, O. 1971: Die Erneuerung der Philosophie in der Zeit Ciceros 25–61 in: K. Büchner (Hrsg.) 1971, Genf, 229–258.
Gigon, O. 1973: Cicero und die griechische Philosophie, ANRW I 4, 226–261.
Glucker, J. 1995: 'Probabile', 'veri simile' and related terms, in: J.G.F. Powell (Hrsg.) 1995, 115–143.
Glucker, J. 1992: Cicero's philosophical affiliations again, LMC 17, 134–138.

Görler, W. 1978: Das Problem der Ableitung ethischer Normen bei Cicero, AU 21,2, 5–19.
Görler, W. : Cicero und die Schule des Aristoteles, in: W.W. Fortenbaugh/P. Steinmetz (Hrsg.), Cicero's knowledge of the Peripatos, New Brunswick, 246–263.
Görler, W. 1974: Untersuchungen zu Ciceros Philosophie, Heidelberg.
Grimal, P. 1988: Cicero: Philosoph, Politiker, Rhetor, München.
Gruen, E. 1974: The Last Generation of the Roman Republic, Berkeley.
Habicht, C. 1990: Cicero der Politiker, München.
Höffe, O. 2016: Cicero. Politisches Denken in Rom, in: Geschichte des politischen Denkens, 77–91, München.
Kessler, E. 1973: Autobiographie als philosophisches Argument? Ein Aspekt des Philosophierens bei Cicero und die gegenwärtige Praxis der Philosophie, Studia Humanitatis, Festschrift E. Grassi, München, 173–187.
Knoche, U. 1942: Die geistige Vorbereitung der augusteischen Epoche durch Cicero, in: H. Berve (Hrsg.), Das neue Bild der Antike, Bd. 2, Leipzig, 200–218.
Knoche, U. 1959: Cicero, ein Mittler griech. Geisteskultur, Hermes 87, 57–74.
Kretschmar, M. 1938: Otium, studia litterarum, Philosophie und *bios theoretikos* im Leben und Denken Ciceros, Leipzig.
Leonhardt, J. 2000: Cicero: Philosophie zwischen Skepsis und Bekenntnis, in: M. Erler/A. Graeser (Hrsg.), Philosophen des Altertums: eine Einführung, Bd. 2: Vom Hellenismus bis zur Spätantike, Darmstadt, 55–69
MacKendrick, P. 1989: The philosophical books of Cicero, London.
Narducci, E. 2012: Cicero: Eine Einführung, Leipzig/Ditzingen.
Rawson, E. 1975: Cicero. A Portrait, London.
Steinmetz, P. 1995: Ciceros philosophische Anfänge, RhM 138, 210–222.
Stroh, W. [3]2015: Cicero: Redner, Staatsmann, Philosoph, München.
Zielinski, Th. [4]1929: Cicero im Wandel der Jahrhunderte, Leipzig/Berlin.

3 Monographien und Abhandlungen

Asmis, E. 2001 : The politician as public servant in Cicero's 'De re publica', in: C. Auvray-Assayas/D. Delattre (Hrsg.), Cicéron et Philodème, Paris, 109–128.
Blänsdorf, J. 1976: Griechische und römische Elemente in Ciceros Rechtstheorie, WJA 2, 135–147.
Bleicken, J. 1975: Lex publica. Gesetz und Recht in der Römischen Republik, Berlin.
Bleicken, J. [3]1982: Die Verfassung der Römischen Republik. Grundlagen und Entwicklung, Paderborn.
Blössner, N. 2001: Cicero gegen die Philosophie: eine Analyse von De re publica 1, 1–3, Göttingen.
Büchner, K. 1976: Somnium Scipionis: Quellen, Gestalt, Sinn, in: Hermes Einzelschriften 36, Wiesbaden.
Büchner, K. 1984: De re publica (Kommentar), Heidelberg.
Creuzer, F. 1824: De legibus libri tres, Frankfurt; ND Hildesheim 1973.
Dyck, A. R. 2004: A commentary on Cicero, 'De legibus', Ann Arbor.

Fritz, K. v. 1943: The theory of the mixed constitution in antiquity: a critical analysis of Polybios' political ideas, New York, 1954.
Fuhrmann, M. 1998: Scipios Traum: philosophische Verheißung in drängender politischer Lage, in: P. Kneissl (Hrsg.): Imperium Romanum, Festschrift K. Christ, Stuttgart, 252–266.
Gigon, O. 1977 : Studien zu Ciceros De re publica, in: ders. , Die Antike als Maßstab und Realität, Zürich, 208–355.
Girardet, K. M. 1983: Die Ordnung der Welt. ein Beitrag zur philosophischen und politischen Interpretation von Ciceros Schrift De legibus, Wiesbaden.
Girardet, K. M., 1989: 'Naturrecht' bei Aristoteles und bei Cicero (De legibus): ein Vergleich, in: W.W. Fortenbaugh/P. Steinmetz (Hrsg.), Cicero's knowledge of the Peripatos, New Brunswick, London, 85–113.
Glei, R. F. 1991: Kosmologie statt Eschatologie: Ciceros 'Somnium Scipionis', in: G. Binder, B. Effe (Hrsg.), Tod und Jenseits im Altertum, Trier, 122–143.
Görler, W. 1995: Silencing the troublemaker: De legibus I.39 and the continuity of Cicero's scepticism, in: J. G. F. Powell (Hrsg.) 1995, 85–113.
Harder, R. 1960: Über Ciceros Somnium Scipionis, München, 354–395.
Heck, E. 1966: Die Bezeugung von Ciceros Schrift De re publica, Hildesheim.
Hentschke, A. 1971: Zur historischen und literarischen Bedeutung von Ciceros Schrift 'de legibus', Philologus 115, 118–130.
Heuss, A. 1975: Ciceros Theorie vom römischen Staat, Göttingen.
Meier, C. 1966: Res publica amissa, Wiesbaden.
Meier, I. 2006: Von der Vision zur Reform: der Staat und die Gesetze. Ciceros Programm einer Neuordnung der Römischen Republik 56–51 v. Chr., München.
Pfligersdorffer, G. 1969: Politik und Muße: zum Proömium und Einleitungsgespräch von Ciceros De re publica, München.
Pöschl, V. 1936: Römischer Staat und griechisches Staatsdenken bei Cicero: Untersuchungen zu Ciceros Schrift De re publica, Berlin.
Powell, J.G.F. 1996: Second thoughts on the dream of Scipio, Papers of the Leeds International Latin Seminar 9, 13–27.
Rawson, E. 1973: The interpretation of Cicero's 'De legibus' , ANRW I 4, 334–356
Schmidt, P. L. 1969: Die Abfassungszeit von Ciceros Schrift über die Gesetze, Rom.
Schmidt, P. L. 1974: Die Überlieferung von Ciceros Schrift De legibus in Mittelalter und Renaissance, München.
Schofield, M. 1995: Cicero's definition of 'res publica', in: J. G. F. Powell (Hrsg.), Cicero the philosopher: twelve papers, Oxford, 63–83.
Sprute, J. 1983: Rechts- und Staatsphilosophie bei Cicero, Phronesis 28, 150–176.
Suerbaum, W. 1978: Studienbibliographie zu Ciceros De re publica, Gymnasium 85, 59–88.
Weber-Schäfer, P. 1983: Ciceros Staatstheorie und ihre Bedeutung für die moderne Politikwissenschaft, Gymnasium 90, 478–493
Werner, R. 1973: Über Herkunft und Bedeutung von Ciceros Staatsdefinition, Chiron 3, 163–178.
Wood, N. 1988: Cicero's social and political thought, Berkeley.
Zyl, v. D. H. 1986: Cicero's legal philosophy, Roodeport.

Eine umfangreiche Bibliographie, auch zu anderen Werken Ciceros, findet sich frei abrufbar auf der Homepage von Prof. Dr. Wilfried Stroh: http://stroh.userweb.mwn.de/main6.html.

Hinweise zu den Autoren

Jed W. Atkins is Assistant Professor of Classical Studies at Duke University in Durham, North Carolina. His research focuses on Greek, Roman, and early Christian moral and political thought. Published books: Cicero on Politics and the Limits of Reason (2013). A second book, Roman Political Thought, will soon be published by Cambridge.

René Brouwer teaches philosophy and law at the University of Utrecht. He published on a variety of subjects in the philosophy and history of law as well as in ancient philosophy, with focus on Stoicism, for which see his recent monograph The Stoic Sage (2014).

Philipp Brüllmann ist Akademischer Oberrat an der Fakultät für Philosophie, Wissenschaftstheorie und Religionswissenschaft der LMU München sowie faculty member der Munich School of Ancient Philosophy (MUSA). Buchveröffentlichungen: Die Theorie des Guten in Aristoteles' Nikomachischer Ethik (2011); Grounding Ethics in Nature: A Study of Stoic Naturalism (Habilitationsschrift 2015, Publikation in Vorbereitung).

Therese Fuhrer ist Inhaberin des Lehrstuhls für Klassische Philologie/Latinistik an der Ludwig-Maximilians-Universität München. Buchveröffentlichungen: Die Auseinandersetzung mit den Chorlyrikern in den Epinikien des Kallimachos (1992); Augustin ‹Contra Academicos› (vel ‹De Academicis›) Bücher 2 und 3, Einleitung und Kommentar (1997); Augustinus (2004); Das antike Drama (gemeinsam mit M. Hose, 2017).

Otfried Höffe ist Professor (em.) und Leiter der Forschungsstelle Politische Philosophie an der Universität Tübingen. Buchveröffentlichungen (Auswahl): Praktische Philosophie. Das Modell des Aristoteles (1971, ³2008); Strategien der Humanität (1975, ²1985); Ethik und Politik. Grundmodelle und -probleme der praktischen Philosophie (1979, ⁶2008), Immanuel Kant (1983, ⁸2014); Politische Gerechtigkeit (1987, ⁴2003); Kategorische Rechtsprinzipien. Ein Kontrapunkt der Moderne (1990, ³1995); Aristoteles (1996, ⁴2014); Demokratie im Zeitalter der Globalisierung (1999, ²2002); Staatsbürger – Wirtschaftsbürger – Weltbürger (2004); Ist die Demokratie zukunftsfähig? (2009); Thomas Hobbes (2010); Kants Kritik der praktischen Vernunft. Eine Philosophie der Freiheit (2012); Die Macht der Moral im 21. Jahrhundert (2014); Kritik der Freiheit. Das Grundproblem der Moderne (2015); Geschichte des politischen Denkens (2016). Herausgeber u. a. der Reihe „Denker" und „Klassiker Auslegen".

Christoph Horn ist Professor für Philosophie an der Universität Bonn. Buchveröffentlichungen (Auswahl): Plotin über Sein, Zahl und Einheit (1995); Augustinus (1995); Antike Lebenskunst (1998); Einführung in die politische Philosophie (2003, ³2012); Nichtideale Normativität. Ein neuer Blick auf Kants politische Philosophie (2014). Herausgeber: Augustinus, De Civitate Dei (1997); Philosophie der Gerechtigkeit (2002, zusammen mit N. Scarano); Gründe und Zwecke. Texte zur aktuellen Handlungstheorie (2010; zusammen mit G. Löhrer); Platon, Symposion (2011); Platon, Gesetze-Nomoi (2013).

Jörn Müller ist Professor für antike und mittelalterliche Philosophie an der Julius-Maximilians-Universität Würzburg. Buchveröffentlichungen: Natürliche Moral und philosophische Ethik bei Albertus Magnus (2001); Physis und Ethos. Der Naturbegriff bei Aristoteles und seine Relevanz für die Ethik (2006); Willensschwäche in Antike und Mittelalter. Eine Problemgeschichte von Sokrates bis Johannes Duns Scotus (2009). Als Herausgeber: Wille und Handlung in der Philosophie der Kaiserzeit und Spätantike (2010, mit R.H. Pich); Platon. Phaidon (2011); Aquinas and the Nicomachean Ethics (2013, mit T. Hoffmann u. M. Perkams); Die Dimension des Sozialen. Neue philosophische Zugänge zu Fühlen, Wollen und Handeln (2014, mit K. Mertens); Aufmerksamkeit. Neue humanwissenschaftliche Perspektiven (2016, mit A. Nießeler u. A. Rauh): Platon-Handbuch. Leben – Werk – Wirkung (2017, mit C. Horn u. J. Söder).

Ernst A. Schmidt ist Prof. em. für Klassische Philologie an der Universität Tübingen. Studium in Tübingen, München, Heidelberg und Cambridge/England. In Heidelberg Promotion und Habilitation. Buchveröffentlichungen (Auswahl): Platons Zeittheorie (2012); Das süßbittre Tier. Liebe in Dichtung und Philosophie der Antike (2016).

W. Schmidt-Biggemann war bis 2016 Professor für Geschichte der Philosophie und der Geisteswissenschaften an der Freien Universität Berlin. Inhaber der Comenius-Medaille und der Goldenen Medaille der Karls-Universität Prag, 2013. Buchveröffentlichungen (Auswahl): Maschine und Teufel. Jean Pauls Jugendsatiren nach ihrer Modellgeschichte (1975); Topica Universalis. Eine Modellgeschichte humanistischer und barocker Wissenschaft (1983); Theodizee und Tatsachen. Das philosophische Profil der deutschen Aufklärung (1988); Geschichte als absoluter Begriff. Der Lauf der neueren deutschen Philosophie (1991); Blaise Pascal (1999); Geschichte der christlichen Kabbala. Band 1–3 (2012/2013); GESCHICHTE WISSEN. Eine Philosophie der Kontingenz im Anschluss an Schelling (2014).

Personenregister

Aalders, G. J. D. 44
Africanus 6, 19, 33, 103, 124, 133, 135 f., 138 ff., 177, *siehe auch Scipio*
Albrecht, v. M. 74, 76, 78, 84, 86, 134, 139, 146
Anaxagoras 28 f.
Andronikos von Rhodos 9
Annas, J. 169 ff.
Antiochos von Askalon 3, 74, 115
Appuleius Saturnius 126 f.
Arat 28, 29
Archimedes 28, 29
Aristoteles 1, 3, 5, 7 ff., 11 ff., 20, 25, 26, 31, 34, 35, 37 ff., 52, 63, 66, 74, 76 ff., 85 f., 88 f., 95, 124, 143, 162 f., 171 f., 177
Asmis, E. 40, 49, 59, 170
Atkins, E. M. 41, 161, 170
Atkins, J. 24, 37, 40, 47, 49, 59, 68 f., 96, 101, 108, 149, 157, 165, 170 ff., 177 f., 181 ff.
Atticus 15, 85, 99, 117, 120, 125, 127, 149, 153 f., 162, 165, 168, 170, 174, 177, 179 f.
Augustinus 2, 6, 12, 73, 75, 82, 85, 91

Bleicken, J. 94, 106
Blößner, N. 21
Brown, L. 38
Büchner, K. 26, 31, 36, 47, 49, 67, 69, 83, 91 f., 102, 134, 139, 143 ff., 151.

Cassius Dio 56
Catilina 4, 5
Cato 10, 21, 28, 54, 55.
Chrysippus 171
Clodius 126 f., 190
Cornell, T. J. 51, 54
Crassus 3, 114 ff., 130.
Cress, D. 167, 175, 177

Dillon, J. 40
Dionysios 28 f.
Dupont, F. 51
Dyck, A. 156, 170, 172

Ennius 24, 28 ff., 42 f., 55, 134 ff.
Epikur 83, 154

Ferrary, J. 33, 47, 62
Frede, D. 62, 66
Fritz, v. K. 44, 58
Fuhrmann, M. 145

Gaius 35 f., 41
Garbarino, I. 35
Gawlik, G. 6
Girardet, K. M. 161, 170
Glucker, J. 79, 165, 172
Gordon, R. 176
Görgemanns, H. 135 f.
Görler, W. 6, 146
Gottschalk, H. B. 40

Hahm, D. E. 40, 48, 58, 96
Hammer, D. 36, 157
Harder, W. 142
Heck, E. 83
Hellegouarc'h, J. 180
Hippias 157 f., 161
Höffe, O. 77, 87, 147
Homer 135 f.
Hume, D. 175

Inwood, B. 170

Jones, H. L. 39
Justinian 35 f., 41

Kallikles 57, 158, 161
Karneades 8, 11, 13, 73 f., 79 ff., 84 f., 97, 163 f.
Kaster, R. A. 105
Kierdorf, W. 51
Kleinias 160
König, H. 29
Kriton 138, 149

Laelius 12 f., 19, 26 f., 30 f., 35, 52 f., 67, 69, 74 f., 78 f., 83 f., 86 ff., 96 f., 99 ff., 134, 137 f., 145 f., 164
Laks, A. 172
Laktanz 6, 12, 24, 73, 75, 78 f.
Lane, M. 38
Lenel, O. 35
Lewis, C. S. 133
Lieberg, G. 53
Lindsay, W. M. 41, 91
Locke, J. 37

Machiavelli 11, 83, 140
Macrobius 133, 138, 140
Mill, J. S. 89
Miller, F. D. Jr. 170 f.
Neschke-Hentschke, A. B. 157
Nicolet, C. 183
Nippel, W. 44

Ober, J. 38

Panaitios 27, 31, 50, 74, 106, 115, 124
Peppel, M. 174
Perelli, L. 62, 65, 67
Perikles 28 f., 77 f.
Philon von Larissa 3, 74, 115
Philus 12, 19, 27 f., 31, 33, 74 f., 78 ff., 87 f., 96 ff., 104, 107 f., 164
Platon 1, 3, 5, 9, 10, 11, 13 f., 17, 23, 25 ff., 34 f., 37 ff., 43 f., 49, 52 ff., 61, 63, 68 f., 74 ff., 79 f., 95, 97, 105 ff., 117, 120, 124, 128, 133, 139, 141, 143, 145, 149 f., 154, 156 ff., 171 ff., 177, 181 ff.
Pohlenz, M. 133, 172
Polybius 9, 31, 33, 34, 44, 47, 50 f., 58 f., 62 ff., 68, 96
Pompeius 111, 114 ff., 126 f.
Pöschl, V. 47, 49, 61, 66, 92, 134, 145
Poseidonios 3, 115
Powell, J. F. G. 22, 27 ff., 35, 38, 41, 49, 104, 133 f., 137, 139, 146, 167

Rackham, H. 40
Rawls, J. 37

Romulus 10 f., 28 f., 43, 52, 54 ff., 67, 143
Rousseau, J. J. 167 f., 174 ff., 180, 183 f.

Sardanapal 84, 99, 103
Sauer, J. 27, 67
Scaevola 3, 19, 35, 41, 115
Schmidt, L. 6
Schofield, M. 23, 36, 41, 104
Scipio 6 ff., 12 ff., 19 f., 26 ff., 33 ff., 38, 40 ff., 47 ff., 74 f., 77 ff., 83, 87 ff., 91, 93, 96, 98, 99, 115, 119, 124, 126, 133 ff., 143, 145, 169, 178, 181, 183 siehe auch Africanus
Sedley, D. 102
Seneca 169
Sharples, R. W. 39
Sokrates 7, 27, 30, 37 f., 54, 77 f., 82 f., 138, 140, 143, 157 f.
Solon 22, 78, 142, 161, 174
Steinmetz, P. 165
Stemmer, P. 22
Stok, F. 143 f.
Strasburger, H. 50
Straumann, B. 44
Striker, G. 159 f.
Suerbaum, W. 6
Sulla 111, 113 ff., 120, 122 f., 126 ff.

Taeger, F. 47
Tarquinius Superbus 11, 57, 60, 63, 94
Thales von Milet 28 ff.
Theophrast 39, 124, 163
Thrasymachos 79, 97, 161

Waterfield, R. 44
Westerman, P. C. 151
Wieland, C. M. 134
Wood, N. 36, 157
Woolf, R. 39, 48, 69

Zarecki, J. 20
Zetzel, J. E. G. 20 ff., 26, 37 f., 41, 50, 92, 105, 107, 142, 146, 170 f., 177
Ziegler, K. 24, 28 f., 41, 133 f., 139, 146

Sachregister

Aristokratie   8f., 62, 53, 60, 85, 89, 94, 111

Bildung, Bildungsgüter   14, 28f., 51f., 77
Brett des Karneades   81f.
Bürger, Bürgerschaft   9, 16f., 19, 21f., 58, 61f., 68, 89, 91ff., 98, 101ff., 108, 121, 130, 152, *siehe auch Civitas*

Civitas, Civitas Romana   7f., 50

Demokratie   9, 53, 63, 88f., 94, 111, 120
Dignitas   14, 62, 104

Erziehung   13, 22, 78, 92ff., 101f., 105ff., 134
Ethik   5, 15, 24, 77, 115, 118

Freiheit   9, 11, 28, 53, 57ff., 82
Freundschaft   9, 88, 118, 155
Frieden   17, 106, 112, 119

Gemeinwesen   4ff., 34, 40, 47ff., 81, 84f., 87f., 93f., 98, 102, 105, 107, 141, 145, 147
Gerechtigkeit   4, 11f., 16f., 22, 60f., 73f., 79ff., 96ff., 104f., 107, 118, 155, 158, 164
Gesetz, Gesetzgeber   12f., 15ff., 22f., 49, 78, 80f., 84f., 91, 94, 99f., 108, 117ff., 150f., 160
Gott, Götter   16f., 22, 81, 103, 118f.,139f., 152f.

Herrschaft   9, 13f., 56, 60f., 82f., 85f., 97ff., 113, 120f.

Idealstaat   11, 14, 34, 49, 52, 145

Klugheit   12, 16, 25, 67, 77, 81f., 84
Krieg, Kriegsrecht   13, 28, 85f., 111f., 119, 122, 125

Mischverfassung   9ff., 17, 29, 43, 48f., 53f., 56f., 64ff., 93f., 111, 158, 171, 177f., 181, 183
Monarchie   8f., 53, 57, 60, 62f., 94, 111, 125
Moral   156, *siehe auch Staatsmoralismus*

Naturrecht   12, 16f., 80, 84ff., 97, 100, 118f., 120, 149ff., 161, 170, 173, 179f.

Oligarchie   9, 60, 82, 85, 88f., 94
Optimatenherrschaft   89, 126f., *siehe auch Aristokratie*

Recht, Rechtsordnung   1, 7, 11f., 14ff., 18, 22, 24, 37, 80f., 87, 97, 111, 117f., 122, 149ff.
Religion   119, 167f., 174ff., 180f., 183f., *siehe auch Sakralrecht*

Sakralrecht   15, 117ff., 169, 175f.
Sitten   13, 55, 80, 91, 93f., 102, 108, 111, 119
Staatsmoralismus   12f., 87f.
Staatsnormativismus, *siehe Staatsmoralismus*
Staatspositivismus   87

Theologie   102, 119, 155
Tugend   7f., 13, 16f., 21f., 29, 52, 76, 80f., 86, 89, 98, 100, 104, 107f., 118f., 153f.

Ungerechtigkeit   12, 60, 78ff., 94, 96f.

Verfassung, Verfassungsrecht   9, 14f., 17, 31, 33, 47f.,54, 57f., 60, 63f., 91ff., 108, 111ff., 120ff., *siehe auch Mischverfassung*
Vernunft   12f., 16f., 25, 65ff., 76, 84, 100f., 103, 118, 150ff.
Vernunftrecht, *siehe Naturrecht*

Würde, *siehe dignitas*

Zivilreligion   167, 174

www.ingramcontent.com/pod-product-compliance
Lightning Source LLC
Chambersburg PA
CBHW051117230426
43667CB00014B/2619